I. H. Dessar

Deutsche Rechtschreibschule

I. H. Dessar

Deutsche Rechtschreibschule

ISBN/EAN: 9783743327122

Hergestellt in Europa, USA, Kanada, Australien, Japan

Cover: Foto ©Paul-Georg Meister /pixelio.de

Manufactured and distributed by brebook publishing software (www.brebook.com)

I. H. Dessar

Deutsche Rechtschreibschule

Deutsche Rechtschreibschule.

Entwurf eines Lehrbuchs

der

Deutschen Sprache

mit

vielen stufenweise geordneten Aufgaben

zur

leichten, schnellen und gründlichen Erlernung

derselben.

Allen deutschen Lehranstalten, besonders den Volksschulen in Amerika
gewidmet

von

Dr. J. H. Dessar.

St. Louis:

Conrad Witter's Verlag.

1863.

Vorwort.

Das Ziel des Unterrichts in der deutschen Sprache ist das Wissen und die Fertigkeit, sich richtig, deutlich und wohllautend ausdrücken zu können. Der kürzeste Weg, der zu diesem Ziele führt, ist, nach unserer Ueberzeugung, passende Uebungsaufgaben mit dem Schüler zu besprechen, sie von ihm schriftlich und mündlich darstellen zu lassen, und ihm früher oder später die Regeln der Sprachlehre in übersichtlicher Anordnung und im Zusammenhange zu geben.

Diese Uebersicht und den orthographischen Theil dieser Uebungsaufgaben (die C. Witterschen Lesebücher enthalten den übrigen Theil derselben *) gibt nun vorliegender Abriß.

Dieses Werkchen wird auch als nützliche und nothwendige Ergänzung eines jeden „Lesebuchs" zu gebrauchen sein. Das dort Zerstreute soll das vorliegende Büchlein in kurzen Umrissen übersichtlich und im Zusammenhange überblicken lassen.

Bei den Aufgaben des ersten Theils dieses Abrisses wurde hauptsächlich Herrn W. Neffs „Rechtschreibe-Schüler" benutzt.

Und so mögen denn diese Bogen, das Resultat dreißigjähriger Erfahrung im Sprachunterrichte, zu Nutz und Frommen deutscher Sprache ein Scherflein beitragen.

Cincinnati, im Juli 1862.

Dr. J. H. Dessar.

---

*) Die von Conrad Witter in St. Louis herausgegebenen Lesebücher sind: der Elementarschüler, der Leseschüler und das Dritte Lesebuch, welche in allen deutschen Schulen Nordamerika's eingeführt zu werden verdienten, weil deren Vortrefflichkeit und Brauchbarkeit wenig zu wünschen übrig läßt.

Dr. J. H. Dessar.

Entered according to Act of Congress, in the year 1863, by
CONRAD WITTER,
in the Clerk's Office of the U. S. District Court for the Eastern District of Missouri.

Einleitung.

Von der deutschen Sprache überhaupt.

Die deutsche Sprache ist nicht nur unter den lebenden Sprachen eine der ältesten, sondern auch ihrer jetzigen Ausbildung nach eine der vollendetsten des Erdbodens. Sie ist durch Reichthum, Kraft, Geschmeidigkeit, Bildsamkeit und andere Vorzüge ausgezeichnet, die aus dem schwungvollen Geiste und tiefen Gemüthe des deutschen Volkes selbst erwachsen sind.

Unsere Muttersprache, die große geistige Erbschaft unsrer Väter, rein und ganz zu erhalten und mit dem schönen Worte reine Gesinnung und edle That zu verbinden, ist die Aufgabe jedes Gliedes der deutschen Nation und besonders jedes Deutsch-Amerikaners, eingedenk der Mahnung eines unsrer Dichter:

> An deiner Sprache rüge du schärfer Nichts, denn Lüge,
> Die Wahrheit sei dein Hort!
> Verpflanz' auf deine Jugend die deutsche Treu' und Tugend
> Zugleich mit deutschem Wort!
>
> (Uhland.)

Wie schön ist es, wenn ein junger Mann überall auftreten und deutsch reden kann, ohne daß er wegen fehlerhaften Sprechens als ungebildet erscheinen müsse. Und dann, wer Herr der Sprache ist, ist Herr über die Herzen der Menschen.

Von der Sprachlehre.

Die Sprachlehre (Grammar) ist die Lehre vom richtigen, deutlichen und schönen Gedankenausdrucke. Sie enthält:

I. Die Laut-, Silben- und Rechtschreibungslehre (Orthography);
II. Die Wortlehre (Etymology);
III. Die Satzlehre (Syntax).

Jede Sprache besteht aus Buchstaben, Silben, Wörtern und Sätzen, daher diese Haupteintheilung.

Erster Theil.
Die Laut-, Silben- und Rechtschreibungslehre. (Orthography.)

Erster Abschnitt.
§ 1. Von den Buchstaben.

Ein Buchstabe ist ein sichtbares Zeichen für einen Laut.
Die deutsche Sprache hat folgende 34 Buchstaben oder Laute:

a, ä, b, c, ch, d, e, f, g, h, i, k, l, m, n, o, ö, p, ph, q, r, s, z, sch, ß, t, u, ü, v, w, x, y, z, tz.

Die Laute werden in **Helllaute** (Selbstlaute, vowels) und **Mitlaute** (Leiselaute, consonants) eingetheilt. Die Helllaute sind entweder **einfach** oder **zusammengesetzt**.

a, e, i, o u, y,* ä, ö, ü sind **einfache Helllaute**; die letzten drei heißen auch **Umlaute**.

au, äu, ai, ei, eu und ui sind **zusammengesetzte Helllaute**; man nennt sie **Doppellaute**; die übrigen Laute sind **Mitlaute**.

1. Aufgabe (Exercise). Gib an, für welche Laute die folgenden Zeichen gesetzt werden, sprich aber immer in Sätzen dabei! Z. B. a ist ein Helllautzeichen.

a, l, e, t, p, r, k, n, s, u, m, x, au, i, f, b, d, g, ä, sch, ai, o, q, v, ei, h, ö, eu, ph, ui, w, äu, ß, ü, y, ch, z.

2. Aufgabe. Schreibe die **Helllautzeichen** und die **Umlautzeichen**, die in der ersten Aufgabe vorkommen, zusammen!

3. Aufgabe. Schreibe die **Mitlautzeichen**, die in der ersten Aufgabe vorkommen, zusammen!

4. Aufgabe. Schreibe die **Doppellautzeichen**, die in der ersten Aufgabe vorkommen, zusammen!

5. Aufgabe. Gib mündlich und schriftlich an, welches in folgenden Wörtern, die Helllaute, die Doppellaute und die Mitlaute sind! Z. B. in an ist a der Helllaut, n der Mitlaut.

an, in, um, ob, lau, ab, zu, da, es, er, auf, wo, am, du, ja, so, neu, ach, sei, ich, aus, bei.

6. Aufgabe. Schreibe von folgenden Wörtern zuerst diejenigen heraus, in welchen der Helllaut **lang** (gedehnt), und dann diejenigen, in welchen derselbe **kurz** (geschärft), ausgesprochen wird! †

schön, roth, das, daß, mehr, doch, dann, wen, wenn, dir, mir, wann, bist, wie, soll, kurz, schnell, lau, bei, jung, alt, neu, nie, fein, gut, schlecht, fromm, zwei, recht, fünf, neun, nein, schwer, klar, spät, kühl, heiß. —

Bemerkung. Nach dem ersten Absatz übe man den § 36 „von der Trennung der Wörter" ein; die Gründe dafür sind einleuchtend.

---

*) Das y wird nur in Fremdwörtern gebraucht, z. B. in Lyceum, Gymnasium, Physik, Myrrhe, Myrthe.

†) Die Doppellaute sind alle lang.

Zweiter Abschnitt.
Große Anfangsbuchstaben.

§ 2.

Die Namen aller Dinge sind Hauptwörter (nouns). Alle Hauptwörter werden mit einem großen Anfangsbuchstaben (capital) geschrieben.

Wenn zwei oder mehrere Hauptwörter so mit einander verbunden sind, daß sie nur Ein Wort ausmachen, so heißt man ein solches Wort ein zusammengesetztes Hauptwort; z. B. Dachstuhl, Gartenthürschlüssel.

Die zusammengesetzten Hauptwörter werden ebenfalls mit großen Anfangsbuchstaben geschrieben. —

Wenn in einem Doppelwort das letzte Wort ein Hauptwort ist, so wird es mit einem großen, andernfalls mit einem kleinen Anfangsbuchstaben geschrieben; z. B. Lesebuch, rosenroth. —

7. Aufgabe. Schreibe folgende Wörter ab, die Hauptwörter aber mit großen Anfangsbuchstaben und mit dem bestimmten Geschlechtswort.*

hand, rund, der, tisch, weiß, wald, blut, scharf, hübsch, brav, gelb, hemd, geld, lang, laut, mein, buch, schrift, braun, zart, frosch, grün, blaß, herz, kopf, haupt, burg, stall, rauch, grob, geist, kleid, stein, mich, fern, krug, fremd, frau, hals, zeit, schwarz, oft, nacht, quer, tuch, um, zu.

Fortsetzung.

brennen, flamme, ruhen, wohnt, billig, gestern, heute, tanzen, vater, liebt, mutter, bruder, schwester, ofen, offen, franz, wollen, auge, schüler, schlosser, sommer, winter, lobt, schadet, schatten, singet, verschreiben, gehen, festlich, — hofthor, brotteig, strohgelb, hochroth, hellblau, thurmuhr, haarfein, strumpfband, jagdhund, steinhart, messerrücken, schneeweiß, büffel, segelschiff, indianer, goldgelb, weinglas, geistreich, rostbraun, bergwerkbesitzer, volksschule, schreibtisch, himmelhoch, wißbegierig, stricknadel, eßzimmer, augenhöhle, blumenleer, gartenmauer, badeort, federmesserklinge.

§ 3.

Jedes Wort schreibt man mit einem großen Anfangsbuchstaben, wenn es Anfangswort eines Satzes ist, also nach einem Punkte; ferner wird ein großer Anfangsbuchstabe nach einem Doppelpunkte, Ausrufe- und Fragezeichen gesetzt, wenn sie einen vollständigen Redesatz schließen.

Beispiele (Examples).

Aller Anfang ist schwer. Der fleißige Schüler wird gelobt. Die Luft ist kühl. Das Messer ist scharf. Ist die Katze falsch? War der

---

*) Die Hauptwörter erkennt man leicht daran, daß man bei denselben auf die Frage „wer?" nur Eines von den drei Wörtchen der, die, das in der Einzahl vorsetzen kann; z. B. wer? die Hand (nicht auch der oder das Hand). —

Ofen heiß? Bist du wieder gesund? Wie alt bist du? Wird der Schnee bald schmelzen? Morgen reise ich ab. Vier Augen sehen mehr als zwei. Keine Rose ohne Dornen. Gott sprach: „Es werde Licht!" Nicht das Geld, sondern die Tugend ist Reichthum. Hast du nicht selbst von dankbaren Thieren gehört? Wie sehr erniedrigt sich daher der Mensch durch Undankbarkeit gegen seine Wohlthäter! Ein Weiser sagte: Sobald die Menschen richtig zu denken anfangen, hören sie auf böse zu sein. Noch eine hohe Säule zeugt von verschwundener Pracht.

8. **Aufgabe.** Schreibe obige Sätze ab!

9. **Aufgabe.** Schreibe folgende Sätze und die darauffolgende Erzählung ab, diejenigen Wörter aber mit **großen Anfangsbuchstaben**, die mit solchen geschrieben werden müssen!

wer den cent nicht ehrt, ist des dollars nicht werth. morgenstunde hat gold im munde. ehrliche hand geht durch's ganze land. arbeit ist des ruhmes mutter. besser arm in ehren, als reich in schande. wer die augen nicht aufthut, muß den beutel aufthun. ist der adler ein raubvogel? wie schön ist die natur! wie die zucht, so die Frucht. wo das aas ist, da versammeln sich die geier. der apfel fällt nicht weit vom stamm. müßiggang ist aller laster anfang. heute roth, morgen* todt. blumen wand er sich zum kranz.

was gott thut, das ist wohlgethan.

ein kaufmann ritt einst von einer messe nach hause und trug viel geld bei sich. es fing an heftig zu regnen, so daß er durch und durch naß wurde. unwillig sprach er bei sich selbst: warum läßt es aber gott gerade jetzt so heftig regnen? er ritt weiter und kam in einen großen wald. plötzlich zitterte er an allen gliedern. ein räuber stand vor ihm, zielte mit einer flinte auf ihn und drückte sie ab. das pulver war aber von dem regen feucht geworden — die flinte ging nicht los. der kaufmann gab seinem pferde die sporen und entkam glücklich. er sah jetzt ein, daß er thöricht gehandelt hatte, wider gott zu murren.

§ 4.

Jede **Wörterverbindung** oder **jedes Wort**, welche als **Hauptwörter** (nouns) [**hauptwörtlich**] gebraucht werden, schreibt man mit einem **großen Anfangsbuchstaben**.

Beispiele.

Der Fromme (fromme Mensch) ist Gott angenehm. Der Fröhliche lacht. Der Traurige weint. Der Müde ruht. Der Schläfrige gähnt. Der Muthige siegt. Prüfe Alles und behalte das Beste!

---

*) Wenn mit dem Worte „morgen" die Aufgangszeit der Sonne, oder die Gegend, wo die Sonne aufzugehen scheint, bezeichnet werden soll, so wird es mit großem Anfangsbuchstaben geschrieben; soll aber mit demselben der ganze andere Tag bezeichnet werden, so schreibt man es mit kleinem Anfangsbuchstaben.

2. Abschnitt. Große Anfangsbuchstaben.

Lasse Jedem das Seine! Freue dich mit den Fröhlichen! Nimm dich des Unterdrückten an! Liebe deinen Nächsten! Der Tugendhafte ist glücklich. Das kleine Kind kann das Mein und das Dein noch nicht unterscheiden. Der Mensch kann das Gute thun und das Böse unterlassen. Der Bescheidene wird geliebt, der Hochmüthige aber verachtet. Uebe dich im (in dem) Lesen, Schreiben, Rechnen und Zeichnen! Der Bauer braucht den Pflug zum (zu dem) Pflügen, der Schreiner den Hobel zum Hobeln, der Maler den Pinsel zum Malen, der Schiffer das Ruder zum Rudern. Es starben schon Tausende an der Cholera. Er ist auf das Aeußerste gefaßt. Das Hin- und Herlaufen. Das Zustandekommen. Das Ach und Weh. Ein Ja und Nein.

    Wer seinen Feinden Gutes thut,
    Der zeigt den größten Edelmuth.

Anmerkung. Ein Eigenschaftswort oder Fürwort, das sich auf ein Hauptwort bezieht, wird klein geschrieben; z. B.: Er gehört nicht zu den reichen Bürgern, sondern zu den armen. Seine Worte sind verständig, die deinigen unverständlich.

10. **Aufgabe.** Schreibe obige Sätze ab!
11. **Aufgabe.** Schreibe folgende Sätze ab, diejenigen Wörter aber mit großen Anfangsbuchstaben, welche mit solchen geschrieben werden müssen.

behüte deine zunge vor bösem! gewöhne deinen mund nicht zum schwören! gehe hin zur (zu der) ameise, du fauler! Ein fauler apfel macht zehn äpfel faul. Der fleißige hängt von sich ab und ist frei, der faule von jedem und ist ein sklav. müßiggang lehret viel böses. verachte das alter nicht! der gesunde weiß nicht, wie reich er ist. wenn gott das gedeihen nicht gibt, so hilft unser pflanzen und wässern nichts. der kluge zieht aus thörichtem kluges, der thor aus klugem thörichtes. der kaufmann braucht die wage zum wägen, der glaser den diamant zum schneiden, der fuhrmann die zügel zum leiten, der mensch die hände zum arbeiten, der hund die zähne zum nagen, der vogel die flügel zum fliegen, die biene den stachel zum stechen. Wie die alten pfeifen, so singen die jungen.

    *) den fleißigen hält man werth;
    den ungeschickten niemand begehrt. —
    es sagten schon die lieben alten,
    wer alles will, wird nichts erhalten. —
    wer flink am tage gutes thut,
    dem ist am abend wohl zu muth. —

§ 5.

Alle Anredewörter, welche sich in einem Brief auf die Person oder auf die Personen beziehen, an die derselbe gerichtet ist, werden mit großen Anfangsbuchstaben geschrieben; z. B.:

---

*) Lies die Regel des § 6, ehe du die folgenden Zeilen abschreibst!

Theuerster Vater!

Als ich diesen Morgen erwachte, dachte ich gleich an Sie; denn es ist ja heute Ihr Geburtstag. Es that mir leid, daß Sie in den Krieg gezogen sind, um, wie die Mutter sagt, das Vaterland zu vertheidigen, da ich nun auch heute nicht einmal bei Ihnen sein kann. Ich bin nicht im Stande, Ihnen ein Geschenk zu machen, aber den lieben Gott kann ich bitten, daß er Sie gesund erhalte, und Sie bald mit Ihren Regimente siegreich nach Hause zurückkehren lasse. Ich will Ihnen durch Fleiß und Folgsamkeit stets viele Freude zu machen suchen. Schenken Sie mir auch ferner Ihre Liebe; dann wird sich glücklich schätzen
Ihr
St. Louis, den 28. Mai 1862.   dankbarer Friedrich.

12. **Aufgabe.** Schreibe obigen Brief ab!

Anmerkung. Obiger Brief kann noch einmal abgeschrieben und der Vater darin mit „Du" angeredet werden. —

13. **Aufgabe.** Schreibe folgende zwei Briefe ab, die darin vorkommenden Anredewörter aber mit großen Anfangsbuchstaben.

(Erster Brief.)

Liebe Eltern!

Wir haben heute ein neues Jahr angefangen. Ich danke ihnen für alles Gute, was sie mir in dem verflossenen Jahre erwiesen haben. Wenn sie sich manchmal über mich betrübten, so verzeihen sie mir meine Unarten. Ich will ihnen im neuen Jahre recht viele Freude bereiten. In der Schule will ich fleißig lernen und meinem Lehrer gehorsam sein. Gott schenke ihnen auch im neuen Jahre Gesundheit und alles Gute. Besonders will ich den Allmächtigen bitten, daß er sie noch recht lange am Leben erhalte.
ihr
Chicago, den 1. Jan. 1862.   dankbarer Wilhelm.
(8 Fehler.)

(Zweiter Brief.)

Lieber Freund!

Hier schicke ich dir zur Ansicht ein schönes Bilderbuch, damit du dir auf deinem Krankenlager die Zeit vertreiben kannst. Auch dich werden die schönen Bilder ergötzen, wie sie mich ergötzt haben. Wenn du das Buch durchgesehen hast, so schicke es mir gefälligst wieder zu. Grüße deine Eltern herzlich und sage ihnen, daß ich vielmal für die Kirschen danke, die sie mir an meinem Namenstage geschickt haben.

Sobald als möglich werde ich dich besuchen. Bis dahin wünscht dir baldige Besserung
dein
New York, den 24. Okt.*) 1862.   Franz Kaufmann.
(10 Fehler.)

Anmerkung. Die beiden letzten Briefe können vom Schüler noch einmal abgeschrieben werden, und zwar so, daß im ersten die Eltern mit „Ihr", im zweiten der Freund mit „Sie" angeredet wird.

---

*) Merke, daß in keinem Monatsnamen ein „ie" oder ein verdoppelter Mitlaut, also auch kein tz oder ck, vorkommt; nur in dem Worte Jänner (für Januar) ist ein nn.

2. Abschnitt. Große Anfangsbuchstaben.

§ 6.

Jedes Wort am Anfange **einer Verszeile** wird mit **großem Anfangsbuchstaben** geschrieben; z. B.:

Der Blinde und der Lahme.

Von ungefähr muß einen Blinden
Ein Lahmer auf der Straße finden.
Sogleich hofft jener freudenvoll,
Daß ihn der Andʼre leiten soll.
„Dir", spricht der Lahme, „beizustehʼn?
„Ich armer Mann kann selbst nicht gehʼn.
„Doch scheintʼs, daß du zu einer Last
„Noch sehr gesunde Schultern hast.
„Entschließe dich, mich fortzutragen,
„So will ich dir die Stege sagen;
„Dann wird dein starker Fuß mein Bein,
„Mein helles Augʼ das deine sein."
Der Lahme hängt mit seinen Krücken
Sich auf des Blinden breiten Rücken.
Vereint wirkt jetzo dieses Paar,
Was einzeln Keinem möglich war.

Gellert.

14. Aufgabe. Schreibe das obige Gedicht ab!

15. Aufgabe. Schreibe folgendes Gedicht ab, diejenigen Wörter aber mit **großen Anfangsbuchstaben**, welche mit solchen geschrieben werden müssen!

Die wandelnde glocke.

es war ein kind, das wollte nie
zur kirche sich bequemen,
und sonntags fand es stets ein wie,
den weg inʼs feld zu nehmen.

die mutter sprach: „die glocke tönt,
und so ist dirʼs befohlen,
und hast du dich nicht hingewöhnt,
sie kommt und wird dich holen."

das kind, es denkt, die glocke hängt,
da droben auf dem stuhle.
schon hatʼs den weg inʼs feld gelenkt,
als lief es aus der schule.

die glocke, glocke tönt nicht mehr,
die mutter hat gefackelt.
doch welch ein schrecken! hinterher
die glocke kommt gewackelt.

> sie wackelt schnell, man glaubt es kaum;
> das arme kind im schrecken,
> es läuft, es kommt, als wie im traum;
> die glocke wird es decken.
>
> doch nimmt es richtig seinen husch,
> und mit gewandter schnelle
> eilt es durch anger, feld und busch
> zur kirche, zur kapelle.
>
> und jeden sonn- und feiertag
> gedenkt es an den schaden,
> läßt durch den ersten glockenschlag,
> nicht in person sich laden.
>
> Göthe.

Anmerkung. Eigenschaftswörter und Zahlwörter, welche als Beinamen von Personen dienen, werden auch mit großen Anfangsbuchstaben geschrieben; z. B. Ludwig der Fromme, Karl der Große, Pipin der Kurze, Heinrich der Fünfte, Karl der Zwölfte. —

Die Wörter Jemand, Niemand, Keiner, Jeder, Dieser, Jener, Etwas, Alle, Manche, Einige werden mit großen Anfangsbuchstaben geschrieben, wenn kein Hauptwort auf sie folgt; stehen sie aber vor einem Hauptwort, so schreibt man sie mit kleinen Anfangsbuchstaben; z. B. Hoffen und Harren macht Manchen zum Narren. Die Hoffnung hat schon manchen Menschen betrogen. —

Mit großen Anfangsbuchstaben werden geschrieben: die von Personennamen gebildeten Eigenschaftswörter, wenn sie die bloße Zugehörigkeit bezeichnen, also den zweiten Fall der Personen selbst vertreten: Schillersche Gedichte, d. i. Gedichte Schillers, Wittersche Buchhandlung.

Ebenso auch diejenigen Eigenschaftswörter, welche in Verbindung mit Hauptwörtern einen Titel bilden: Die Allgemeine Zeitung. Die Letzte Rose.

Ferner die zu Titulaturen dienenden Eigenschaftswörter, z. B. Eure Königliche Majestät, Euer Wohlgeboren.

Mal wird nur nach Ordnungszahlen groß geschrieben: das erste Mal, das letzte Mal, zu verschiedenen Malen.

Bei einigen Wörtern hat man darauf zu sehen, ob sie als Hauptwort, Eigenschaftswort oder Umstandswort gebraucht werden. Z. B. Habe ich (ein) Recht oder (ein) Unrecht. (Das) Recht thun. Es ist mir recht (wie?). Hast du mich recht (wie) verstanden? Du hast das unrecht (wie) gemacht. Du hast keine Schuld. Du leidest ohne (eine) Schuld. Wer ist daran schuld (schuldig), schuld sein, Schuld haben. In derselben Weise: Er hat Angst, es wurde mir angst und bange; es ist oder thut mir leid, er hat ihm Etwas zu Leide gethan; es thut noth, es hat keine Noth; es thut mir weh, er hat ihm (ein) Weh gethan; sie ist mir werth, es hat keinen Werth.

Soll ein als Zahlwort hervorgehoben werden, so kann es groß geschrieben werden, z. B. es ist ein Gott. Es ist Ein Gott.

Dritter Abschnitt.
Von dem Gebrauche einzelner Buchstaben.

§ 7.

Wenn das Stammwort a, o, u oder au hat, und sich diese bei Ableitung verändern, so geschieht dies in die verwandten Laute (changed

3. Abschnitt. Von dem Gebrauche einzelner Buchstaben.

sounds) **ä, ö, ü** oder **äu**, nicht in **e, i** oder **ei**; z. B. Bank, Bänke, nicht Benke; Glocke, Glöckchen, nicht Gleckchen; Buch, Büchlein, nicht Bichlein; Frau, Fräulein, nicht Freilein.

Aus **a** wird **ä**, aus **au** wird **äu**, und **ü** aus **u**;
Aus **o** wird **ö**, das merke du!

Beispiele.

a — ä.

Art, Aerte; Gast, Gäste; Arzt, Aerzte; Rand, Ränder; Stall, Ställe; Span, Späne; Zahn, Zähne; nah, näher, der nächste; Stadt, Städte, städtisch; Kranz, Kränze, bekränzen; Kraft, Kräfte, kräftig; Sack, Säcke; Saal, Säle;* Haar, Härchen; Bart, Bärte, bärtig; Narr, närrisch; Vater, Väter, väterlich; Schwanz, schwänzeln; alt, älter, älteste, ältlich; achten, verächtlich; Name, nämlich; Gram, grämlich.

o — ö.

Dorf, Dörfer; Frosch, Frösche; Loch, Löcher, durchlöchert; Zopf, Zöpfe; Stock, Stöcke; Ofen, Oefen; offen, öffentlich, eröffnen; Kloster, Klöster, klösterlich; Frost, frösteln; Forst, Förster; tosen, Getöse; Stubenboden, Stubenböden; roth, Röthel; groß, größer, größesten; hoch, höher, am höchsten.

u — ü.

Tuch, Tücher; Duft, Düfte; Luft, Lüfte; Stuhl, Stühle, Stühlchen; Strumpf, Strümpfe; Krug, Krüglein; Mutter, Mütter, Mütterlein, mütterlich; Pflug, pflügen; Gurt, Gürtel, gürten; Bruch, Brüche; genug, genügen, Genügsamkeit.

au — äu.

Kraut, Kräuter; Maus, Mäuschen; Haube, Häubchen; Taube, Täublein; Strauch, Sträucher, Gesträuch; Haufen, Häufchen, häufen, häufig; Haus, Häuser, Häuslein, häuslich, Gehäuse; faul, Fäulniß; blau, bläulich; laut, läuten, Geläute; außen, äußerlich.

16. **Aufgabe.** Schreibe obige Wörter ab!**

17. **Aufgabe.** Schreibe folgende Sätze ab, ergänze aber die darin vorkommenden unvollständigen Wörter durch die fehlenden Buchstaben!

ä, e, ö, ü, i, äu, ei, eu, ai. †

Die Metzger schlachten Ochsen, K-he, K-lber, Schw-ne und H-mmel. Die Schlosser h-mmern und f-len. Altes Fleisch geht in F-lniß über.

---

*) Wird ein Wort mit zwei **a** (aa) geschrieben, so fällt, wenn der Umlaut (ä) eintritt, eines derselben aus; z. B. das Paar, das Pärchen, nicht Päärchen.

**) Es kann auch bei dieser, wie bei den ähnlichen Aufgaben, den Schülern aufgegeben werden, Sätze zu bilden, in welchen die betreffenden Wörter vorkommen.

†) Nur durch die obenstehenden Buchstaben sollen die lückenhaft geschriebenen Wörter ergänzt werden; ebenso bei den ähnlichen folgenden Aufgaben.

Der Saft der Firniß-me wird zum Lackiren benutzt. Der Schn-der macht Hosen, R-cke, W-mse und M-ntel. Die Bauern verkaufen auf den M-rkten in den St-dten ihre Feldfr-chte. Welches Gl-ckchen tönt nicht? Die Th-rme sind h-her als die H-ser. Die vier Jahreszeiten heißen: Fr-hling, Sommer, Herbst und W-nter. Die Schafe werden von den Sch-fern geh-tet. In meiner B-chertasche befinden sich einige B-cher, ein Schiefert-felchen und ein nasses Schw-mmchen. Die meisten T-sche, St-hle und B-nke sind von Holz. Die M-nner tragen H-te auf dem Kopfe; die Knaben K-ppchen. Alle Menschen aus den Südl-ndern haben eine br-nliche Hautfarbe. Die Th-ren werden mit Schl-sseln ge-ffnet. Die H-lse der St-rche und Schw-ne sind lang. Im 6. Jahrhundert wurden die ersten Seidenw-rmer von China nach Vorderasien und Griechenland gebracht. Die Gall-pfel, diese bekannten Answ-chse mehrerer Eichbaumgattungen, werden zum Gerben und F-rben verwendet. Die z-rtliche Mutter k-ßte ihr Kind auf das M-lchen. Der Kl-gste gibt nach. Narrenh-nde schreiben an alle W-nde. Was H-nschen nicht lernt, lernt Hans nimmermehr. Das Zimmer wird durch die Gasflamme erh-llt.

Reinlichkeit erh-lt den Leib,
Zieret Kinder, Mann und Weib.

§ 8.

So oft man in der **Mitte** eines Wortes den Laut eines **w** hört, hat man beim Schreiben desselben jedesmal ein **b** dafür zu setzen, ausgenommen in e w i g, L ö w e und L u d w i g.

Beispiele.

haben, laben, schaben, leben, heben, streben, schweben, lieben, schnoben, stöbern, mürbe, übel; Abend, Bube, Eber, Farbe, Knebel, Pöbel, Sabel, Daube (Seitenbrett eines Fasses), Grube, Jubel, Laube, Kurbel, Gabel, Kerbel, Leber, Narbe, Probe, Rübe, Salbe, Fieber, Biber, Zuber, Zwiebel.

18. **A u f g a b e.** Schreibe obige Wörter ab und präge dir durch öfteres Buchstabieren derselben ein, wie sie geschrieben werden! —

§ 9.

Wenn die Lautzeichen **b, p; d, t;* g, k** als **A u s l a u t e** einer Silbe oder eines Wortes stehen, so kann man sie in der Aussprache leicht dadurch unterscheiden, daß man dem Worte oder der Silbe ein **e, en** oder **er** anhängt, z. B.:

blieb, blieben; arg, ärger; Bank, Bänke; bang, bange.

---

*) Wo **dt** durch Zusammenziehung aus **det** entstanden ist, ist **d** als zum Stamm gehörig beizubehalten: gesandt (für gesendet), wandte, beredt (aus beredet). — Man schreibe: der Tod (aber: todt, d. i. getödtet, verstorben).

19. Aufgabe. Schreibe folgende Sätze ab, ergänze aber die darin vorkommenden unvollständigen Wörter durch die fehlenden Buchstaben!

B, P; D, T; G, K, W; b, p; d, t; g, k, w.

Washington besie–te die Engländer. Das Tuch wird von den We–ern gewebt.* Die Tul–e ist eine schöne, a–er geruchlose Blume. Der Wasserkü–el ist leer. Gott ist e–ig. Dem Armen soll man Almosen ge–en. Du sollst Gott und deinen Ne–enmenschen lie–en. Der Furchsame zittert und be–t. Der Ber– ist höher, als der Hü–el. Der Ta– hat 24 Stunden. Die Ra–en und Tau–en sind Vö–el. Wir glau–en Alle an Einen Gott. Der Schreiner ho–elt mit dem Ho–el die Bretter glatt. Die fünf Erdtheile heißen: Euro–a, Asien, Afri–a, Ameri–a und Australien. Die Trau–en an dieser Re–e sind reif. Das Pferd frißt Heu und Ha–er. Die Far–e des Schwefels ist gel–. Die Pa–ierta–eten stammen ursprünglich aus China. Der Mond ist ein Himmelskör–er. Frisch gewagt ist hal– gewonnen. Wer durch die Wel– will, muß sich bücken. Der Futtertro– ist leer. Der Win– kommt aus dem Norden. Der graue Bär ist ein plum–es Thier. Die Tanne ist ein Wal–baum. Schneide dir in der Ju–end einen Sta–, damit du dich im Alter darauf stützen kannst! Eigenlo– stinkt. Die Wol–en schwe–en oft so tief, daß man sie auf hohen Ber–en unter sich sieht. Der Trie– zu le–en ist star–. Der Krie–er zieht sein blan–es Schwer– aus der Scheide. Den –urstigen erquickt ein frischer Trun–. Der Ne–el ist eine wässerige Lufterscheinung. Die Fliege hält sich in der Stu–e auf. Der Adler hat einen ha–enförmig gebo–enen Oberschna–el. Der Lö–e wird der Köni– der Thiere genannt. Aus Rau–en werden Schmetterlinge. Ließ fleißig in der Bi–el! Die Schuh= und Stiefelfabriken in den Neuengland=Staaten beschäftigen viele Ar–eiter. Ludwig XVI., Köni– von Frankreich, wurde hingerichtet. Ein gütiges Herz ist des Le–ens Le–en, aber Neid ist Eiter in den Gebeinen. Das Wer– muß den Meister lo–en. Wer Andern eine Gru–e grä–t, fällt selbst hinein.

 Das Le–en ist der Güter höchstes nicht;
 Der Ue–el größtes a–er ist die Schuld. —
 Gott ist dein Freund, das ist ein hoher Glau–e,
 O, daß das Laster nie **ihn** deinem Herzen rau–e!

§ 10.

In der Mitte und am Ende der Wörter steht nach einem geschärften Hellaut ein ch, nie g.

Beispiele.

ach, flach, wachen, krachen, schmachten, ächten, flechten, möchte, stochern, suchen, nüchtern, schüchtern, tüchtig, flüchtig; Sache,

---

*) Auch „gewoben".

Hechel, Tochter, Kuchen, Küche, Buche, Rechen (die Harke), Blech, Becher, Zeche, Sichel, Schachtel, Wachtel. —

20. Aufgabe. Schreibe obige Wörter ab und präge dir durch öfteres Buchstabieren derselben ein, wie sie geschrieben werden!

§ 11.

In der Mitte und am Ende der Wörter steht nach einem gedehnten Hellaut meistens g, seltener ch.

Anmerkung. Die Nachsilbe ig schreibt man mit g, die Nachsilben icht und lich aber mit ch; z. B. gütig, gütlich; sandig, sandicht; heilig, geheilig(e)t. Sei freundlich und gefällig gegen deinen Nächsten und strebe ernstlich, allmählig deine Fehler abzulegen. Diese Gegend hat theils sandigen, theils steinichten Boden. In dem Dickicht ist es fürchterlich dunkel.

Die Endsilbe ig bedeutet haben, besitzen, als: saftig (was Saft hat), blutig (hat Blut); ebenso eine Neigung: beißig, stößig, näschig rc.

lich bezeichnet eine Möglichkeit, Angemessenheit, Art und Weise: glaublich, menschlich, jährlich. —

icht bezeichnet eine Aehnlichkeit, z. B.: holzicht, dem Holze, steinicht, dem Steine ähnlich. Eine salzige Suppe enthält wirklich Salz, eine salzichte hat den Geschmack des Salzes.

ig — lich wird in der Schreibart gewöhnlich dadurch unterschieden, daß, wenn das l zum Stammworte gehört, die Endung „ig" sein muß, z. B.: will-ig, art-ig, güt-ig; gehört aber das l zur Nachsilbe, so muß man „lich" schreiben: höf-lich, zärt-lich, wahr-lich.

Aufgabe. Schreibe 15 Sätzchen mit Eigenschaftswörtern nieder, die sich endigen in ig, lich und icht.

Beispiele.

fragen, schlagen, ragen, wagen, regen, legen, fegen, mögen, rügen (tadeln), fügen; Magen, Lager, Hagel, Degen, Segen, Regel, Segel, Kegel, Bogen, Rogen (Fischeier), Woge (Welle), Prügel, Pegel, Adel, adelig; Zottel, zottelig; voll, völlig; unbillig; wackelig, winkelig, zappelig, allmählich (allgemächlich).

21. Aufgabe. Schreibe die Wörter der §§ 10 und 11 ab und präge dir durch öfteres Buchstabieren derselben ein, wie sie geschrieben werden!

22. Aufgabe. Schreibe folgende Sätze ab, ergänze aber die darin vorkommenden unvollständigen Wörter durch die fehlenden Buchstaben!

ch — g.

Bü-er belehren. Die Rosen rie-en. Der Ochs wird geschla-tet. Die Bienen ste-en mit ihren Sta-eln. Die Dä-er werden mit Ble-tafeln gedeckt. Der Fuhrmann leitet mit den Zü-eln die Pferde. Die Na-twä-ter gehen des Na-ts auf den Straßen umher. Ein Vo-el in der Hand ist besser als zehn auf dem Da-e. Schiller und Göthe sind die berühmtesten deutschen Di-ter. Wenn man ein Li-t ansteckt, dann verschwindet die Dunkelheit. Du hast den Na-el auf den Kopf getroffen. Viele Kö-e verderben den Brei. Die Jä-er ja-en das Wild. Das Herz schlä-t beständi-. Die sieben Wo-enta-e heißen: Monta-, Diensta-, Mittwo-, Donnersta-, Freita-, Samsta-, Sonn=

ta–. Lü-e auch im Scherze ni-t! Der Re-en befeuchtet die Erde. Man kann in einem Na-en über den Fluß fahren. Der Hund bena-t die Kno-en. Aus der Wolle des Schafes wird Tu- bereitet. Das Holz wird mit der Sä-e gesä-t. Die Frau kann mit der Schürze mehr aus dem Hause tra-en, als der Mann mit dem Wa-en einfährt. Die Landleute ernähren sich durch Ackerbau und Viehzu-t. Eine Anhöhe, welche 50—500 Fuß über ihre Umgegend erhaben ist, wird Hü-el genannt. Die Erde ist eine Ku-el. Aus den Steinkohlenla-ern Englands werden jährlich über 500 Millionen Zentner Steinkohlen zu Ta-e gefördert. Das kranke Kind ist schwa–. Furcht in Gefahr ist Schwä-e. Uebung ma-t den Meister. Gustav Adolph, der zuletzt bei Lützen fo-t, mußte in der Schla-t umkommen. Kleider ma-en Leute. Eintra-t gibt große Ma-t. Schimpfworte besudeln den Spre-er. Ein guter Baum trä-t gute Fru-t. Wer Pe- angreift, besudelt si–. Keine Re-el ohne Ausnahme. Die Oberflä-e der Erde besteht aus Wasser und Land. Die Franzosen halfen den Amerikanern ihre Unabhängi-keit erkämpfen.

    Am hellen Ta–, in tiefer Na-t
    Der Eltern Liebe wa-t.

Der gerade We- ist der beste. Zusa-en ma-t Schuld. Ju-end hat ni-t Tu-end. Erspieltes Geld hat Flü-el. Der Kru- geht so lange zum Wasser, bis er bri-t. Wer Muth zur Arbeit he-t und rasch den Arm bewe-t, sich immer durch die Welt noch schlä-t. In sofern du dazu bevollmä-tigt bist, kannst du diesen Schritt wa-en. In wieweit Jemand re-t gehandelt hat, sollen oft die Geri-te bestimmen. Die Ku-eln der Jä-er durchbohren selten die dicke Haut des Elephanten. Im Be-er ertrinken oft mehr Menschen als im Meere. Hunger ist der beste Ko–.

Es sei der Oder jetzt gesungen ein freudig schallender Gesang,
Einst hat ja laut um sie geklungen das deutsche Volk im Waffenklang.
Als es si– still und stark erhoben in seiner ganzen Riesenma-t,
Da half der Helfer ihm von oben, geschla-en ward die Völkerschla-t.

§ 12.

Ob vor einem Helllaut ein b oder p, d oder t, g oder k gesetzt werden muß, darüber entscheidet die richtige Aussprache.

  Mit **ch** am Anfange des Wortes schreibt man:

Christ, Christus (der Gesalbte), **Christenthum, christlich, Christian, Christiane, Christine, Christoph, Chor** (Vollgesang),*) **Chorist, Choral** (Kirchgesang), **Charfreitag, Charwoche, Charakter** (Gemüthswesen).

  In manchen bei uns gebräuchlichen, aus der französischen Sprache entlehnten, Fremdwörtern wird das **Ch** wie **sch** ausgesprochen; z. B. in

---

 *) Nicht zu verwechseln mit **Corps** (Heerabtheilung, Körperschaft).

Chaise (Kutsche), Chapeau (Hut), Charade (Worträthsel), Charlatan (Marktschreier), Charpie (Wundfäden), Chatoulle (Geldkästchen, Schmuckkästchen), Chaussée (Landstraße), Chef (Oberherr), Chemisett (Hemdchen), Chicane (Plackerei), Chocolade.

23. **Aufgabe.** Schreibe obige Wörter ab und präge dir durch öfteres Buchstabieren derselben ein, wie sie geschrieben werden!

§ 13.

Die Wörter und Silben auf and, end, ind, ond, und, änd, ünd haben meistens das weiche d.

Beispiele.

wandeln, handeln, wandern, ändern, wenden, spenden, senden, schleudern, blenden, blind, binden, lindern, schinden, finden, schwinden, wund, kund, wundern, künden, verkündigen, bündig, gesund; Wand, Pfand, Band, Rand, Sand, Stand, das Ende (das Letzte), Rind, Rinde, Spindel, Bund, Spund, Plunder, Wunder, Heiland, Tugend.

Eine Ausnahme von obiger Regel bilden die Wörter:

Gant,*) Lunte, unter,
Tinte, Flinte, munter,
Ente,**) Rente,***) hinter,
Tante, Mantel,†) Winter,
Entern,††) Splint, bunt, Diamant,†††)
Zentner, Kante, Fant und Elephant.

Anmerkung. Die Vorsilbe „ent" wird mit t, die Nachsilbe „end" aber mit d geschrieben; z. B. entfernen, liebend. In dem Worte „endlich" ist end die Stammsilbe (von Ende) und muß daher mit d geschrieben werden. — Wird der Nachsilbe en die Nachsilbe lich angehängt, so setzt man des Wohllauts wegen zwischen beide Silben noch ein t; z. B. öffentlich, namentlich, wesentlich, flehentlich, geflissentlich, ordentlich.

24. **Aufgabe.** Schreibe obige Wörter ab, präge dir durch öfteres Buchstabieren derselben ein, wie sie geschrieben werden und lerne die Ausnahmen auswendig.

25. **Aufgabe.** Schreibe folgende Sätze ab, ergänze aber die darin vorkommenden unvollständigen Wörter durch die fehlenden Buchstaben!

B—P; D—T; G—K; Ch; b—p; d—t; g—k; ch.

Der Blitz kann zün-en. Es gibt süße und -ittere Man-eln. Die Kugel ist run-. Der Herbst en-laubt die Bäume. Der Verbrauch des Salzes im Allgemeinen beträgt in Europa jährlich 44½ Millionen

---

*) Zwangsversteigerung (Sheriff's sale).
**) Ein Schwimmvogel (a web-footed bird, swimmer).
***) Einkommen (income).
†) Ein Kleidungsstück (article of clothing).
††) Entern heißt, ein Schiff mit Haken an sich ziehen, um es zu ersteigen (to board).
†††) Auch Demant (ein Edelstein) [precious stone].

Zen-ner. Sobald die Sonne aufgeht, verschwin-en die Sterne. Die tosen-e Bran-ung des fluthen-en Oceans begräbt manches Schiff in seinen Abgrun-. Das Ufer des Meeres wird, wenn es niedrig ist, Stran-, wenn es hoch ist, Küste genannt. Der sterben-e Mensch röchelt. Ein gutes Kin- gehorcht geschwin-. Der Verschwen-er bringt sich um Ehre und Vermögen. Gegenwärtig gewinnt man in Californien jährlich für 50 Millionen Dollars Gol-. Vorderindien ist an Sal-eter reicher als jedes andere Lan- der Erde. Die Haare der Nordlän-er sind meistens blon-. Der Zun-er glimmt. Der Elephan- ist das größte Lan-thier. Eine Han- wäscht die an-ere. Wer auf Gott hört, hört auch auf fromme und verstän-ige Menschen. Die Donau en-springt im Badischen. Menschenfurcht bin-et die Zunge. Morgenstun-e hat Gold im Mun-e. Treue Han- geht durch's ganze Lan-. Der Löwe, der Tiger, die Hyäne, der Wolf u. s. w. sind reißen-e Thiere. Der weise Grieche Sokrates lebte 400 Jahre vor -ristus. Lügen heißt wissen-lich die Unwahrheit sagen. Der Eigennützige beträgt sich so, als ob Alles nur um seinetwillen vorhan-en wäre. Die -ipfel sehr hoher -erge sind bestän-ig mit Schnee be-eckt. Die En-en haben einen wackeligen -ang. -eter der Große, -aiser von Rußlan-, starb im Jahre 1725. Währen- meiner Krankheit mußte ich viele -ittere -illen einnehmen. Du hängst den Man-el nach dem Win-. Wenn man einer Sau ein -oldenes Halsban- anlegt, so wälzt sie sich doch damit im -oth. Auf einen groben Klotz gehört ein grober -eil. Theile des Holzstammes sind: das -ernholz, der Splin-, der -ast und die Rin-e. Die Chinesen haben weit hervorstehende -ackenknochen. Die langen Eckzähne des Elephan-en geben das Elfen-ein. Das -old ist ein edles, das -upfer aber ein unedles Me-all. Das Auffin-en von Diaman-en im Uralgebirge hat man den scharfsinnigen Beobachtungen und Untersuchungen des berühmten Reisenden und Naturforschers Alexander Humboldt zu verdanken. —

Der Horcher an der Wan-
Hört oft seine eigene Schan-.

§ 14.

Wo man beim Aussprechen eines Wortes ks hört, muß man beim Schreiben chs dafür setzen.

Beispiele.

Dachs, Flachs, Wachs, Buchs, Wichse, wichsen, Flechse, Achse, Achsel, Deichsel, Weichsel, Wechsel, Sachsen, Eidechse, Büchse.

Ausnahmen sind:

Axt, Taxe, Knix,
Hexe, Nixe, Borax, fix.*)

---

*) Häcksel kommt von hacken, und flugs von fliegen; also schreibt man nicht Häxel, flux. — Fremdwörter, die im Deutschen gebräuchlich sind und mit x geschrieben wer-

26. Aufgabe. Schreibe obige Wörter ab und präge dir durch öfteres Buchstabieren derselben ein, wie sie geschrieben werden!

§ 15.

Qu steht nur vor den Helllauten und lautet wie kw; da es aber in der deutschen Sprache kein Wort gibt, welches kw oder gw hat, so muß man also da, wo man beim Aussprechen eines Wortes kw vor einem Helllaute hört, beim Schreiben qu (Qu) dafür setzen.

Beispiele.

quer, quaken, quälen, quieken,*) erquicken, quetschen, bequemen; Qualm, Quelle, Quark, Quirl, Quentchen, Quaste, Quitte, Qualität (Güte), Quantität (Menge), Quartal, Quartier, Quecksilber, Quacksalber (Pfuscher in der Heilkunst), Quaderstein, Quadrat, Quartett, Quarz, Quatember, Quint, Quittung, Quotient.

27. Aufgabe. Schreibe obige Wörter ab und präge dir durch öfteres Buchstabieren derselben ein, wie sie geschrieben werden!

§ 16.

Kein Wort wird mit bf, bs, mf, mbf, fb oder sb geschrieben, sondern mit pf, ps, mpf,**) st oder sp.

Beispiele.

dumpf, stumpf, Zopf, Schopf, Kopf, Kropf, Knopf, Napf, Pfau, Pferch, Pfuhl, Dampf, Krampf, Trumpf, Strumpf, Pflicht, Pfad, Spur, Spreu, Sporn, Sprung, kämpfen, klopfen, pflegen, rümpfen, rupfen, zupfen, springen, sprudeln, sprengen; Gipfel, Pfarrer, Pfeffer, Pfeifer, Tropfen, Zapfen, Zipfel, Pfanne, Pfeife, Pflaume, Pforte, Pfote, Pfosten, Opfer, Spaten, Spindel, Speiche, Speichel, Sprosse, Speicher, Reps, Gips, Schnapps, Schnipps.

Ausnahmen. Krebs (ein Thier) und Kröbs (das Kerngehäuse des Kernobstes).

28. Aufgabe. Schreibe obige Wörter ab und präge dir durch öfteres Buchstabieren derselben ein, wie sie geschrieben werden!

29. Aufgabe. Schreibe folgende Sätze ab, ergänze aber die darin vorkommenden unvollständigen Wörter durch die fehlenden Buchstaben!

---

den, sind: exact (genau), Examen (Prüfung), Excellenz (Herrlichkeit), Exceß (Unfug), Exempel (Beispiel), exerciren (üben), existiren (dasein), expediren (abfertigen), expliciren (erklären), Explosion (Zerplatzung), Extrem (Aeußerstes), Text (Schriftspruch).

*) Junge Schweine quieken.

**) In Doppelwörtern kommen m und f nebeneinander vor, wenn das erste Wort mit m endigt und das zweite mit f anfängt; z. B. umfangen, umfassen (um-fangen, um-fassen), in einem einfachen Wort aber kommt mf nie vor.

Qu, St, Sp, Pf; chf, chs, x, qu, st, sp, pf, mpf.

Die Birnen und die Ae-fel gehören zum Kernobst. — Das Vaterland des -effer-rauches ist die Küste Malabar in Vorderindien. Die Vögel singen und -eifen. Der Bauer -lügt mit dem -luge seine Aecker. Den be-en Ho-en zieht England, Belgien, und in Amerika der Staat New York. -äle nie ein Thier zum Scherz, denn es fühlt, wie du, den Schmerz. Die Eichen wa-en im Walde. Auf dem Ohio fährt man mit Da-booten. Arabien hat die be-en -erde auf der ganzen Erde. Um die Kinder vor den Blattern zu schützen, werden sie gei-t. Das Holz wird mit der A-t ge-alten. Rußland und Polen liefern den mei-en Honig und das mei-e Wa-. Es gibt be stän dige oder ewige und periodische -ellen. Das Fleisch der Kühe und O-en wird gegessen. Spanien hat das meiste -ecksilber auf der ganzen Erde (20,000 Zentner jährlich). Man soll deutlich und laut -rechen. Die Dampf-ritze ist eine amerikanische Erfindung und von großem Nutzen für die Menschheit. Der Fu- ist ein schlaues Thier. Hat der Jäger seine Bü-e schon geladen? Du -richst die deutsche und französische -rache. Die Erde ist ein Planet, die Sonne aber ein Fi-stern. Der Leib des Menschen wird in Ko-, Ru- und Glieder eingetheilt. Die mei-en und be-en Mandeln liefert -anien. Das Süßholz wä-t im südlichen Europa wild. Den meisten Fla- erzeugt Rußland. Der ostindische Fla- soll an Länge, Zähigkeit und Feinheit jeden andern übertreffen. Aus -erdemilch wird bei den Kalmücken im asiatischen Rußland ein gei-iges Getränke (Kumiß) bereitet. Die Frösche -afen.

Junges Blut, -ar dein Gut;
Anmuth im Alter wehe thut. —

§ 17.

Im Anfange einer Silbe oder eines Wortes schreibt man das lange „ſ", am Ende desselben das runde (ß).

Beispiele.

a) ſo, ſie, ſonſt, ſein, ſich, ſtill, ſtumm, ſpitz, ſagen, ſetzen, ſonnen, ſelten, ſorgen, ſauber, ſenden; —

b) es, uns, als, aus, des, los, stets, flugs, kraus; Puls, Sims, Haus, Vers, Wams, Schmaus, Preis, Gleis, Gries, Gas, Mops, Reis (dünner Zweig).

30. **Aufgabe.** Schreibe obige Wörter ab, präge dir durch öfteres Buchstabieren derselben ein, wie sie geschrieben werden, und setze die Hauptwörter, bei denen dies angeht, in die Mehrzahl!

§ 18.

Als Auslautzeichen steht das lange „ſ" nur dann, wenn nach der Hauptsilbe eine Nebensilbe folgt, die mit einem **Helllaut** anlautet; sonst aber steht das lange „ſ" nur am Anfange und in der Mitte einfacher Wörter.

Beispiele.

brausen, niesen, näseln, rasen, preisen, rieseln, säuseln, sausen, tosen, wechseln, winseln, zausen; Achse, Achsel, Base, Binse, Blase, Flechse, Busen, Hase, Esel, Pinsel, Rasen, Eisen, Reisig.

31. Aufgabe. Schreibe obige Wörter ab, präge dir durch öfteres Buchstabieren derselben ein, wie sie geschrieben werden, und setze die Hauptwörter in die Mehrzahl! —

§ 19.

Mitten in abgeleiteten und zusammengesetzten Wörtern steht als Auslaut das runde „s", es mag ein Helllaut oder ein Mitlaut darauf folgen.

Beispiele.

Hausbuch, Häuslein, Hauseigenthümer, häuslich, sechste, Mausfalle, Mannszucht, Zinsfuß, Dachsfett, Meeresfläche, Bläslein, Büchschen, Röschen, Häuschen, Bäschen, Griessuppe, preiswürdig, ausdauern, auseinander, aussagen; Dienstag, Donnerstag, Samstag.

32. Aufgabe. Schreibe obige Wörter ab, präge dir durch öfteres Buchstabieren derselben ein, wie sie geschrieben werden, und setze die Hauptwörter in die Mehrzahl!

Anmerkung. Schreibung der Wörter: das und daß. Daß ein Lehrer das Kind, das gut und fleißig ist, mehr liebt als das böse und faule Kind, das kann ihm Niemand verargen. — Wir fürchteten, daß das Schiff, das allzu schwer befrachtet war, sinken möchte.

Das ist entweder der sächliche Artikel, wie das Kind, oder es steht anstatt der Fürwörter welches, dieses, jenes, dasjenige, wie hier oben: das gut, das kann, u. s. w. — Hingegen: daß ist ein Bindewort; z. B.: Ich hoffe, daß du Wort hältst. —

Aufgabe. Schreibe 6 kleine Sätze nieder, in welchen der Artikel „das", und eben so viele, in welchen das Bindewort „daß" vorkommt!

33. Aufgabe. Schreibe folgende Sätze ab, ergänze aber die darin vorkommenden unvollständigen Wörter durch die fehlenden Buchstaben!

S; s — ß.

Der Maurer baut ein Hau–. Der Schnabel, die Beine, und der Hal– des Storche– sind lang. Kann das Kind schon Englisch le–en? Un–er Geist denkt. Das Rad dreht sich um –eine Ach–e. Die Phönizier werden für die Erfinder des Gla–e– gehalten. Der –amen de– Hanfe– wird im Frühlinge auf das Feld ge–äet. Der Zucker ist –üß. Böhmen liefert das vorzüglichste Gla–. Die Zahl der Gem–en nimmt mit jedem Jahr mehr ab. Das beste Ei–en hat Schweden, das meiste England. Kleine Gän–e heißt man Gän–chen, kleine Mäu–e Mäu–chen, kleine Wäm–e Wäm–chen, ein kleines Hau– Häu–lein. Manche Völker schmücken den Hal– mit einem Hal–bande. Die Gan– und die Ente sind Schwimmvögel. Dürre– Gra– heißt man Heu. Auf dem Rathhau–e ver–ammeln sich die Rath–herrn. Die Tauben sind –anfte

Vögel. Die Bienen –ammeln Honig. Ehre die Grei–e, gute– Kind. Der Kürschner benutzt das Fuch–fell. Wie heißt der Hau–eigenthü=mer? Viele Köche ver–alzen die –uppe. Der Laubfrosch ist gra–grün. Der Kreb– geht rückwärt–. Das Kind hat sich ganz bei–er geschrieen. Die Bohnen und die Lin–en werden gegessen. Die Ro–en sind wohl=riechende Blumen. –ieben Tage sind eine Woche. Des Zorne– Au=gang ist der Reue Anfang. Was Hän–chen nicht lernt, lernt Han– nimmermehr. Wa– man eingebrockt hat, muß man au–essen. Wer Bö–e– gewinnt, hat großen Verlust. Des Faulen Arbeit–tag heißt Morgen, sein Ruhetag heißt Heute. Die Einigkeit erhält das Hau–, die Zwietracht jagt da– Glück hinau–. Gott sieht nicht auf das Au=wendige. Fleiß bricht Ei–en.

   Gott dienen, heißt da– Gute lieben,
   Wie er, der gute Gott, e– liebt,
   Und, wo wir können, Gute– üben,
   Wie Gott un– nicht– al– Gute– gibt. —

§ 20.

Das **gd** kommt nur in den drei Wörtern **Magd** (Dienstmädchen), **Jagd** und **Smaragd** (ein Edelstein) vor.

Das **ph** (das wie f ausgesprochen wird) kommt nur in Eigennamen und Fremdwörtern vor; z. B. in **Philipp, Philosoph** (Welt=weise), **Pharisäer, Philister, Philolog** (Sprachkundiger), **Phy=sik** (Naturlehre), **Amphibium** (Wasser= und Landthier), **Epheu, Graphit** (Reißblei), **Orthographie** (Rechtschreibung), **Kalli=graphie** (Schönschreibekunst), **Stenographie** (Schnellschreibekunst), **Telegraphie** (Fernschreibekunst), **Lithographie** (Steinschrift, Steindruck), **Biographie** (Lebensbeschreibung), **Geographie** (Erd=beschreibung), **Photographie** (Lichtbildkunst). —

Mit dem Buchstaben **v** werden nur folgende Wörter geschrieben:

voll, von, vor, vorn, brav, viel, vier; Vater, Vetter, Veilchen, Vogel, Vieh, Vogt, Volk, Sklave, Larve, Frevel, Nerv, Pulver, Klavier, Violin, Olive, Malve, Vers, Vulkan (ein feuerspeiender Berg), **Lava, Möve, Salve.**

Anmerkung. Mit v werden auch die mit den eben angeführten verwandten Wörter und die Vorsilbe **ver** geschrieben, z. B.: **völlig, väterlich, Vö=gelchen, nervös, verlieren, unverdorben.** Auch kommt das v in folgenden Vornamen vor: **David, Eva, Gustav, Xaver, Valentin, Veronika,** ferner in dem Monatsnamen **November** und in **Jehova, Vitriol** und **Locomotiv.**

34. **Aufgabe.** Schreibe die Wörter, die mit **v** geschrieben werden, ab und lerne sie auswendig!

§ 21.

Mit dem **Doppellautzeichen ai** werden nur folgende Wörter geschrieben:

3. Abschnitt. Von dem Gebrauche einzelner Buchstaben.

Waid[1], Main[2], Hai[3], Bai[4],
Waise[5], Saite[6], Maid[7], Mai[8],
Laib[9], Kaiser, Rain[10],
Waidmann[11], Haide[12], Hain[13],
Laichen[14], Mais[15] und Kain[16]*.

35. Aufgabe. Schreibe obige Wörter ab und lerne sie auswendig!

36. Aufgabe. Schreibe folgende Sätze ab, ergänze aber die darin vorkommenden unvollständigen Wörter durch die fehlenden Buchstaben!

F, Ph, V; gd, gt, cht; f, ph, v; ai, ei, äu.

Meine Mutter kocht, und mein –ater schreibt einen Brie– an meine Base und einen solchen an meinen –etter. Rußland ist ein K–serreich. Der Monat M– wird auch Wonnemonat genannt. Wenn man die S–te zu hoch spannt, so zerreißt sie. Der Franziskanermönch Berthold Schwarz zu Freiburg i. B. soll im Jahre 1354 das Schießpul–er erfunden haben. Die –ögel haben zwei –üße, zwei –lügel und einen hornartigen Schnabel. Der Hirt treibt die Heerde auf die W–de. Das bescheidene März–eilchen blüht im –erborgenen. Das Wein–aß ist leer, das Essig–aß aber ist –oll. Zwei und zwei sind –ier. Der W–d ist eine Färbepflanze. Wilhelm spielt Kla–ier, und Friedrich die –iolin. Der W–dmann geht auf die Ja–. Der Knecht pflügt den Acker, und die Ma– –üttert das –ieh. Der Missethäter zittert –or Angst. Der Arme hat wenig Geld, der Reiche aber hat –iel. Pro–essor Morse, ein Amerikaner, ist der Erfinder des Telegra–en. Der Eltern Segen baut den Kindern H–ser. Der M–n fließt bei Mainz in den Rhein. K–ser Napoleon I. wurde 1769 auf der Insel Korsika geboren. Aus einem tüchtigen Knaben kann, –alls keine Unglücks–älle eintreten, ein bra–er Mann werden. Das meiste und reinste Reißblei (Gra–it) hat England. Den meisten Schwe–el hat Sicilien, das jährlich mit einer Million Zentner die ganze Welt versorgen kann.

§ 22.

Diejenigen Wörter, welche einen Zustand, ein Verhalten, ein Leiden und eine Thätigkeit in der Zeit ausdrücken, heißen Zeitwörter; z. B. gut sein, schlafen, empfangen, schwimmen.

Die Zeitwörter endigen im Infinitiv (Nennform; Infinitive Mood. Present Tense) alle auf en oder n; z. B. leben, schimmern.

---

[1] Eine Pflanze. [2] Ein Fluß. [3] Ein Fisch. [4] Ein Meerbusen. [5] Ein elternloses Kind. [6] Ein Draht oder ein aus Gebärmen gedrehter Faden, z. B. die Violinsaite. [7] Ein Mädchen. [8] Ein Monatsnamen. [9] z. B. ein Laib Brot. [10] Ein schmaler Strich mit Gras bewachsenen Landes; ein begraster Abhang. [11] Ein Jäger. [12] Eine unfruchtbare Gegend. [13] Ein junger Wald, auch der Tod (Sichelmann). [14] Wenn Fische, Frösche oder andere Wasserthiere ihre Eier (Laich) von sich geben, so sagt man, sie laichen. [15] Welschkorn. [16] Abel's Bruder.

* Schreibe nicht ai in Getreide, Weizen und Schafweide!

Aus dem **en** oder **n** der Nennform wird in der Personform nie **eb** oder **d**, sondern immer **et** oder **t**; z. B. sprech**en**, sprech**et**, spricht.

37. **Aufgabe.** Schreibe folgende Wörter ab und beziehe sie auf eines der Wörtchen **er, sie, es, man, ihr**; z. B. leb**en**, er leb**t**; meid**en**, man meid**et**!

leben, meiden, lieben, bauen, eilen, meinen, reiten, schreien, schleichen, schmeicheln, schweigen, staunen, untertauchen, taugen (nützen), singen, hören, mühen, leiden (einen Schaden), leiten (führen), begehren, verlieren, zerreißen, erzählen, fragen, antworten, mißfallen, weisen (zeigen), weißen (mit Farbe weiß machen), reißen (trennen), reisen * (wandern), speisen, rasen, rasten, tosen, lesen, brausen, preisen, sausen, wachsen, zausen, mißbilligen, betrügen, genügen, fliegen, liegen, bescheinigen, beschleunigen, vereinigen, peinigen, flimmern, wimmern, schillern, trillern.

Vierter Abschnitt.
Von dem Gebrauche des Apostroph's.

§ 23.

Gesetzt wird der Apostroph oder das Auslassungszeichen in den Fällen, wo auf harte Weise ein Selbstlaut (namentlich ein „e") weggefallen ist und ohne ihn die Schreibung des Worts befremdlich und störend für das Auge wäre; z. B. zittr'ich für zittre ich, ist's für ist es, 's ist wahr für es ist wahr.

In Eigennamen, die auf s endigen, ersetzt der Apostroph die Endung des zweiten Falles; z. B. Jacobs' Schriften.

Bei **gewöhnlichen** Zusammenziehungen, wie z. B. in schreibt, lebt, geht, steht, blüht, glüht u. s. w., statt: schreibet, lebet, gehet, stehet, blühet, glühet wird kein Auslassungszeichen gebraucht. —

Tonloses a ist ausgefallen in drin, drauf und dran.

38. **Aufgabe.** Schreibe folgende Sätze ab, setze aber für die vorkommenden **Auslassungszeichen** die ausgelassenen Buchstaben!

Ich gehe für meinen Freund **durch's** ** Feuer. Er nahm mich scharf **auf's** Korn. Wie **man's** treibt, so **geht's**. Geschwätzige Menschen reden oft **in's** Blaue hinein. Du hast dein Schäfchen **in's** Trockne gebracht. Iß und **trink'** mit Maß und Freuden; Uebermaß muß Schmerzen leiden. Lust und **Lieb'** zu einem Ding, macht dir

---

* Wenn zwischen s und t ein e ausgelassen ist, so schreibt man s't oder ßt; z. B. reisen, er reis't oder reißt.
** Der Apostroph kann auch wegbleiben bei den Verschmelzungen der Verhältnißwörter mit dem Geschlechtswort dem, das, der; z. B. vom, unterm, durchs, aufs, ins, ans, beim, zur.

alle **Müh'** gering. Frohsinn, Mäßigkeit und **Ruh'** schließen dem Arzt die Thüre zu. Dem Geizigen ist das Geld **an's** Herz gewachsen. Du mußt nicht Oel **in's** Feuer gießen. Was von mir ein Esel spricht, das **acht'** ich nicht. **Aber, Wenn** und **Gar** sind des Teufels **Waar'**. Wer **And're** anschwärzt, ist **d'rum** nicht weiß. Frage nicht, was **And're** machen, **acht'** auf deine **eig'nen** Sachen.

Weis' ist der und wohlgelehrt,
Der alle **Ding'** zum Besten kehrt. —
Gute Sprüche, weise Lehren,
Soll man üben, nicht bloß hören.
Wer Hoffnung, **Glaub'** und **Lieb'** erkoren,
Und treu bewahrt und ernst geübt,
Dem ist das höchste Heil geboren,
Das nur das Leben hat und gibt:
Und **hätt'** er nicht, sein Haupt zu betten,
Wär' Schand' und Schmach sein Erdenloos,
Und **läg'** er auch in Sklavenketten —
Er bleibt doch frei und reich und groß. —

Fünfter Abschnitt.
Wie die Dehnung der Helllaute bezeichnet wird.

§ 24.

Die Dehnung der Helllaute (Selbstlaute, vowels) kann bezeichnet werden

1) dadurch, daß man nach dem Helllaut nur **Einen Mitlaut** setzt; z. B. bat, gab, Lob, dem, blöken, spuken, Haken;
2) durch **Verdoppelung der Helllautzeichen** (nur **a, e** und **o** werden verdoppelt), z. B. Aal, See, Loos;
3) durch das Dehnungszeichen **h**; z. B. Sohn, Kahn, Huhn;
4) durch das Dehnungszeichen **e** nach **i**; z. B. Dieb, lieb.

Der Buchstabe **a** wird nur in folgenden Wörtern verdoppelt:

Aas, Aar, Aal,
Staar, baar, Saal,
Saat, Staat, Paar*,
Waare, Haare, Schaar** (Menge).

Der Umlaut von **aa** wird ohne Verdoppelung geschrieben: **Saal, Säle.**
39. Aufgabe. Schreibe obige Wörter ab und lerne sie auswendig!

---

* Wenn das Wort „Paar" zwei zusammengehörige Dinge bedeutet, z. B. ein Paar Tauben (Männchen und Weibchen), so wird es mit großen Anfangsbuchstaben geschrieben; bedeutet es aber so viel als e i n i g e oder e t l i c h e, so schreibt man es mit kleinem Anfangsbuchstaben; z. B. der Gärtner schenkte dem Knaben ein p a a r (einige) Aepfel.
** Die S ch a r am Pfluge schreibt man nur mit E i n e m a.

5. Abschnitt. Wie die Dehnung der Helllaute bezeichnet wird.

Der Buchstabe e wir nur in folgenden Wörtern verdoppelt:

See, Allee, Armee,
Seele, Heerde, Klee,
Beet, Schnee, leer,
Thee, Kaffee, Ibeer,
Kameel, scheel, Heer,
Ircc, Scheere, Speer,
Lorbeer, Beere, Fee und Meer.

40. Aufgabe. Schreibe obige Wörter ab und lerne sie auswendig!

Das Zeichen o wird nur in folgenden Wörtern verdoppelt:

Boot, Loos, Moos,
Moor*, Soole**, Schooß.

41. Aufgabe. Schreibe obige Wörter ab und lerne sie auswendig!

Beispiele
von Wörtern, in welchen das Dehnungszeichen h vorkommt, sind:

ihn, ihm, ihr, roh, hehr (heilig, erhaben), kahl, fahl, lahm, kühl, mehr, sehr, wohl, froh, früh, zehn; ahnden (strafen), ahnen (ein Vorgefühl von einem Glück oder Unglück haben), bähen, bahnen, höhnen, bohren, bohnen (Holzwerk mit Wachs glänzend reiben), drohen, fahnden, flehen, fühlen, führen, gähnen, gehen, lehnen, lehren, mähen, ruhen, rühmen, nähen, rühren, sehen, schmähen, spähen, sehnen, stöhnen, sprühen, sühnen, wählen, währen (dauern), wehren (sich vertheidigen), wahren (sichern), zehren; Lehm, Hohn, Lohn, Mohn, Huhn, Bahn, Kohl, Rahm, Wahn, Zahn, Stahl, Stuhl, Zahl, Rohr, Stroh, Aehre (der oberste Theil am Getreidehalm), Ehre (Ruhm), Bahre, Bohne, Bühne (Theater), Brühe, Fahne, Gewehr (Waffe), Gewähr (Sicherheit), Gefahr, Kehle, Sohle (der unterste Theil des Fußes), Dohle, Fohlen (ein junges Pferd), Mähne, Mühe, Gefühl, Gewühl, Sehne, Zähre †.

42. Aufgabe. Schreibe obige Wörter ab und präge dir durch öfteres Buchstabieren derselben ein, wie sie geschrieben werden! —

§ 25.

Wenn eine Silbe mit zwei Mitlauten anfängt, so wird die Dehnung des Helllautes gewöhnlich **nicht** besonders bezeichnet.

Beispiele.

klar, schwül, schräg, klug, zwar, prägen, prüfen, strömen, spülen, stören; Gram (Betrübniß), Kram (Handel), Plan, Graf, Schlot (Schornstein), Schwur, Blut, Brut, Flur, Trog, Brot.

---

* Moor (eine schwarze, sumpfige Bodenart,—Torf); Mohr (ein Schwarzer).
** Soole (Wasser, woraus Salz gekocht wird).
† Das Dehnungszeichen h kommt in keinem gewöhnlichen Fremdworte vor.

Anmerkung. Die Wörter **Flut** und **Stral** schreiben Manche mit, Manche ohne „h".

43. Aufgabe. Schreibe obige Wörter ab und präge dir durch öfteres Buchstabieren derselben ein, wie sie geschrieben werden!

§ 26.

Wenn eine Silbe den Buchstaben **t** als **An**- oder **Auslaut** hat, so steht das Dehnungszeichen **h** nicht hinter dem **Helllaut**, sondern hinter dem **An**- oder **Auslaut** „t" [1].

Beispiele.

thun, miethen; Koth, Muth, Thon (eine Erdart), **Werth, Wuth, That,** das **Thier,** die **Thüre,** der **Thau** [2].

44. Aufgabe. Schreibe obige Wörter ab und präge dir durch öfteres Buchstabieren derselben ein, wie sie geschrieben werden!

§ 27.

Durch **e** wird der Helllaut **i** gedehnt.

Beispiele.

die, sie, nie, wie, hier, schier (beinahe), lieb, tief, viel (ein Zahlwort), siech (kränklich), vier (ein Zahlwort), biegen, gießen, bieten, kriegen (bekommen; Krieg führen), kriechen (sich auf dem Bauche fortbewegen), liegen, fließen, fliegen, frieren, liefern, rieseln, schielen, schmiegen, schmieren, sieben, fliehen, wiehern, bieder (rechtschaffen), nieder, wieder (nochmals; wider aber bedeutet gegen), Kiel, Kien (harziges Holz), Kies, Sieg, Stiel (Griff), Stier, Krieg, Gier, Bier, Zier, Knie, Lied [3], Sieb, Glied, Ziel, Friede, Giebel, Riegel, Priester, Riemen, Riese, Fliege, Spiegel, Siegel, Ziegel (Dachziegel), Miene (Gesichtszüge), Niere, Pfrieme, Schiene, Fieber, Panier, Wiese, Zierde, Zwiebel [4].

Ausnahmen: Mine [5], Tiger, Fibel [6],
Biber und Lawine,
die Fiber [7] und die Bibel,
wider (gegen), dir, mir und wir.

---

[1] Bei folgenden Wörtern: Thurm, Wirth, Mauth (der Zoll von Waaren), Thee, Theer wird das Dehnungszeichen „h" unnöthiger Weise gebraucht, denn die ersten zwei dieser Wörter sind sogar kurz, und die drei andern sind ohnehin schon lang.

[2] Die Buchstabenverbindung „ht" ist nur bei Zeitwörtern und davon abgeleiteten Hauptwörtern (z. B. drehen, dreht, Draht) gebräuchlich.

[3] Das Augenlid schreibt man ohne e.

[4] Bei den aus dem Lateinischen und Französischen kommenden Zeitwörtern wird das Dehnungszeichen „e" ausgelassen; z. B.: rasiren (Bart abnehmen), renoviren (erneuern), serviren (bedienen), recommandiren (empfehlen), corrigiren (berichtigen), demoliren (zerstören), dictiren (vorsagen), desertiren (davonlaufen); doch schreibt man regieren und spazieren. Die aus dem Französischen kommenden Hauptwörter behalten das Dehnungszeichen e bei; z. B.: Barbier, Offizier, Kanonier, Pionier.

[5] Eine in die Erde gegrabene Höhlung; eine Grube, ein Schacht.

[6] Das Abc-Buch.

[7] Die zarten organischen Fäden in den thierischen Körpern heißen Fibern.

45. Aufgabe. Schreibe obige Wörter ab und präge dir durch öfteres Buchstabieren derselben ein, wie sie geschrieben werden!

46. Aufgabe. Schreibe folgende Sätze ab, ergänze aber die darin vorkommenden unvollständigen Wörter durch die fehlenden Buchstaben!

**A, Aa; a, aa, ah, äh,
e, ee, eh, o, oo, oh, öh, u, uh, üh, i, ie, t, th.**

Der -l ist ein Fisch. Der H-rt hütet die H-rde. Die Haut und die H-re des M-ren sind schwarz. Der Schn- besteht aus Eisnadeln. Aus den Traubenb-ren wird der Most gepreßt. Das Lamm ist ein z-mes Th-r. Der Schüler wird vom L-rer gel-rt. Die Herbstzeitlose wächst auf den W-sen. Die meisten und schönsten Edelsteine l-fert die heiße Zone. Der Hanf wächst in seinem Vaterlande Ostindien, wie auch in andern -eilen Asiens, wild. Der Bernstein findet sich am meisten an den Küsten der Osts-. Das Kam-lh-r wird zu groben Geweben und Stricken benutzt. Die Gans, die Ente und der Schw-n sind Schwimmvögel. Der Rhein ist der wichtigste Str-m in Eur-pa. Fr-de ernährt, Unfr-de verz-rt. Beisp-le ziehen an. Jeder ist seines Glückes Schm-d. Das Lotteriesp-l macht Einen reich und Hundert arm. Mit den Nerven in der Nase r-chen w-r. Robert Fulton aus Lancaster in Pennsylvanien erbaute 1807 das erste Dampfb-t. Das Opium wird aus dem M-n bereitet. Die Heringe werden in ungeheurer Menge in der Nord- und Osts- gefangen. Die Jäger sch-ßen das Wild. Die Augen tr-fen von -ränen. Die Pferde z-hen den Wagen. Die Milch der K-e ist sehr n-rhaft. Ich trug einen Br-f auf die Post. Man legt den Todten auf die B-re. In einem kleinen K-n kann man über den Fluß f-ren. Die Holzk-len glühen. Die H-ne kr-en. Die D-be st-len meistens nachts. Der Vater erm-nte seinen ungehorsamen S-n. Mancher W-nter ist so kalt, daß Menschen erfr-ren. Das M-r wird nicht größer, obgleich sich alle Flüsse in dasselbe erg-ßen. Aus China werden jährlich etwa 70 Millionen Pfund Th- ausgeführt. Der dreißigj-rige Krieg fing im Jahre 1618 an. Die zwölf Monate des J-res heißen: Januar, Februar, März, April, Mai, Juni, Juli, August, September, Oktober, November, Dezember. V-le Berge in der Schweiz sind immerw-rend mit Schn- bedeckt. Manche Bleierze sind f-l*. Ein Pfund hat sechzehn Lo- (ounces). Die B-ne sammelt Honig. Der Schmeichler ist gewohnt zu kr-chen. In China soll man schon seit länger als 2000 Jahren Pap-r bereiten. Das kranke Kind l-gt in der W-ge. Das sogenannte isländische M-s, eine Art Flechte, ist eine Arzneipflanze. Die Zahl der Kaff-bäume auf der Insel Java soll über 300 Millionen, und die Ausf-r von Kaff- mehr als 1 Million Zentner betragen. Aus harzigem Holz wird der Th-r bereitet. Der T-ger ist eine Art Katze. Der Hochmu- kommt vor dem Fall. Eigener Herd ist Goldes wer-. Schätze nicht

---

* **Fahl** (aschgrau, erbfarben, blaß- oder schmutziggrau, mäusefarben).

zu hoch das Geld, es hat nur Wer– für diese Welt. Gesundes Blu– gibt frohen Mu–. N–mand kann zwei Herren d–nen. Kein –ier ist so wild, daß es von den Menschen nicht etwas gez–mt werden könnte.

Wer Gutes –ut,
Hat frohen Mu–.

Sechster Abschnitt.
Die Bezeichnung geschärfter Helllaute.

§ 28.

Die **Schärfung** der Helllaute (short vocals) wird in der Regel dadurch bezeichnet, daß man das Mitlautzeichen, welches auf den geschärften Helllaut folgt, verdoppelt; z. B.: **voll, bitter, Wasser**.

Nach einem **Doppellaut** (diphthong) werden die Mitlautzeichen **nie** verdoppelt. — Die Mitlaute c, h, ch, sch, q, v, w und x werden nie verdoppelt.

Das Mitlautzeichen **b** wird nur in den Wörtern **Ebbe, schwabbeln, Robbe** (ein Seethier), **krabbeln** verdoppelt.

Der Buchstabe **d** wird nur in dem Worte **Widder** (Schafbock) verdoppelt.

Der Buchstabe **g** wird nur in folgenden Wörtern verdoppelt:

Brigg[1], **Dogge**[2], **Egge**[3], **Flagge**[4], **Roggen**[5], **baggern**[6], **schmuggeln, flügge**.

Anmerkung. Das Wort **flügge** kommt, wie **flugs**, von **fliegen, Flug**; die Schreibung **flick** oder **flück, flucks** oder **flux** ist ist daher unrichtig.

47. **Aufgabe.** Schreibe die Wörter mit bb, dd und gg ab und präge sie deinem Gedächtnisse ein! —

Die Mitlaute **f, k, l, m, n, p, r, s, t** und **z** werden öfter verdoppelt.

Beispiele
von Wörtern mit verdoppeltem **f (ff)**:

schlaff, straff, schroff, öffnen, hoffen, schaffen, gaffen, schiffen; Affe, Griff, Griffel, Kaffee, Koffer, Neffe, Staffel, Büffel, Ziffer.

48. **Aufgabe.** Schreibe obige Wörter ab und präge dir durch öfteres Buchstabieren derselben ein, wie sie geschrieben werden!

Beispiele
von Wörtern mit verdoppeltem **k (ck)**:

nackt, strack, keck, stecken, lecken, necken, blecken (die Zähne),

---

[1] **Brigg**, eine Art Ruderschiffe (brig).
[2] **Dogge**, ein englischer Hund (bull-dog).
[3] **Egge**, ein Ackergeräth (harrow).
[4] **Flagge**, eine Schiffsfahne (flag).
[5] **Roggen**, eine Getreideart (der Rocken am Spinnrad aber wird mit ck geschrieben).
[6] **Baggern** heißt Schlamm aus der Tiefe schaffen (to clear from mud).

6. Abschnitt. Die Bezeichnung geschärfter Helllaute.

wecken, schlecken, schmecken, strecken, sticken, stricken, nicken, schicken, spicken, zwicken, hocken, drucken, ducken, schlucken, zucken, drücken, pflücken, rücken, schmücken, spucken (speien); Frack, Lack, Hacke, Zacke, Weck, Geck, Reck, Hecke, Schnecke, Flecken, Wicke, Rock, Bock, Block, Locke, Glocke, Höcker, Buckel, Stück, Rücken, Lücke, Mücke.

49. Aufgabe. Schreibe obige Wörter ab und präge dir durch öfteres Buchstabieren derselben ein, wie sie geschrieben werden!

Beispiele
von Wörtern mit verdoppeltem l (ll):

bellen, fallen, schallen, knallen, prallen, wallen, hell, stellen, prellen, schwellen, schnellen, still, will, schillern, stillen, wollen, voll; Ball, Schall, Wall, Knall, Galle, Halle, Falle, Schnalle, Ballast (die Senklast eines Schiffes), Heller, Keller, Kelle, Stelle, Quelle, Welle, Schwelle, Wille, Zwilling, Zwillig, Groll, Hölle, Null, Hülle, Fülle, Füllen (ein junges Pferd).

50. Aufgabe. Schreibe obige Wörter ab und präge dir durch öfteres Buchstabieren derselben ein, wie sie geschrieben werden!

Beispiele
von Wörtern mit verdoppeltem m (mm):

hemmen, klemmen, schlimm, schimmern, wimmeln, klimmen (klettern), glimmen (schwach brennen), kommen, krumm, stumm, summen; Lamm, Schlamm, Schwamm, Kammer, Jammer, Klammer, Stimme, Zimmer, Zimmet.

51. Aufgabe. Schreibe obige Wörter ab und präge dir durch öfteres Buchstabieren derselben ein, wie sie geschrieben werden!

Beispiele
von Wörtern mit verdoppeltem n (nn):

dann, kann, wann, denn, wenn, dünn, bannen, spannen, nennen, rennen, kennen, können, trennen, binnen, innig, innen; Kanne, Granne, Tenne, Tonne, Nonne.

52. Aufgabe. Schreibe obige Wörter ab und präge dir durch öfteres Buchstabieren derselben ein, wie sie geschrieben werden!

Beispiele
von Wörtern mit verdoppeltem p (pp):

knapp, knappen, tappen, trappen, zappeln, steppen, schleppen, nippen; Klappe, Knappe, Pappel, Steppe, Treppe, Teppich, Klippe, Krippe, Rippe, Koppel, Kuppe, Kuppel, Truppe, Truppen, Schuppe, Krüppel.

53. Aufgabe. Schreibe obige Wörter ab und präge dir durch öfteres Buchstabieren derselben ein, wie sie geschrieben werden!

6. Abschnitt. Die Bezeichnung geschärfter Hellaute.

Beispiele
von Wörtern mit verdoppeltem r (rr):

starr, harren, knarren, scharren, plärren, sperren, zerren, irren, girren (auch gurren), schwirren, schnurren, murren; Karren, Schmarre, Sparren, Pfarrer, Barren, Narr, Herr, Knorren, Schnurre.

54. Aufgabe. Schreibe obige Wörter ab und präge dir durch öfteres Buchstabieren derselben ein, wie sie geschrieben werden!

§ 29.

Das „ff" steht nach einem kurzen Hellaut, wenn nach demselben eine Silbe folgt, die mit einem **Hellaut** anlautet; z. B.: fassen, rissig.

Beispiele
von Wörtern mit verdoppeltem f (ff):

lassen, rasseln, prasseln, passen, prassen, messen, missen (entbehren), müssen (genöthigt sein), küssen, rissig, bissig, flüssig, sprossen, besser, nässer, blässer; Wasser, Gasse, Kasse, Kessel, Sessel, Messing, Nessel, Kissen (ein ausgestopfter Sack), Posse, Schlüssel.

55. Aufgabe. Schreibe obige Wörter ab und präge dir durch öfteres Buchstabieren derselben ein, wie sie geschrieben werden!

§ 30.

Wenn ein Wort nach einem kurzen Hellaut ein „ff" als **Auslaut** haben sollte, so schreibt man dafür ß; z. B. **naß** statt **nass**.

Beispiele
von Wörtern mit verdoppeltem Auslaut f (ß):

daß, naß, laß (träge), graß, blaß; Baß (Grundstimme), Paß (Reiseschein), Faß, Haß, Riß, Biß, Roß, Schoß (ein junger Zweig), Schloß, Troß, Guß, Schuß, Schluß; deßhalb, deßwegen, Meßwoche.

56. Aufgabe. Schreibe obige Wörter ab und präge dir durch öfteres Buchstabieren derselben ein, wie sie geschrieben werden!

57. Aufgabe. Setze die Hauptwörter der 56. Aufgabe, bei denen dies angeht, in die Mehrzahl!

§ 31.

Wohlgemerkt! In folgenden Wörtern steht das „ß" nicht für ff:

süß, heiß, weiß (von **wissen**; die hellste Farbe), bloß, groß, beißen, gleißen (heucheln), reißen (trennen), schmeißen, weißen (mit Farbe **weiß** machen), heißen, gießen, schießen, schließen, grüßen, stoßen, gemäß; außer, außen, draußen; Fuß, Ruß, Buße, Muße

6. Abschnitt. Die Bezeichnung geschärfter Helllaute.

(übrige Zeit), Reiß (eine Getreideart), Geiße, Geißel (Bürge; Peitsche), Spaß, Straße, Schooß, Strauß*.

58. Aufgabe. Schreibe obige Wörter ab und präge dir durch öfteres Buchstabieren derselben ein, wie sie geschrieben werden!

59. Aufgabe. Setze die Hauptwörter der 58. Aufgabe in die Mehrzahl, merke dir aber dabei, daß wenn nach einem gedehnten Helllaut oder nach einem Doppellaut ein „ß" als Auslaut steht, dies unverändert bleibt, wenn auch das Wort verlängert wird; z. B.: Fuß, Füße (nicht Füsse); süß, süßer (nicht süsser).

§ 32.

Wenn die Biegungsendung et in t zusammengezogen ist, und die Hauptsilbe mit ss schließen sollte, so schreibt man für ss ein ß; z. B.: essen, ißt.

60. Aufgabe. Beziehe folgende Wörter auf die dabei stehenden Wörter, doch so, daß die Biegungsendung et in t zusammengezogen ist; z. B.: messen, er mißt.

messen, er —; küssen, er —; müssen, ihr —; wissen, ihr —; hassen, er —; lassen, er —; passen, es —; verprassen, er —; vergessen, man —; vermissen, man —; entsprossen, es —.

Beispiele
von Wörtern mit verdoppeltem t (tt):

matt, glatt, platt (flach), statt (z. B. statt meiner), fett, nett (zierlich), retten, zetteln, schmettern, bitten, zittern, rotten, stottern, schlottern, schütten, schütteln, rütteln; Blatt, Blätter, Statt (Stelle, Stätte; z. B. an Kindes Statt annehmen)**, Latte, Natter, Bett, Fett, Wetter, Witterung, Wette, Rettig, Letten, Zettel, Kitt, Schnitt, Tritt, Kittel, Bitte (von bitten), Bütte (ein Gefäß), Gitter, Mitte, Otter, Motte, Rotte, Butter, Hütte, Knüttel, Ritter, Schnitter.

61. Aufgabe. Schreibe obige Wörter ab und präge dir durch öfteres Buchstabieren derselben ein, wie sie geschrieben werden!

Beispiele
von Wörtern mit verdoppeltem z (tz):

ätzen†, jetzt, spitz, schwitzen, kritzeln, kritzlich, hitzig, witzig, setzen, hetzen, wetzen, schmatzen, schwatzen, trotzen, stutzen, stützen, putzen, schützen; Batzen, Tatze, Bretzel, Gesetz, Schutz, Antlitz (Gesicht), Nutzen, Mütze, Stütze, Sitz, Witz.

---

* Die Vorsilbe miß und die Nachsilbe niß werden ebenfalls mit ß geschrieben; z. B.: mißfallen, Erlaubniß.

** Um das Wort Stadt (z. B. die Stadt Philadelphia) von dem Hauptworte Statt und dem Vorworte statt der Bedeutung nach orthographisch zu unterscheiden, schreibt man es mit „dt".

† ätzen, z. B. mit Scheidewasser; ätzen dagegen heißt so viel als füttern. — Fremdwörtern bleibt ihr ursprüngliches ʒʒ: Skizze.

62. Aufgabe. Schreibe obige Wörter ab und präge dir durch öfteres Buchstabieren derselben ein, wie sie geschrieben werden!

§ 33.

Nach einem **Mitlaute**, nach einem **gedehnten Helllaut** oder nach einem **Doppellaute** folgt nie ein verboppelter Mitlaut, also auch kein ck oder tz; z. B.: Bank, Haken, Pauke (nicht Banck, Hacken, Paucke*).

Beispiele.

trank, schlank, schwank (dünn und biegsam), lenken, schenken, senken, schlenkern, flink, sinken, tunken, dünken, dunkel, wanken, winken, walken; Talk (eine Steinart; Talg aber bedeutet Unschlitt), Schalk, Kork, Wink, Mark, Zink, Trunk, Trank, Anker, Balken, Enkel, Bezirk, Falke, Henkel, Kerker, Schenkel, Schinken, Schminke, Winkel, Zirkel, Gurke, Wolke; — kurz, ganz, ächzen, krächzen, brenzeln, schluchzen, lechzen, seufzen, stürzen, tanzen, schnalzen, schmalzen, schmelzen; Pelz, Lenz, Glanz, Schmerz, Kranz, Milz, Harz, Herz, Erz, Salz, Malz, Schmalz, Kanzel, Kerze, Bolzen, Ranzen, Grenze, Winzer (Weingärtner), Münze, Runzel, Warze, Gewürz; — blöken (die Schafe b l ö k e n), schäkern, mäkeln (Fehler gern aufsuchen), duzen (**du** heißen), ekeln** (Ekel verursachen), quaken (die Frösche quaken), der Makel (Fehler), der Haken, der Spuk; schaukeln, heizen, reizen, Geiz, Kreuz. —

63. Aufgabe. Schreibe obige Wörter ab und präge dir durch öfteres Buchstabieren derselben ein, wie sie geschrieben werden!

64. Aufgabe. Schreibe folgende Sätze ab, ergänze aber die darin vorkommenden unvollständigen Wörter durch die fehlenden Buchstaben!

b, bb, f, ff, g, gg, k, ck, l, ll, m, mm, n, nn, p, pp, r, rr, s, ss, ß, t, tt, z, tz, w.

Die meiste Baumwo-e wird in Nordamerika gebaut. Der Kran-e befindet sich auf dem Wege der Be-erung. Ich fuhr in einem Schi- über den Flu-. Es gibt hölzerne, zi-erne und si-berne Eßlö-el. Ostindien ist wahrscheinlich das Vaterland des Zu-errohrs. In Italien werden jährlich über 50,000 Zentner Seide gewo-en. Die Glo-e tönt. Der Schuster fli-t Schuhe. Das Huhn ga-ert. Die Ente wa-elt. Acht Ga-onen sind ein Bushel. Glü- und Glas, wie bald bricht das! Ein Stri- ist di-er und stär-er als ein Bindfaden. Die Mäuse benagen den Spe-. Mein Spazierfto- ist neu. Aus den

---

* Wenn nach einem kurzen Helllaut zwei oder mehrere verschiedene Mitlaute folgen, so darf keiner der letzteren verdoppelt werden, z. B.: Gold (nicht Gollb); hat aber die Hauptsilbe eines Wortes einen verboppelten Mitlaut, z. B.: kommen, so bleibt diese Verboppelung, wenn auch aus der Nachsilbe ein „t" wird; also kommten, kommt (nicht komt).

** Nicht e c k e l n!

6. Abschnitt. Die Bezeichnung geschärfter Helllaute.

Kalbfe–en wird Leder bereitet. Die holländische Insel Banca liefert an Zi– mehr als alle Länder der Erde zusa–engeno–en. Die Kasta= nien wachsen in allen Südländern, wo sie die Karto–eln erse–en, in großer Menge. Ein Fu– hat zwölf Zo–. Der Fro–e ist Gott ange= nehm. Der Bär bru–t. Die Gans ist du–. Die Haupttheile eines Baumes sind: die Wur–el, der Sta– und die Krone. Die Biene ist ein nü–liches Insekt*. Der Hirsch läuft schne–. Die Ka–e miaut, und der Hund be–t. Die Löwen brü–en. Die Katzen haben Kra–en. Mit dem Ha–er hä–ert der Schlo–er. Der Hi–el ist blau. Es wird viel Hanf und Taba– im Staate Missouri gebaut. In der Taba–s= fabri–ation ist unstreitig Deutschland am stär–sten. Die Ta–en und die Bir–en sind Waldbäume. In der Schu–e lernen die Schü–er lesen, schreiben und rechnen. Ein Festungsgra–en ist oft mehrere Klafter tief. Der Lö–e wird der König der Thiere gena–t. Die He–e legt Eier. Die Erde ist etwa von 1200 Mi–ionen Menschen bewohnt. Die Erde wird von der So–e erwärmt. Die Störche kla–ern mit ihren Schnä= –eln. Was ein Ha–en werden will, krü–t sich bei Zeit. Der Hund hat eine kalte Schnau–e. Schwachsichtige Leute tragen Bri–en. Der Armuth geht Viel ab; dem Gei–e Alles. Dichter Kal–stein und guter Ba–stein liefern ein vorzügliches Baumaterial. Vertrauen ist unser Lebenssta–. Im Sommer werden wir oft von den Schna–en gestochen. Der Geschma– des Meerwa–ers ist nicht nur sal–ig, sondern zugleich blich bi–erlich und so e–elhaft, daß es durchaus untrin–bar ist. Echter Zi–t, die i–ere Rinde des Zi–tbaumes, wird nur auf der Insel Ceylon gefunden, von wo jährlich gegen 6000 Zentner nach Europa und Amerika verschi–t werden.

65. Aufgabe. Fortsetzung.

Die Ka–e ist eine Kopfbede–ung. Der muthige Reiter ri– auf sei= nem Ra–en im Galo– davon. Die Li–en sind ein Theil des Mundes. Das Brennhol– soll dü– sein. Die Hühner scha–en gern im Sande. Du so–st Vater und Mutter ehren! Aus der Milch wird Bu–er und Kä–e bereitet. Der Arkansas ist ein Nebenflu– vom Mississippi. Du sollst deine Feinde lieben, nicht ha–en! Du sollst weder zu viel e–en, noch zu viel trin–en! Schütte die heiße Su–e in die Schü–el! Die Gewür–nel–en sind die unreifen oder nicht vö–ig ausgebildeten Blüthen des Gewür–nel–enbaumes. Der Schreiner ho–elt die Bre–er gla–. Sal– und Brot macht Ba–en roth. Reiche Leute tragen oft goldene Ke–en. Hast du den hungrigen Tau–en schon Fu–er gegeben? Die Rö–e werden oft mit Seidenzeug ausgefüttert. Johann Guttenberg aus Mainz erfand im XV. Jahrhundert die Buchdru–erkunst. Ben= jamin Franklin erfand den Bli–ableiter. In der Papierfabri–ation

---

* Insekt ist kein deutsches Wort und wird daher nicht mit **ck** geschrieben, obgleich das **e** kurz ist. **ck** kommt in keinem Fremdworte vor: man schreibt also Fabrik, Tabak, Apotheke, Artikel, Botanik, Physik, Arithmetik, Mathematik, Musik, Aktuar, nicht Fabrick u. s. w.; auch **tz** kommt in keinem Fremdworte vor; man schreibt also Justiz, Miliz, Notiz, nicht Justitz u. s. w.

steht gegenwärtig England an der Spi–e, früher Holland und die
Schwei–. Deutschland liefert jährlich 600,000 Zentner Schafwo–e.
Das Eisen ist ein nü–liches Meta–. Die Galle schme–t bi–er. Man
darf gebrechliche Leute nicht verspo–en. Die Mäuse werden von den
Ka–en gefangen. Die Magd mel–t die Kühe. In der Schule si–en
die Kinder auf den Bän–en. Ein halb Ei ist be–er als die gan–e
Scha–e.

66. Aufgabe. Fortsetzung.

Wo der Ma– das Geld zum Gö–en macht, da macht das Geld den
Ma– zum Sklaven. Der Ar–t besucht den Kran–en. Die Sterne
blin–en. Er tri–t den Nagel auf den Kopf. An vielem Lachen erke–t
man den Na–en. Sti–e Wa–er gründen tief. I–en ist menschlich.
Jeder ist seines Glü–es Schmied. Muß ist ein bi–eres E–en. Kälte
ist der Mü–en Tod. Gestohlenes Gut bre–t. Ein junger Schle–er
wird ein alter Be–ler. Wohlgeschma– bringt Bettelsa–. Jedem Na–en
gefä–t seine Ka–e. Die Leidenscha–t scha–t Leiden. Gut Gewi–en
würzt den Bi–en. Das Laster ist dem Tugendhaften au–erordentlich
verha–t. Jeder stre–e sich nach seiner De–e. Hochmuth kommt vor
dem Fa–e. Go–es Hand ist immer o–en. Gott lä–t sich seine Uhr
von keinem Menschen stellen. Ho–en und Ha–en macht Manchen zum
Narren. Menge dich nicht vorwi–ig in Anderer Geschäfte! Alles mit
Go–! Das Glü– wirbt Freunde, aber das Unglü– prü–et sie. Mit
großen He–en ist nicht gut Kirschen e–en. Der Sago wird aus dem
Mar–e der Sagopalme gewo–en. Der Run–elrübenzu–er wurde zuerst
in Deutschland bereitet. Aus den Ziegenfe–en bereitet man Sa–ian.
Der Feuerschwa– wird aus Baumpil–en bereitet.

    Der So–er mit heißeren Tagen
    Reift, was uns der Frühling gebar,
    Und bringt, wenn erma–et wir klagen,
    Sanft kühlende Früchte uns dar.

Der Mensch den–t, und Gott len–t. Gedan–en sind zo–frei. Die
Reue ist ein hin–ender Bote. Eigenes Lob stin–t. Lob mundet; Ta=
del schmer–t. Arbeit verkür–t die Stunden und verlängert das Leben.
Das Wer– muß den Meister loben. Mä–igkeit in Freuden verhü–et
Schmer– und Leiden. Gei– und Bettelsa– sind bodenlos. Der Ge=
rechte erbarmt sich auch des Viehes, aber das Her– des Go–losen ist
unbarmher–ig. Williges Her– macht leichte Fü–e. Der Mü–iggang
ist a–er Laster Anfang. Dem Zorne folgt die Reue auf dem Fu–e
nach. Eintracht baut das Haus; Zwietracht rei–t es nieder. Ueber=
flu– macht Ueberdru–. Neid und Ha– wohnen in gleichem Fa–. Wer
nicht hören will, der mu– fühlen.

    Wer das Ungewi–e nach Hause führt,
    Gar leicht das Gewi–e vom Wagen verliert.

Siebenter Abschnitt.
Von den Silben und den abgeleiteten Wörtern mit Vorsilben.

§ 34.

Der auf einmal ausgesprochene Laut, d. i. ohne dazwischen abzusetzen, ist eine Silbe (syllable).

Der Laut, mit dem eine Silbe anfängt, heißt **Anlaut**, z. B.: Sie; der Laut, mit dem eine Silbe endigt, **Auslaut**, z. B.: alt.

Die **Stammsilben** (radicals) sind im Deutschen die Hauptsilben (wie herrschen von Herr) und haben den Haupt- oder Hochton; die sich anschließenden **Nebensilben** haben nur den Nebenton (wie häuslich von Haus).

Nebensilben **vor** der Stammsilbe heißen: **Vorsilben** (prefixes), **nach** der Stammsilbe: **Nachsilben oder Endungen** (suffixes). Durch die Verbindung von Nebensilben mit Stammsilben entstehen neue Wörter, und in diesen heißen die Nebensilben auch **Ableitungssilben**, und wenn sie die Zahl, die Person, das Geschlecht oder die Zeit des Wortes bezeichnen, **Biegungssilben**.

67. **Aufgabe.** Bilde aus folgenden Wörtern andere durch Vorsetzung einer der Ableitungssilben: be, ge, er, ver, zer, emp, ent*, ant, erz, un, ur, miß; z. B.: schwören, beschwören!

danken, zählen, fließen, fangen, fallen, treiben, werfen, Wort, Engel, Glück, Sache, deuten, trüb, blaß, klein, Kleid, Hirn, Bild, Gunst, gern, graben, zahlen, schelten, drücken, brennen, besser, artig, möglich, gerecht, billigen, springen, reißen, Gestalt, Vergnügen, zufrieden, Ehre, Gerechtigkeit, glücklich, brauchen, klettern, dreschen, singen, arbeiten, blättern, hängen, finden, spinnen, grüßen, dürfen, brechen, sprechen, waffnen, Haupt, leuchten, blühen, edel, greifen, lauschen, verstehen, Verhältniß, schneiden, platzen, handeln, gönnen, Gewitter, Verstand, fürchten, Schleier, Heirath, Bestimmtheit, Muth.

Achter Abschnitt.
Abgeleitete Wörter mit Nachsilben.

§ 35.

68. **Aufgabe.** Bilde aus folgenden Wörtern andere durch Anhängung einer der Nachsilben ei, in (in der Mehrzahl inn; z. B.: die Freundin, die Freundinnen), chen, lein, ung, ling, heit, keit,

---

* Das „t" der Vorsilbe „ent" wird in manchen Wörtern nicht deutlich gehört: es ist daher nötig, die Schüler darauf aufmerksam zu machen, daß es keine Vorsilbe gebe, die bloß en geschrieben werde. Eine Vorsilbe em gibt es ebenfalls nicht; wo man em zu hören glaubt, muß man emp dafür setzen, z. B.: empfangen, empfehlen, nicht emfangen oder emfehlen.

schaft, thum, niß, sal, sel, el, rich, ich, ig*, icht, licht, isch, haft, sam, bar, eln, ern, ent, at (ath), merke dir aber, daß alle Wörter auf ei, el, in, chen, lein, ung, ling, heit, keit, schaft, thum, niß, sal, sel, rich Hauptwörter sind, also mit großen Anfangsbuchstaben geschrieben werden müssen!

malen, König, Haus, Kind, regieren, jung, faul, Herr, reich, gerecht, ereignen, rathen, laben, Wurf, die Ente, gut, Wolle, arm, Mann, aufmerksam, essen, Schwanz, Ring, Blei, echt (nicht ächt), Gold, loben, Gurt, Zug, Sand, Kies, Wald, Schelm, Haut, Narr, kurz, roh**, Dieb, Eid, Freund, krank, Glück, Rad, Fuchs, Gunst, vier, fremd, Scham, Haar, Stahl, Kern, der Thor, Zeit, hoch, rein, kühl, toll, Land, baar, kund, dienen, Schwester, Winkel, Verräther, spotten, Wasser, pflegen, schildern, verzeihen, gesund, sicher, rauh, heilig, verschwiegen, Kaiser, irren, geheim, Herzog, finster, schicken, Kummer, trübe, wachen, achten, sparen, hacken, Mühe, Ekel, sterben, träumen, Fahne, Adel, Wuth, Gans, Gewissen, Meister. —

33. Aufgabe. Schreibe folgende Sätze ab, ergänze aber die darin vorkommenden unvollständigen Wörter durch die fehlenden Silben!

be, ge, er, ver, zer, emp, ent, ant, erz, un, ur, miß, ei, in, chen, lein, ung, ling, heit, keit, schaft, thum, niß, sal, el, sel, ig, icht, lich, rich, isch, haft, sam, bar, eln, ern, end, at (ath).

Manche Menschen sind ein Spielball ihrer Leiden–en. Der leichtsinn–e Mensch öffnet dem –derben Thür und Thor. Du machst mir immer den Mund wässer–. Die Söhne Jakobs –kauften ihren Bruder Joseph, weil sie neid– auf ihn waren. Auf deiner Stirne haben sich finstere Wolken der Sorgen –lagert. Der Abend –deckt die müde Schöpf– mit dem Schleier der Nacht. Die Kinder stehen im Früh–e ihres Lebens. Du hast dein Schäf– ins Trockene –bracht. Der Genuese Christoph Columbus –deckte 1492 Amerika. England und Frankreich –sorgen einen großen Theil von Europa mit Kreide. Den Bösewicht foltert das –wissen. Der –partei–e Mensch sieht Niemanden durch die Finger. Ueber Beleid––en muß man Gras wachsen lassen. Du mußt den Weizen nicht mit dem –kraut ausreißen. Der Reich– macht nicht glück–, sondern die Zufrieden–. Frisches Wasser ist dem Durst–en ein wahres Lab–. Dank–– gefällt; –dank haßt die ganze Welt. Es gibt viele Uebel in der Welt, aber dies streitet nicht gegen die Weis– Gottes. Dem Neid–en ist der Glück–e ein Dorn im Auge. Der Geiz–e hat seinen Gott im Kasten. Der Müß–gang lehret viel Böses. Die Insel St. Helena hat als Staatsgefäng– Napoleons I., der hier von 1815 bis 5. Mai 1821 –fangen –halten wurde, eine welt-

---

* Mit der Nachsilbe „ich" schreibt man nur die Wörter: Böttich, Fittich, Kranich, Lattich, Pfirsich, Drillich, Zwillich und Teppich.

** In Roheit, Hoheit und Rauheit ist nur Ein „h" zu schreiben, obgleich sie aus roh, hoh, rauh und heit zusammengesetzt sind.

geſchicht–e Berühmt– erlangt. Die Canariſchen Inſeln ſind die Heim–
der Canarienvögel.

Arbeit macht das Leben ſüß,
Mildert jede Laſt;
Der nur hat Bekümmer–,
Der die Arbeit haßt. —

Schau' überall in die Natur,
Der Bach, der Baum, die ſchöne Flur,
Der Vog– und das Blüm– hier,
„**Es iſt ein Gott!**" ruft Alles dir. —

Tage eilen, Jahre ſchwinden.
Lern' den Werth der Zeit,
Eh' die Lernzeit ſich –fernt,
Und du haſt genug –lernt. —

Der Menſch kann Menſchen nie –behren,
Nie ohne ſie ſich herz– freu'n,
D'rum will ich auch ſtets And're ehren,
Wie arm, wie dürft– ſie auch ſei'n.

Dem kleinen Veil– gleich, das im –borgnen blüht,
Sei edel ſtets und gut, auch wenn dich Niemand ſieht! —

Die Blum' im Garten lehrt, wie lange Schön– währt. —ſprechen
und Halten ziemt Jungen und Alten. Böſe Beiſpiele –derben gute
Sitten. Freund–es Geben zieret das Leben. Der Schüler muß fleiß–
und aufmerk– ſein, oder er wird –ſtraft. Geſund– iſt ein koſtbares
Gut, dennoch wird ſie oft leichtſinn–er Weiſe auf's Spiel –ſetzt. Viele
Trunkſücht–e ſehen wohl die –derb–en Folgen ihrer Leiden– ein, ändern
jedoch ihre Lebensweiſe nicht. Das Männ– von den Gänſen heißt
Gänſe–. Mit den Zähnen –malmen wir die Speiſen. Deinen Brief
vom 8. d. M. habe ich –fangen.

Es iſt durchaus nothwend–, daß der Kranke die –ſchriften des Arztes
genau –folge. Der Gute widerſteht der –ſuch–. Dein Bruder ſieht
dir ähn–. Haſt du das Räth– gelöſt?

Wer einmal lügt, dem glaubt man nicht,
Und wenn er gleich die Wahr– ſpricht. —

Ohne Frömm–– und Sitten
Iſt ein Menſch nie wohl–litten. —

–wahre deine Triebe!
Gelegen– macht Diebe. —

Schleich– folgt die Trau(e)r––
Auf dem Fuß der Freude;
Kinder, greifet nicht zu weit,
Sonſt –haſcht ihr beide. —

Wer sich auf seinen Gott –läßt,
Deß Hoff(e)n– stehet felsenfest. —

Freund– macht den Lebenslauf
Noch einmal so munter;
Froher geht die Sonne auf,
Froher geht sie unter. —

70. Aufgabe. Schreibe folgende Vornamen (Taufnamen— christian names of men) von **männlichen** Personen ab und präge dir durch öfteres Buchstabieren derselben ein, wie sie geschrieben werden!

Adam,	Christoph,	Heinrich,	Lothar,	Robert,
Adolph,	Daniel,	Hermann,	Lorenz,	Rudolph,
Albert,	David,	Hieronymus,	Louis,	Sebastian,
Alexander,	Edmund,	Hugo,	Ludwig,	Sigismund,
Andreas,	Eduard,	Jakob,	Martin,	Simon,
Anton,	Emil,	Ignaz,	Maximilian,	Stephan,
Arthur,	Ernst,	Johann,	Melchior,	Theobald,
August,	Erwin,	Joseph,	Michael,	Thomas,
Balthasar,	Ferdinand,	Julius,	Moriz,	Ulrich,
Baptist,	Franz,	Justus,	Nathan,	Valentin,
Benedikt,	Friedrich,	Karl,	Nikolaus,	Viktor,
Benjamin,	Georg,	Kasimir,	Otto,	Wilhelm,
Bernhard,	Gottfried,	Kaspar,	Paul,	Wolfgang,
Bertram,	Gotthold,	Konrad,	Peter,	Xaver,
Bruno,	Gottlieb,	Leonhard,	Philipp,	Zacharias.
Christian,	Gustav,	Leopold	Richard,	

71. Aufgabe. Schreibe folgende Vornamen (Taufnamen— christian names of women) **weiblicher** Personen ab und präge dir durch öfteres Buchstabieren derselben ein, wie sie geschrieben werden!

Adelheide,	Caroline,	Ernestine,	Katharina,	Rosalie,
Adolphine,	Charlotte,	Fanny,	Laura,	Rosine,
Agathe,	Christiane,	Franziska,	Leopoldine,	Sophie,
Agnes,	Christine,	Friederike,	Louise,	Susanne,
Albertine,	Clara,	Gertrud,	Margaretha,	Theresia,
Alexandrine,	Clementine,	Gretchen,	Magdalena,	Ulrike,
Amalie,	Constantine,	Hannchen,	Maria,	Ursula,
Anna,	Dorothea,	Helene,	Martha,	Veronika,
Antoinette,	Eleonora,	Henriette,	Nannette,	Wilhelmine.
Auguste,	Elisabeth,	Johanna,	Ottilie,	
Bernhardine,	Elise,	Josephine,	Pauline,	
Bertha,	Emilie,	Juliane,	Philippine,	
Cäcilie,	Emma,	Julie,	Regine,	

Eigennamen, sie mögen **Menschen** oder **Länder, Wohnörter, Flüsse** u. s. w. bezeichnen, schreibt man mit **denselben einmal ange-nommenen Buchstaben** selbst dann, wenn sie auch noch so sehr von ben Regeln der Rechtschreibung anderer Wörter abweichen; z. B.: Herr Professor Stieffel, Herr Advokat Schultz, Pesth (eine Stadt in Ungarn).

Anmerkung. Tauf- und Geschlechtsnamen werden beim Schreiben nie in Silben getrennt; sie müssen g a n z gelassen werden, doch darf man die ersteren abkürzen; z. B.: H. oder besser Heinr. statt Heinrich; Joh. statt Johann.

Neunter Abschnitt.
Von der Trennung der Wörter in Silben.

§ 36.
Das Binde- und Trennungszeichen (=).

Wenn man am Ende einer Zeile ein Wort in seine Silben theilen muß (Division of words into syllables), so t r e n n t man nach S p r e ch - s i l b e n und nicht nach S p r a ch s i l b e n; z. B.: gol=den, Bä=che, nicht gold=en, Bäch=e *.

Einsilbige Wörter werden n i c h t getrennt; auch trennt man nicht gern eine aus einem e i n z i g e n Laut bestehende Silbe von den übrigen Silben; also nicht A=dam, E=va; a=ber, Reu=e.

Die Buchstabenverbindungen ch, ck, sch, st, tz, sp, ß, ph, th, ng werden n i c h t getrennt. Wenn ihnen ein M i t l a u t folgt, so bleiben sie bei der e r s t e n Silbe; wenn ihnen aber ein H e l l l a u t folgt, so werden sie zur n ä c h s t e n Silbe gezogen; „ng" bleibt aber stets bei der e r s t e n Silbe; z. B.: Wa=che, wach=te; Men=schen, mensch=lich; Fü=ße; Achtung, acht=bar; süß=lich, versü=ßen; zi=schen, zisch=ten; beding=en, beding=ten.

Wenn zwei M i t l a u t z e i c h e n zwischen zwei H e l l l a u t z e i c h e n stehen, so trennt man zwischen den beiden Mitlauten; z. B.: Ket-te, Wor-te.

Sollen zwei oder mehrere Wörter (Bestimmungswörter) mit e i n und d e m s e l b e n Wort (Grundworte) verbunden werden, so schreibt man das Grundwort nur nach dem letzten Bestimmungsworte und setzt bei den vorhergehenden ein B i n d e z e i c h e n**; z. B.: Wald- und Gartenbaum (statt Waldbaum und Gartenbaum); Garten-, Feld- und Wiesenblumen (statt Gartenblumen, Feldblumen und Wiesenblumen).

Die zusammengesetzten Wörter werden so getrennt, wie sie zusammengesetzt wurden; z. B.: Hals=tuch, Uhr=werk, hell=blau, Sams=tag.

72. A u f g a b e. Trenne folgende Wörter a) in ihre S p r e c h s i l b e n, b) in ihre S p r a c h s i l b e n.

---

* Fremdwörter werden ebenfalls nach Sprechsilben getrennt; z. B.: In-fi-ni-tiv, cor-ri-gi-ren.

** Ebenso setzt man das Bindezeichen bei ungewöhnlichen, harten oder gehäuften Wort-Zusammensetzungen; z. B.: Steinkohlen=Bergwerk, preußisch=amerikanischer Postvertrag, Thee=Ernte.

Brücke, Kirche, gegenwärtig, schrecklich, Graben, Boden, Erscheinung, waschen, rächen, Vergebung, klügeln, Blässe, Krämer, Stärke, wollen, Schwärze, herrisch, beschließen, Kätzlein, Apfel, Stephanus, schätzen, fangen, Christus, lispeln, beißen, Luft.

Vater, Mutter, Bruder, Schwester, hilfsbedürftig, Gerechtigkeits= liebe, Hammer, Müller, Zerstörung, Miethe, Blüthe, beliebig, sprechen, gingen, Asche, Prophet, Waldungen, Rechnungen, verschlingen, gelan= gen, gelangten, Schlangen, Mastochs, überall, Zitteraal, herum.

Deutschland, Samstag, Dienstag, Angesicht, Angedenken, geloben, Ofen, Ufer, Egel, Igel, Knabe, Wärter, eilig, lieblich, freundlich, buckelig, winkelig, Wörter, häkelig, heilig, willig, windig, rissig, mürrisch, hügelig, närrisch, menschenfreundlich, Geistesgegenwart, mäßig, artig, wolfig, lebendig, Wünsche, Bänke, Schüler, Anger, Anker, Ende. —

Anhang.
Von der Abkürzung (Abbreviations) der Wörter.

§ 37.

Um R a u m und Zeit beim Schreiben zu ersparen, kürzt man oft be= kannte und häufig vorkommende Wörter ab, setzt aber nach jedem abgekürz= ten Wort einen Schlußpunkt (.).

Die gebräuchlichsten Abkürzungen sind folgende:

Abschn.	heißt:	Abschnitt.
Anm.	″	Anmerkung.
Antw.	″	Antwort.
Aug.	″	August.
Hr.	″	Herr.
Hrn.	″	Herrn.
Jan.	″	Januar.
Kap.	″	Kapitel.
Mad.	″	Madame.
Nov.	″	November.
Prof.	″	Professor.
sel.	″	selig.
Sept.	″	September.
Verf.	″	Verfasser.
a. T.	″	altes Testament.
n. T.	″	neues Testament.
d. h.	″	das heißt.
d. i.	″	das ist.
d. J.	″	dieses Jahres.
d. M.	″	dieses Monats.

Anhang. Von der Abkürzung der Wörter. 43

i. J.	heißt:	im Jahre.
k. M.	„	kommenden Monats.
l. M.	„	laufenden Monats.
drgl.	„	dergleichen.
Febr.	„	Februar.
geb.	„	geboren.
gest.	„	gestorben.
l.	„	lies.
S.	„	Seite.
s.	„	siehe.
st.	„	statt.
St.	„	Sanct (heilig).
u.	„	und.
u. a.	„	und andere.
u. a. m.	„	und andere mehr.
u. e. a.	„	und einige andere.
U. S.	„	United States (Vereinigte Staaten).
u. s. f.	„	und so fort.
u. s. w.	„	und so weiter.
v.	„	von
v. o.	„	von oben.
v. u.	„	von unten.
v. J.	„	vorigen Jahres.
v. M.	„	vorigen Monats.
z. B.	„	zum Beispiel.
z. E.	„	zum Exempel.
$ u. Cts.	„	Dollars und Cents.

73. **Aufgabe.** Schreibe Obiges ab!

Abkürzungen mit lateinischen Buchstaben.

a. c.	heißt:	**a**nni **c**urrentis = laufenden Jahres.
Dr.	„	**D**octo**r**.
L. s.	„	**l**oco **s**igilli = anstatt des Siegels.
NB.	„	**n**ota **b**ene = merke wohl!
No.	„	**N**umer**o** = der Zahl nach.
p. oder pag.	„	**p**agina = Blattseite.
pr. A.	„	**pr**o **A**nno = für das Jahr.
pr. C.	„	**pr**o **C**entum = für hundert.
Sigu.	„	**Sig**natum = unterzeichnet und besiegelt.
S. T.	„	**s**alvo **t**itulo = ohne Nachtheil des Titels.
P. P.	„	**p**raemissis **p**raemittendis = vorausgeschickt, was vorausgeschickt gehört.
P. S.	„	**p**ost **s**criptum = Nachschrift.

74. **Aufgabe.** Schreibe Obiges ab!

§ 38.

Gleich- und ähnlichlautende Wörter in Sätze eingekleidet.
(Words pronounced alike.)

75. Aufgabe. Schreibe folgende Sätze ab, merke dir dabei, wie die darin vorkommenden **gleich-** und **ähnlichlautenden** Wörter geschrieben werden und suche die Gründe auf, warum man sie so schreiben muß.

Anmerkung. Die unter dieser und den folgenden Aufgaben stehenden gleich- und ähnlichlautenden Wörter sind von den Schülern, nachdem sie ihnen der Lehrer erklärt hat, in Sätze einzukleiden.

Der **Aal** ist ein Fisch. Die **Ahle** ist ein Werkzeug. Gott ist über**all**. — Wo das **Aas** ist, da versammeln sich die Geier. Er **aß** um zwölf Uhr zu Mittag. In einem Spiele Karten sind vier **Aß** (**Asse**, auch **Aesse**). — Wann wirst du von hier **abreisen**? Willst du mir nicht ein Stück von diesem Tuche **abreißen**? — Du hast die **Absätze** von deinen Stiefeln verloren. Ist es nöthig, daß ich beim Lesen nach jedem Schlußpunkte **absetze**? — Gib auf die **acht** Kinder **Acht**! (Achtung). — Eitle Menschen bilden sich viel auf ihre **Ahnen** (Voreltern) ein. Wir **ahnen** ein Unglück. Fehler muß man **ahnden**. — Wir gingen **alle** in einer schattigen **Allee** spazieren. — Die Schiffer werfen den **Anker** aus. Die Pferde liefen munter auf dem **Anger** umher. — Dieser **arme** Mann hat beide **Arme** verloren. Die **Armee** wird von einem tapfern Generale befehligt. — Jede Kornähre verkündet die **Ehre** Gottes. Das **Oehr** dieser Nadel ist sehr klein. — Man kann seine Lebensweise **ändern**. Die Seeräuber **entern** Schiffe. — Er war in großen **Aengsten**. Dieser Rock ist mir am **engsten**.

Ammen, nurses, **Amen**, amen; **abblasen**, to blow off, to flourish, **ablassen**, to let off, to drain, to leave, to abate, **ablasen**, read loud, recited; **ablesen**, to gather, to pick off, **ablösen**, to loosen, to cut off, to discharge, to relieve; **aufliegen**, to rest upon, **auffliegen**, to fly up, to start, **aufwiegeln**, to stir up, tu instigate, **aufwickeln**, to wind up, to turn up; **äußern**, to utter, to express, **eisern**, iron; **Arche**, ark, **arge**, bad, wicked; **ätzen**, to corrode, to macerate, **äzen**, to feed, to bait.

76. Aufgabe. Fortsetzung.

Baar Geld lacht. Wir sollen dank**bar** sein. Der Knabe kaufte sich für ein **paar** Cents ein **Paar** Tauben. Der Verunglückte wurde auf einer Toten**bahre** fortgeschafft. — Im Sommer **baden** wir in den Flüssen. Die Kinder **baten** ihren Vater um ein paar Cents. Der Knabe schreibt einen Brief an seinen **Pathen**. — Der Fürst wohnt in einem **Palast**. Die Senklast eines Schiffes nennt man **Ballast**. — Der fremde Mann, der den **Baß** singt, hat keinen **Paß** (Reisschein) bei sich. — Der **Bast** befindet sich zwischen der Rinde und dem Holze.

Dieser rohe Mensch **paßt** dir auf. — Die Erd**beeren** sind gesund. Die **Bären** sind plumpe Thiere. — Dieser Mensch ist seiner Rohheit wegen **berüchtigt**. Die Rechnung ist **berichtigt**, heißt so viel als, sie ist bezahlt. — Ueber diesen Fluß führen steinerne **Brücken**. Neunaugen oder Lampreten werden, wenn sie gebraten und in Essig eingemacht sind, **Bricken** genannt. — Die Blumen in diesem Blumen**beete** sind schön. Wir ruhen Nachts im **Bette**. Ich **bete** täglich zu Gott. — Er schlug ihm mit dem **Beile** eine **Beule**. — Die Hunde **bellen**. Die Kinder spielen mit **Bällen**. — Der Vater erfüllte die **Bitte** seines Sohnes. Ich habe mir beim Küfer eine hölzerne **Bütte** bestellt. Ich **biete** dir hundert Dollars für dein Pferd. — Die **Biene** ist ein Insekt. Dieser Schauspieler trat **binnen** acht Tagen dreimal auf der hiesigen **Bühne** auf. — Es ist wahr; ich kann es **beschwören**. Ueber diese kleine Arbeit solltest du dich nicht **beschweren**. — Bis wann wird dieser **Biß** geheilt sein? — Wir haben diese Kugel **platt** gedrückt. Das Baum**blatt** ist grün. — Der Brief**bote** erhält **Botenlohn**. Der Marsch**boden** ist fruchtbar. Wir **boten** ihm zwanzig Louisd'or für sein Pferd. In Dampf**booten** fährt man auf den Meeren und auf Strömen. — Die **Bräute** tragen Blumen in den Haaren. Die **Breite** dieses Flusses ist bedeutend. — Seit wann trägst du eine **Brille**? **Brülle** doch nicht so fürchterlich! — Die Männer schlossen einen Freundschafts**bund**. Jakob ließ seinem Sohne Joseph einen **bunten** Rock machen. — Früher bestreute man die Haare mit **Puder**. Der wälsche Hahn wird **Puter** genannt. Aus der Milch wird **Butter** und Käse bereitet. — Wer sein Amt mit Gewissenhaftigkeit **bekleidet**, den **begleitet** ein gutes Bewußtsein. Wenn gute Reden sie **begleiten**, dann fließt die Arbeit munter fort.

.

———

Der **Backen**, cheek, **backen**, to bake, **packen**, to pack; **balgen**, to wrestle, to fight, der **Balken**, beam, rafter, der **Balg**, skin, husk, shell; die **Bank**, bench, **bang**, anxious, afraid; **bäuerisch**, churlish, rustic, **bayerisch**, Bavarian; die **Bahn**, path, der **Bann**, ban, excommunication; **bedacht**, considerately, to reflect upon, **betagt**, aged, stricken in years; **beide**, both, die **Beute**, booty, prey; das **Bein**, leg, die **Pein**, pain; **behaart**, hairy, **beharrt**, (he) insists (upon); **beräuchern**, to besmoke, to perfume, **bereichern**, to enrich; **bereit**, ready, prepared, **bereut**, (he) repents, regrets; **begehren**, to desire, to covet, **bekehren**, to convert; **bestehlen**, to steal from, **bestellen**, appoint, bespeak, to give order for; **bestreiten**, to fight, to afford, to bear, **bestreuten**, strewed over, powdered; der **Bissen**, bit, morsel, **büßen**, to suffer, to pay for, to atone; **blecken**, to show, **blöken**, bleat; die **Bude**, stall, die **Butte** (auch **Bütte**), tub, coop; das **Buch**, book, der **Bug**, bow, bent, shoulder, die **Buche**, beech; **bücken**, bow down, bent, **picken**, to peck, to pick, to tick, **biegen**, to bend; die **Beicht**, confession, **beugt**, to bend, to humble; der **Besen**, broom, die **Bösen**, the bad ones; der **Brand**, conflagration, es **brannte**, it burned; **brech**en, to break, **präg**en, to stamp, to coin, to impress.

Cider (Obstwein), cider, **Zither** (ein Musik=Instrument), cithern, guitar.

77. A u f g a b e. Fortsetzung.

Das ist gewiß, daß der Müßiggang viel Böses lehrt. – Die **Dachse** sind wilde vierfüßige Thiere. Die Behörde bestimmt die Hunds**taxe**. – Der Bäcker macht den Brot**teig** an. Dieser **Teich** ist reich an Fischen. Der **Deich** hält das Wasser auf. – Durch Wärme kann man die Körper aus**dehnen**. Mit welchen Vögeln man fliegt, mit **denen** wird man gefangen. Die Insel Island gehört den **Dänen**. Die Saiten **tönen**. – Der Durstige **trinkt**. Der Gläubiger **dringt** auf Zahlung. – Von der Erde steigen stets **Dünste** in die Luft. Der verwundete Soldat kann keine **Dienste** mehr thun. Der kleine Finger ist der **dünnste** von allen. – Die Namen von **Dingen** sind Hauptwörter. Die Frau will zwei Mägde **dingen**. Die Aecker muß man **düngen**. Man muß sich nie zu klug **dünken**. – Es gibt Brücken von Eisen**draht**. Er **trat** in das Zimmer, als ich es verlassen wollte. – Die Brutbiene heißt man **Drohne**. Der König sitzt auf seinem **Throne**.

Das **Dach**, roof, der **Tag**, day; **dach**te, thought, **tag**te, dawned; das **Dorf**, village, der **Torf**, turf, peat; **dann**, then, **Tanne**, fir; **dort**, there, die **Torte**, tart; **drehten**, turned, **treten**, to tread, to step; die **Dame**, dame, lady, (dem) **Damme**, dam, dike, pier; **drängte**, pressed, urged, **tränkte**, gave to drink, watered; **den**, the (accus.), **denn**, for; die **Tenne**, floor, barnfloor; **dritte**, third, die **Tritte**, steps, paces; **drüben**, jonder, **trüben**, troubled, muddy, **trieben**, drove; **dienen**, to serve, **dünnen**, thin, die **Dünen**, downs; der **Drachen**, dragon, kite, **tragen**, to carry, to bear; die **Dicke**, thickness, the fat one, die **Tücke**, malice, knavery, trick; **Dinkel**, spelt, **Dünkel**, self-conceit, arrogance; **Dosen**, snuff boxes, **tosen**, roar, rage; **diente**, served, **Dinte***, ink; **verdiente**, deserved, earned, **verdünnte**, to make thin, attenuate; **der**, the, **Theer**, tar.

78. A u f g a b e. Fortsetzung.

Hier in dieser **Ecke** zerbrach der Bauer seine **Egge**. – **Euer** Bruder ist verreist. Die Hühner legen **Eier**. – Ich habe ihm in großer **Eile** einen Brief geschrieben. Die **Eule** ist ein Nachtraub= vogel. – Aus der Wunde fließt **Eiter**. Die Kuh hat ein **Euter**.

---

* D i n t e, richtiger T i n t e; ebenso d e u t s ch und nicht t e u t s ch. (S. Wörterbuch der Gebr. Grimm!)

Die **Eider** ist ein Fluß zwischen Schleswig und Holstein. — **Ende** gut, Alles gut. Die **Ente** ist ein Schwimmvogel.

F. Am Charfreitag **fasten** viele Christen. Die Soldaten **faßten** neuen Muth. — Das Wort **Fälle** kommt von Fall. Die Thierfelle werden gegerbt. Man kann ein Urtheil **fällen**. Zu sechs **fehlen** noch vier bis zu zehn. — Unter **Fehden** verstand man früher den Waffenkampf zwischen einzelnen Personen. Die **Fäden** benutzt man zum Nähen. Der Metzger hat einen **fetten** Ochsen gekauft. — Die **Feile** ist ein Werkzeug. Für das Wort Fäulniß hört man oft auch **Fäule** sagen. — Der Knecht **fällte** Holz auf dem **Felde**. — Meinen **Vetter** stieß ein **fetter** Ochse. — Das **Feuer** brennt. Ich war bei der Hochzeits**feier** meiner Schwester. — Die zarten organischen Fäden in den thierischen Körpern heißt man **Fibern**. Dieser Knabe ist am Nerven**fieber** gestorben. Die **Viper** ist eine Schlange, die lebendige Junge gebiert. — **Viel** Köche versalzen die Suppe. Ein Ziegel **fiel** vom Dache herunter. — Mit den Fingerspitzen **fühlen** wir. Wollen wir die Gläser **füllen**? Das Junge der Pferde wird **Füllen** genannt. — Die Landleute **pflügen** die Aecker mit **Pflügen**. Wir **pflücken** Blumen zu einem Strauße. — Der **Flug** mancher Vögel ist schön. Der **Fluch** trifft den, der Böses thut. — Wer **fragt** nach mir? Der Kaufmann bezahlt **Fracht**. — Für wen sind die **vier** Aepfel? — Hast du dem Vogel **Futter** gegeben? Das **Futtertuch** ist zerrissen. Das weltberühmte große Faß zu Heidelberg hält 150 **Fuder**. — Das März**veilchen** riecht angenehm. Eine kleine Feile heißt man **Feilchen**. — Der Hollunder wird auch **Flieder** genannt. Sehr dünne Blättchen Messing nennt man **Flitter-** oder Rauschgold.

Der **Egel**, leech, der **Ekel**, disgust, aversion, loathsomeness; **eichen**, to oaken, to gauge, **eigen**, own, proper, peculiar, die **Eichen**, oakes; der **Enkel**, grand child, der **Engel**, angel; die **Aelter(e)n**, the elder, die **Eltern**, parents; das **Eingeweide**, bowels, der **Eingeweihte**, initiated, adept; **ergießen**, to pour forth, to effuse, **erkiesen**, choose, elect; **ermahnt**, admonish, exhort, er**mannt**, to regain strength or courage; der **Fall**, the case, fall, **fahl**, fallow, pale; **fechten**, to fight, **fegten**, scoured, sweeped; die **Farren**, bulls; **fahren**, to ride; die **Ferse**, heel, die **Verse**, verses; **flach**, flat, die **Flagge**, flag; die **Frist**, term, respite, **frißt**, (he) eats greedily; der **Fürst**, prince, der **First** (auch: die **Firste**), ridge, **führst**, (thou) carriest; die **Feder**, pen, **Väter**, fathers; die **Füchse**, foxes, **fix**, fixed, firm; die **Finten** (Lügen, Erdichtungen), feint, stratagem, fib, **finden**, to find; **fühlen**, to feel, **füllen**, to fill, das **Füllen**, foal, colt; **flicke**, patch! botch! (imper.), **fliege**, fly! soar! (imper.), **flügge**, fledged, die **Fliege**, fly, **Flüche**, curses, maledictions; **Vogt**, baillif, warden, prefect, **focht**, fought.

79. Aufgabe. Fortsetzung.

Diese **Gans** hat **ganz** weiße Federn. — Eine enge Straße nennt man **Gasse**. Hast du noch Geld in deiner **Kasse**? — Die Flasche ist geleert. Dieser Mann ist sehr gelehrt. — Hast du dich an deinem Feinde **gerächt**? Der Richter soll **gerecht** sein. — Der Verbrecher steht vor **Gericht**. Eines der **Gerichte**, die auf den Tisch kamen, war mir nicht bekannt. Wer hat das falsche **Gerücht** verbreitet? Fehler werden **gerügt**. — Er trug ein **Gewand** von Gold und Seide. Du bist im Schwimmen sehr **gewandt**.[1] — Der Soldat feuert sein **Gewehr** ab. Wer wird dir dafür **Gewähr** (Sicherheit) leisten? — Dem Müden ist Ruhe zu **gönnen**. In **Kähnen** können wir auf den Flüssen fahren. Wir **kennen** diesen Mann schon seit vielen Jahren. — Schläfrige Leute **gähnen** oft. — Er erzählte eine **gräuliche** (Grauen erregende) Geschichte. Das Tuch hat eine **gräuliche** Farbe. — Das **Gekröse** mancher Thiere wird gegessen. Die **Größe** des Wallfisches wird von keinem andern Thiere erreicht.

Die **Garde**, guard, die **Karte**, card, der **Garten**, garden; der **Geck**, coxcomb, fop, **keck**, pert, bold, saucy; das **Gesinde**, servants, menials, **gesinnt**, disposed, affected; die **Grippe** (eine Krankheit), cold (in the head), influenza, die **Krippe**, crib, manger; **gerade**, straight, erect; **gerathen**, to get into, to thrive, succeed, prosper; advisable, useful; advised; **gebiert**, to bring forth, to bear (3 p. pr.), **gebührt**, to be due, to become, to be worthy (3 p.); die **Gärten**, gardens, die **Gerten**, switches, twigs, **gährten**, fermented, **kehrten**, turned; **gern**, cheerfully, readily, der **Kern**, kernel, nucleus; **gescheit**, prudent, clever, **gescheut**, shunned, avoided, das **Scheit**, log; **gedrungen**, urged, pressed, **getrunken**, drank; **Gruben**, pits, holes, ditches, **Gruppen**, groups; **glauben**, believe, **klauben**, to pick out; das **Geld**, money, **gelt**, is it? **gellte**, resounded, die **Kälte**, the cold; das **Geräthe**, the furniture; vessels, das **Gerede**, rumor, report; talking; das **Gitter**, grate, rails, die **Güter**, property, goods, estates; **vergießt**, (he) sheds, pours out, **vergißt**, (he) forgets; der **Geifer**, slaver, drivel, der **Käufer**, buyer, customer; **gähren**, ferment, **kehren**, turn; **genieße**, enjoy! die **Genüsse**, enjoyments, use; der **Giebel**, gabel, top; der **Kübel**, tub, pail; das **Gedränge**, crowd, press, das **Getränke**, drink; **gefüllte**, filled, das **Gefilde**, plain, field; die **Gurt**, girth, strap, belt, **gurrt**, (it) coos; das **Gras**, grass, **graß**, ghastly, shocking, hideous; der **Grad**, degree, der **Grat**, edge, ridge, brushwood.

---

1) Das „dt" ist eine Zusammenziehung der Silbe „det"; gewandt steht für gewendet, gesandt für gesendet u. s. w. Wörter mit dt sind: gesandt, der Gesandte; gewandt; todt, der Getödtete; tödtlich; beredt; die Stadt (z. B. die Stadt Washington).

80. Aufgabe. Fortsetzung.

H. Der Fleisch**haken** ist von Eisen. Mit der **Hacke** hackt man die Erde auf. Der Acker ist mit einem **Hage** umgeben. – Der **Held** ist muthig. Dieses Glas **hält** einen Schoppen. – In diesem Dorfe sind mehrere **Häuser** abgebrannt. Das Kind hat sich **heiser** geschrieen. Im Sommer ist es **heißer** als im Frühling. – **Heute** kaufte der Gerber dem Metzger Thier**häute** ab. Der **Heide** glaubt an mehrere Götter. Ein unfruchtbares Stück Land nennt man **Haide**. – Manche Thiere leben in **Höhlen**. Du sollst deinen Eltern und Lehrern Nichts **verhehlen**! – Die Hunde **heulen**. Die Wunden **heilen**. – Kommt **her** zu mir! Das Wort **hehr** bedeutet so viel als heilig oder erhaben. – Der Feind hat die ganze Stadt ver**heert**. Der Richter ver**hört** den Angeklagten. Auf dem **Herde** wird gekocht. Eigner **Herd** ist Goldes werth. Der Hirt hütet die **Heerde**. Wir bewundern den Glanz und die **Härte** des Diamantes. – Das ganze **Heer** wurde vom Feinde geschlagen. Gott ist der **Herr** der Herren. – Der **Hai** ist ein Fisch. Das Pferd frißt Haber und **Heu**. – Der **Hecht** ist ein gefräßiger Raubfisch. Der Unglückliche **hegt** die Hoffnung, daß es ihm noch gut gehen werde. – Was **hast** du gearbeitet? Arbeite ohne Rast, aber ohne **Hast**!
  Dankbarkeit gefällt,
  Undank **haßt** die ganze Welt.

Die **Hähne**, cocks, die **Henne**, chicken; **häkeln**, to hook, to embroider, **häckeln**, to provoke, to teaze; das **Hemd**, shirt, **hemmt**, to check, to stop; die **Häfen**, pots, ports, harbors, die **Hefe**, yeast, dregs, die **Höfe**, courts; **helle**, light, clear (adj.), die **Helle**, the light, clearness, die **Hölle**, hell; die **Hindin** (Hirschkuh), hind, die **Hündin**, female dog; **hohl**, hollow, **holen**, to go and get; die **Hasen**, hares, rabbits, **hassen**, to hate; die **Haare**, hairs, **harre**, tarry! wait! **hart**, hard, **harrt**, (he) waits; die **Hirten**, herdmen, die **Hürden**, hurdles, folds; die **Hüte**, hats, die **Hütte**, hut, cottage, **hüte**, take care! guard! der **Hehler**, concealer, receiver of stolen goods, der **Heller**, farthing; der **Hengst**, stallion, **hängst**, (thou) hangst; **hingen**, hung, **hinken**, to limp, to halt.

  Der **Inn**, Inn (a river), **in**, in, on, **ihn**, him, **ihnen**, them **innen**, within, **ihm**, him, **im**, in it.

81. Aufgabe. Fortsetzung.

Die Kinder ver**irrten** sich im Walde. Was von Erde gemacht ist, ist **irden**. – Was **ist** das, was der Knabe so gierig **ißt**? – Eine Art kleiner bedeckten Schiffe heißt man **Jacht**. Der Jäger geht auf die **Jagd**, wo er das Wild **jagt**. – Albert ist älter als Karl, denn dieser ist am 1. Februar und **jener** am 1. **Jänner** 1842 geboren. Der Engländer Edward **Jenner** ist berühmt durch die Einführung der Kuhpockenimpfung.

In der **Kelter** preßt man die Weintrauben. Im Norden ist es **kälter** als bei uns. — Ehe man zu Bette geht, **kleidet** man sich aus. Auf dem Eise **gleitet** man leicht aus. Er **begleitet** mich eine Strecke Wegs. — Der Bruch des Zinns ist **feinkörnig**. Die Traubenbeeren sind **kernig**. — Der Federkiel ist elastisch. Im Herbste ist es **kühl**. — Harziges Holz heißt man **Kien**. Der unterste Theil des Gesichtes heißt **Kinn**. Nicht jeder Soldat ist **kühn**. — Die **Kiefer** ist ein Baum. Die Kinnbacken heißt man auch **Kiefer**. Der Faßbinder wird auch **Küfer** genannt. — Das Kopf**kissen** ist weich. Die Kinder **küssen** die Mutter. — Die **Kiste** ist von Holz. Das Ufer des Meeres heißt **Küste**. — Der **Kragen** an diesem Rock ist blau. Man hört das **Krachen** des Donners. — Die Würmer und die Schlangen **kriechen**. Die Thiere **kriegen** (bekommen) Futter. Die **Griechen** be**kriegten** einander. In steinernen **Krügen** bleibt das Wasser lange frisch. — Die Fische haben **Gräten**. Die **Kröten** sind Amphibien. — Die Waaren werden mittelst eines **Krahnens** aus dem Schiffe gehoben. Ein **Gran** ist der sechzigste Theil eines Quentchens.

Der **Kahn**, boat, skiff, **kann**, can, die **Kanne**, can, mug, tankard; **krumm**, crooked, bent, die **Krume**, crumb; der **Kram**, retail trade, der **Gram**, grief, affliction; der **Kreis**, circle, der **Greis**, old man; die **Grenze**, border, frontier, die **Kränze**, garlands, wreaths; die **Granne**, beard [of plants], der **Krahn**, crane; die **Kunst**, art, die **Gunst**, favor; der **Knabe**, boy, der **Knappe**, squire, shieldbearer; der **Keil**, wedge, coin, die **Keule**, club, leg of a…; **klimmen**, to climb, **glimmen**, to glimmer, to burn; **Kerbe**, notch, score, **Körbe**, baskets; **Krebs**, crab, cancer, **Kröbs**, core (interior part); **kosten**, cost, taste, **kosten** (kosten), caressed, prattled; **Kriecher**, cringer, **Krieger**, warrior.

82. Aufgabe. Fortsetzung.

L. Die Fröhlichen **lachen**. Wir **lagen** heute früh noch im Bette, als es sechs Uhr schlug. — Der **Laib** Brot kostet gegenwärtig fünf Cents. Der Mensch besteht aus **Leib** und Seele. — Die Fische **laichen**. Die **Leich**name werden beerdigt. — **Laßt** Euch nicht zum Bösen verleiten! Der Esel ist ein **Lastthier**. — Wir **läuten** mit allen Glocken. Blinde **Leute** muß man auf ihren Wegen **leiten**. Die Kranken müssen oft die größten Schmerzen **leiden**. — Karl stieg die **Leiter** hinauf, fiel aber **leider** herunter und brach ein Bein. — Wir können ein Glas leeren. Die Lehrer **lehren**. — Die **Lerche** ist ein Vogel, die **Lärche** aber ein Baum. — Hölzerne **Leuchter** sind **leichter** als eiserne. — Unreinliche oder kränkliche Kinder haben **Läuse** auf dem Kopfe. Du sprichst mir zu **leise**. — **Lügen** ist eine Sünde. Der Kranke muß im Bette **liegen**. — **Lies** fleißig in der heiligen Schrift! Wer **ließ** den Arzt rufen? — Der Schütze läßt seine Hunde **los**. Was kostet ein Lotterie**loos**?

Die **Lache,** pool, puddle; a laugh, die **Lage,** situation, position, **lache,** laugh! der **Laden,** store, shutter, **laden,** to fill, lade, load; invite; die **Latten,** laths; der **Lauch,** leek, porret, die **Lauge,** lie, buck; das **Licht,** the light, **liegt,** (he) lies, **lügt,** (he) is telling a lie; die **Liebe,** love, **liebe,** love! like! die **Lippe,** lip; **liest,** (he) reads, die **List,** a cunning, craft, die **Liste,** list, roll, die **Lüste,** lust, desire; die **Linse,** lentil, die **Lünse** (Achsnagel), linch-pin, axle-pin; die **Lücke,** gap, breach, void, die **Lüge,** lie; **lebe,** live! der **Löwe,** lion; **locken,** entice, allure, die **Locken,** curls, **logen,** (they) lied; der **Leisten,** last, **leisten,** to do, perform, afford; **log,** (he) lied, das **Loch,** hole; **legen,** to lay, put, **lecken,** to lick, to leak.

83. **Aufgabe. Fortsetzung.**

Das vorige **Mal** kam er nicht zum Mittagsmahl. Dem großen Benjamin Franklin soll ein neues Denk**mal** gesetzt werden. – Wir können **machen,** daß unser **Magen** verdirbt. – Des Feuers **Macht** ist wohlthätig. Die **Magd** kocht. – Die Müller **mahlen** und die Maler **malen.** – Die **Mandel** ist eine Frucht. Der **Mantel** ist ein Kleidungsstück. – **Man** soll einen gebrechlichen **Mann** nicht verspotten. – Der **Marder** ist ein Thier. Für Qual sagt man auch **Marter.** – Das **Meer** ist tief. Der Reiche hat oft **mehr** Kummer als der Arme. Die gelbe Rübe wird auch **Möhre** genannt. – **Mäuse** ist die Mehrzahl von Maus. Die **Meise** ist ein Vogel. Der **Mais** wird auch Welschkorn genannt. – Der Knabe hat freundliche **Mienen.** In der Festung Rastatt sind viele **Minen** angelegt. – Ich wohne in der **Miethe.** Der **Müde** sehnt sich nach Ruhe. In der Mitte des Zimmers, das ich ver**miethe,** steht ein runder Tisch. **Mythe** ist ein Fremdwort, und heißt so viel als Sage, Dichtung oder Fabel. Da der Vater krank war, wurde auch das geringste Geräusch ver**mieden.** – Wir ver**missen** unseren Schlüssel; wir **müssen** ihn suchen. – Der Feldmesser **mißt** den Acker, auf welchen der Bauer **Mist** führt. Ihr **müßt** artig sein. – Der **Mohr** ist schwarz. Das **Moor** ist eine Erdart.

Der **Main,** Main (a river), mein, my; das **Mieder,** bodice. der **Miether,** hirer, renter, müder, more tired, die **Mütter,** mothers; die **Mode,** fashion, die **Motte,** mite, moth; die **Muse,** muse. die **Muße,** leisure, ease; der **Mensch,** man, der **Mönch,** monk.

84. **Aufgabe. Fortsetzung.**

N. Die Mäuse **nagen** an dem Speck in dem **Nachen.** – Wir **nahmen** die **Namen** nach dem Alphabete. – Deine Rede sei: Ja, ja; **nein, nein!** Acht und eins sind **neun.**

Die **Oder** ist ein Fluß, die **Otter** aber ein Thier. – Der **Ofen** ist heiß. Die Thüre steht **offen.** – Der Fürst verlieh ihm den Verdienstorden. Gott ist an allen **Orten.**

Die **Pest** ist eine ansteckende Krankheit. **Pesth** ist eine Stadt in Ungarn. – Ein kleines Pferd heißt man **Pferdchen** und eine kleine Pforte **Pförtchen**. – Ich habe zwei **Briefe** zu schreiben. **Prüfe** Alles, und behalte das Beste!

Q. Die Thiere soll man nicht **quälen**. Es gibt heiße und kalte **Quellen**.

Der **Rabe** ist ein schwarzer Vogel, der **Rappe** aber ein schwarzes Pferd. – Greise geben guten **Rath**. Um das Jahr 1531 erfand der deutsche Steinmetz Jürgens in Nürnberg das Spinn**rad**. – Der **Rain** ist mit Gras bewachsen. Der **Rhein** ist ein Strom. Das Wasser ist **rein**. – Die Räuber **rauben**. Die **Raupen** richten oft in Gärten und Feldern großen Schaden an. – Der Geistliche hielt am Grabe des Kindes eine schöne **Rede**. Schamröthe überzog das Gesicht des unschuldigen Knaben. Das Schiff legte sich auf die **Rhede**[1]. Ich bitte dich, **rette** den Unglücklichen! – Arme Menschen **räuchern** oft Fleisch für die **Reichern**. – Die **Reue** ist ein hinkender Bote. An wem ist jetzt die **Reihe**? – Arme Leute sammeln das **Reis** im Walde. Der **Reiß** (auch Reis) ist eine Getreideart. – Ich **reise** morgen ab. **Reiße** mir den Stock aus der Hand! Die **Reuse** dient zum Fischfangen. – Die **Riemen** sind für diese Schlittschuhe zu schmal. Das Gute darf man **rühmen**. – Zwanzig Buch Papier sind ein **Ries**. Du hast einen **Riß** in deinem Kleide. Der Sand **rieselt** von dem Berge herab. – Fehler muß man **rügen**. Mit der Nase **riechen** wir. – Die Eier der Fische nennt man **Rogen**. Der **Roggen** ist eine Getreideart. Die **Rochen** sind Seefische. – Faule Kinder straft man mit der **Ruthe**. Er **ruhte** von der Arbeit aus.

Die Nase, nose, nasse, wet; die Noth, need, want, die Noten, notes, memorandum; nagt, (he) gnaws, nibbles, die Nacht, night.

Das Organ, organ, der Orkan, hurricane, tornado.

Plagen, to vex, to tease, placken, to torment, plague; prägen, to stamp, mint, brechen, to break; preisen, to praise, Preußen, Prussia; prahlen, to boast, to brag, prallen, to bounce, to rebound; pflügt, (he) plows, Pflicht, duty

Räuber, robber, Reiber, rubber, grinder; die Regeln, rules, principles, regeln, to regulate, röcheln, to rattle; die Räder, wheels, der Retter, saver, deliverer, röther, redder; räthlich, advisable, redlich, upright, röthlich, reddish; der Rasen, turf, sod, sward, rasen, rage, rave, Rasse (Race), race; räumen, to evacuate, to empty, reimen, to rhyme; die Rabe, turnip, carrot, die Rippe, rip; die Rose, rose, die Rosse, horses, der Ruhm, glory, fame, der Rum, rum; der Regen, rain, der Rechen, rake, regen, to stir,

---

1) Rhede, eine nicht sehr tiefe Gegend des Meeres, unweit der flachen Küste, wo Schiffe sicher vor Anker liegen können.

to move, rächen, to revenge, to avenge; das Rö**s**chen, small rose, das Rö**ß**chen, little horse; das Rind, cattle, die Rinde, bark, rinnt, (it) leaks, drops; rothe, red, die Rotte, troop, gang, set; ra**st**en, rest, repose, ra**ß**ten, raged.

85. **Aufgabe.** Fortsetzung.

Wie die **Saat,** so die Ernte. Bist du schon **satt?** — Gehe **sachte** die Stiege hinunter, **sagte** er zu mir. — Die Thurmuhr **schlägt.** Wer seinen Nebenmenschen betrügt, der handelt **schlecht.** — Die **Schafe** werden ihrer Wolle wegen sehr geschätzt. **Schaffe** mir Rath oder Hilfe! — Leiden**schaft schafft** Leiden. — Wir **sehen,** daß die Vögel nicht **säen,** und doch ernährt sie der himmlische Vater. — An Gottes **Segen** ist Alles gelegen. Das Holz **sägen** die Holzhacker. — Die Darm**saite** ist lang. Dies ist die linke **Seite.** Nähest du mit Faden oder **Seide?** — **Setze** dich nieder und schreibe einige **Sätze!** — Die Krebse haben **Scheeren.** Die Näherin hat zwei **Scheeren** verloren. Klippen, die sich nahe an der Küste befinden, heißen **Schären.** — Wer **schielt,** ist scheel. Dieser Ritter hat einen **Schild.** — Die Diebe **schleichen** in die Häuser. **Schläuche** ist die Mehrzahl von Schlauch. — Die Frau hat ihr Kind auf dem **Schooß.** Ein **Schoß** ist ein junger Zweig. Der Soldat **schoß** seinem Feinde eine Kugel durch den Kopf. — Mein **Schwager** heißt Heinrich. Ein **schwacher** Mensch bedarf der Stärkung. — Der Knecht reitet die Pferde in die **Schwemme.** Der Fliegenschwamm gehört zu unsern größten **Schwämmen.** — Seit wann **seid** ihr da? — Dieser ausschweifende Mensch hat einen **siechen** Körper davongetragen. Man muß seine Leidenschaften zu be**siegen** suchen. — Durch die Hitze bringt man das Wasser zum **Sieden.** Der Wind kommt von **Süden.** Böse Gesellschaften verderben gute **Sitten.** — Drücke das **Siegel** auf den Brief! Mit der **Sichel** schneidet man das Gras. — Meine Schuh**sohle** ist zerrissen. Das Wasser, woraus Salz gekocht wird, heißt man **Soole.** — Der **Soldat** erhält täglich 50 Cents **Sold.** Ihr **sollt** Vater und Mutter ehren! — Die Kinder **spielen** gerne. Die Mägde **spülen** das Geschirr. — Warum siehst du mich so **starr** an? Der **Staar** ist ein unruhiger Vogel. — Diese Bild**säule** ist von Marmor. Der Seiler verfertigt aus Hanf Schnüre, Bindfaden, Stricke und **Seile.** — Oesterreich ist ein großer **Staat.** London ist die größte **Stadt** in Europa. Der reiche Mann nahm diese arme Waise an Kindes **Statt** an. Er kam **statt** meines Freundes zu mir. — Jena und Heidelberg sind Universitäts**städte.** Auf dieser **Stätte** wird ein Denkmal errichtet. — Diese **Stelle** ist einträglich. Der Knecht führt die Pferde in die **Ställe.** Man sagt vom Raben, daß er gerne glänzende Sachen **stehle.** — Mädchen, stricke oder **sticke!** Papier läßt sich leicht in **Stücke** zerreißen. — Der Lehrer ist **streng.** Die **Stränge** sind zerrissen. — Du schreibst einen schönen **Stil.** Was kostet dieser Besen**stiel?** — Die **Stiche** der

Scorpione sind gefährlich. Eine steinerne **Stiege** führt in den Keller hinunter.

86. Aufgabe. Wendet folgende Wörter in Sätzen an!

Der Schaden, hurt, damage, der Schatten, shade, shadow, schaden, hurt, harm, damage; die Sache, matter, thing, Sage, saying, rumor, legend; schal (kraftlos), stale, insipid, die Schale, cup, bowl, der Schall, sound, der Shawl (ein Tuch), shawl; schallt, (it) sounds, schalt, (he) rules; die Scheine, notes, bonds, receipts, scheine, shine! die Scheune, barn; die Scheide, sheath, scabbard, scheute, (he) shunned, avoided; schiefer, more oblique, sloping; distorted; der Schiffer, sailer, navigator, mariner, der Schiefer, slate; der Schlaf, sleep, schlaff, loose, slack, lax; die Schwiele, callus, hard skin, schwül, sultry; schlugen, stroke, smote, schlucken, to swallow; die Sehne, sinew, tendon, string, der Senne, herd of cattle, cow keeper's cottage; singen, to sing, sinken, to sink; der Span, thin piece of wood, splinter, Spanne, span; die Speere, spears, lances; die Sperre, shutting, closing, bar; springe, jump! die Sprünge, cracks, flaws; leaps, jumps; spucken, to spit, spuken, to be haunted; die Stäbe, staffs, sticks, die Steppe, steps, savannah, steppe, quilt! stitch! sehnen, to long for, versöhnen, reconcile, die Söhne, the sons; sengen, singe, scorch, senken, sink, lower; das Siegel, seal, die Sichel, sickle; schälten, peeled, husked, schellten, rung (the bell), schelten, to scold, to chide; die Schaaren, troops, bands, scharren, to scrape, to scratch; der Sieger, victor, vanquisher, sicher, secure, safe, sure; sparen, to spare, der Sparren, rafter, roof timber; steche, stab! sting! Stege, small wooden bridges; später, later, der Spötter, mocker, scoffer; späht, (he) espies, he watches, spät, late; die Stränge, ropes, halters, die Strenge, severity, strictness; der Streit, fight, quarrel, streut, (he) strews, sprinkles; die Stühle, the chairs, stille, still; sind, are, sinnt, (he) meditates, muses, die Sünde, sin; der Säemann, sower, seedsman, der Seemann, seaman, navigator; Scheune (Scheuer), barn, scheine, shine!

87. Aufgabe.

Ein dickes Schiffseil wird **Tau** genannt. Der **Thau** ist eine wässerige Lufterscheinung. – Die Enten **tauchen** unter das Wasser. Diese Federn **taugen** nicht zum Schreiben. – Der **Taube** hört nichts. Die **Taube** flog auf die Faßdaube. – In den **Thälern** der Schweiz wachsen heilsame Kräuter. Der Suppenteller ist von Zinn. – Als sich der Sohn von seinen Eltern **trennen** mußte, vergoß er heiße **Thränen**. – Die **Thiere** bedürfen der Nahrung. Die **Thüre** ist verschlossen. Das **dürre** Laub fällt von den Bäumen. – Die **Thonerde** hat einen eigenthümlichen Geruch. Die Glocke hat einen schönen **Ton**. –

Don heißt in Spanien und Portugal so viel als Herr. Die **Tonne** ist ein großes Faß. – Beherrsche deine **Triebe**! Das Wasser ist **trübe**. –

W. Es ist wahr, daß die **Waare** nicht ganz gut war. – Wir wollen durch den seichten Bach **waten**. Der Hund biß den Knaben in die **Waden**. Mein Hausrock ist mit **Watt** gefüttert. – Der **Wagen** hat vier Räder. Wer will diesen Sprung **wagen**? Willst du heute Nacht bei dem Kranken **wachen**? – Der **Waid** ist eine Pflanze. Der Hirte geht mit der Heerde auf die **Weide**. Ist es weit von hier nach Boston? – Der Narr lacht; der **Weise** lächelt. Dieser Knabe ist ein **Waise**. Soll ich dir den Weg **weisen**? Laß diese Hausgänge frisch aus**weißen**. – Wir wollen uns Tuch zu einem Rock aus**wählen**. Die **Wellen** des Meeres sind oft haushoch. – Wann wirst du von diesem **Wahn** befreit sein? – Wie lange soll dies noch **währen**? Sich **wehren**, bringt nicht immer zu Ehren. Wir **wären** schon längst da, aber ——. Was ist diese Uhr **werth**? Was lange **währt**, wird endlich gut. Wie das Gold im Feuer, so bewährt sich die Wahrheit im Kampfe. – Die **Wände** sind von Stein. Ich wende mich mit einer Bitte an dich. – **Wen** ruft man, **wenn** man krank ist? – Das **Werk** muß den Meister loben. Die groben Fäden, welche beim Hecheln des Hanfes und Flachses abgehen, heißt man **Werg**. – Schon **wieder** bist du **wider** mich. Der Schafbock wird auch **Widder** genannt. Das Gewitter zog von Westen nach Osten. Der **Wirth** wird dir die Zeche machen. – Wenn ich doch eine Quelle in dieser **Wüste wüßte**! –

Z. Rohes Fleisch ist **zähe**. Der Jäger schoß dem Adler eine **Zehe** ab. – Wollen wir das Geld **zählen**? Die Bienen bauen **Zellen**. – Ich gab ihm mit der Hand ein **Zeichen** zum Fortgehen. Willst du mir den Weg **zeigen**? Sie wurden als **Zeugen** vor Gericht geladen. – Die **Ziege** ist ein naschhaftes Thier. Seine Gesichts**züge** sind fein. – Es fiel ein **Ziegel** vom Dache herunter. Mit dem **Zügel** leitet der Kutscher die Pferde. – Das **Zwerchfell** scheidet bei den Säugethieren die Brusthöhle von der Eingeweidehöhle. Ein Riese ist größer als ein **Zwerg**.

88. A u f g a b e. Verfahret mit nachfolgenden Wörtern wie in den vorigen Aufgaben!

Der Talg, tallow, suet, der Talk, talck, mica; der Tiger, tiger, die Tücher, cloths; der Tod, death, todt, dead, Todte, the dead ones; trieft, (he) drips, drops, trickles, trifft, (he) meets, hits, triftig, cogent, urgent, solid, die Trift, herd, drove; die Ursache, cause, reason, motive, die Uhr, watch, der Ur, ure-ox; ungerächt, unavenged, ungerecht, unjust; die Vorräthe, provisions, stocks, die Vorrede, preface; verbirgt, (he) hides, conceals, verbürgt, (he) bails, stands security; verbieten, to forbid, to prohibit, verbitten, to beg one not to do, depricate; die **Wände**, walls, partitions, **wähnte**, (he) imagined, presumed, **wende**, turn! die **Wiese**, meadow, **wisse**, know! die **Wahl**, election, der **Wall**, rampart, wall; **Wärter**, waiter, man nurse, **werther**, more worth, dear, die **Wörter**, words; **weder**, neither, das **Wetter**, weather, der **Wetter**, better, wagerer; **wehte**, blew, die **Wette**, bet, wager; das **Wesen**, being, substance, essence, **wessen**, whose, of which; der **Wicht**, wretch, creature, **wiegt**, (he) rocks, weighs; die **Wicke**, retch, die **Wiege**, cradle; der **Wille**, will, design, **wühle**, to root or dig up, revolutionize; die **Würde**, dignity, **würde**, would; **wirken**, affect, operate, **würgen**, choke, strangle; **Woche**, week, die **Woge**, wave, surge, billow; **wohne**, dwell! live! die **Wonne**, delight, rapture; die **Zange**, tongs, **zanke**, quarrel! die **Zähne**, teeth, **zehn**, ten; die **Zähre**, tear, **zehre**, consume! live! **zerre**, pull! tug! drag!

Schlußaufgaben und Fragen über die gleich- und ähnlichlautenden Wörter.

89. Aufgabe. Suchet zu folgenden Wörtern ähnlichlautende Wörter und gebt ihre Bedeutung an!

Die Acht, Arm, Bäder, Breite, Ceder, Dienste, Drache, erretten, die Eichen, Feld, für, Garn, Gebet, Härte, hohl, Jener, Kammrad, Kante, Lagen, Leute, der Marder, die Motte, Nachtheile, nagen.

90. Aufgabe. Unterscheidet folgende Wörter!

Ofen, offen; Palast, Ballast; Pflichten, flüchten, pflügten; Rath, Rad; Saat, satt, ihr sah't; thätlich, tödtlich; verhören, verheeren; Welt, er wählt; Ziege, Züge.

Beantwortet folgende Fragen!

Wer gebraucht die **Feile** und wer **Pfeile**? Was ist eine **Flagge**? Welche Schüsseln nennt man **flach**? Welche Bedeutung haben die Wörter „flicken und pflücken?" Was sind **Felle**? Warum schreibst du „Fälle" mit „ä"? Welches Thier nennt man eine **Hindin**? welches eine **Hündin**? Wie heißt die Rennform von: er **schlief**, und von: er **schliff**? Warum schreibt man **starr** mit doppeltem „r"?

Ergänzt folgende Sätze!

Es ist nicht **räthlich** von den Beeren zu essen, die man nicht —. Wer es **redlich** mit mir meint, —. Das Wort **röthlich** stammt —. Der Arzt **rieth** meinem Vater —. Mein Oheim ritt —. Der Roggen ist —. Rogen sind Eier —. Mit dem Worte „Vetter" bezeichnen wir —. Ein magerer Vergleich ist besser als ein fetter —. Sie **wären** nicht arm —. Mit **Gewehren** soll man —.

Wortlehre.

Zweiter Theil.

Die Wortlehre. (Etymology.)

Erster Abschnitt.
Die Wortbildung. (Formation of words.)

§ 1. **Wurzelwörter** (radical or primitive words).

Ein Wort ist eine Verbindung von Lauten, um ein Ding, oder das Verhältniß zu bezeichnen, in dem mehrere Dinge zu einander stehen. Die ursprüngliche, einfachste Anschauung von Dingen ist enthalten in den **Wortwurzeln**, welche von keinem andern Worte abgeleitet sind und noch nicht Geschlecht, Zeit und andere Nebenbegriffe bezeichnen. Aus diesen Wurzeln sind **S t a m m w ö r t e r** für alle Wortarten erwachsen, von welchen wieder durch **h i n z u t r e t e n d e L a u t e**, oder **Z u s a m m e n s e ß u n g**, **n e u e W ö r t e r e n t s t e h e n**, z. B.: trink(en), der Trunk, trunken, die Trunkenheit, der Trunkenbold, betrunken, der Trank, tränken, die Tränke, das Getränke, trinkbar, untrinkbar, die Trinkbarkeit, ertrinken, betrinken, ertränken, vertrinken, austrinken, zutrinken, vortrinken, nachtrinken, mittrinken, das Trinkglas, das Trinkgeld, der Weintrinker, Biertrinker, Wassertrinker ꝛc., Trinkrinne, Trinkkrug ꝛc.
Alle diese Wörter sind aus der Wurzel trink(en) gebildet.
  a. Alle Wurzelwörter — die Endung „en" gehört nicht zur Wurzel — sind einsilbig.
  b. Alle Wurzeln sind Zeitwörter, aber nicht alle Zeitwörter sind Wurzeln.

§ 2. Die von Wurzeln abgeleiteten **Wörter** sind:

I. a. **Stämme der Haupt= oder Eigenschaftswörter**, mit oder ohne Verwandlung des Vokals, als von trank: der Trunk, der Trank; von schloß: das Schloß, der Schluß; von band: der Bund, das Band.
  b. Stämme mit der nicht bedeutsamen Vorsilbe „Ge": Genuß, Gesang, Geheiß, Gehalt, Gewand ꝛc., oder den nicht bedeutsamen Nachsilben: er, en, el, z. B. das Wetter, das Messer, der Becher (aber keine Personennamen, als: Träger), der Garten, der Knochen, der Tropfen, der Scheffel, der Löffel, der Spiegel; bitter, gut, groß, klein, sauer, süß, trocken, blöde.
  Die Stämme a und b heißen die **Ablautsform**.
  c. Außer der Ablautsform gibt es **Stammwörter der Mittelform**, endigend in e, de, t (G—t), st, z. B. die Schlange, die Grube, die Bürde; die Binde, die Winde, die Wand; die That, die Fahrt, die Flucht; die Geburt, die Gewalt, die Gestalt; die Kunst, die Gunst, die Wurst. Eine andere Art von **S t a m m w ö r t e r n d e r M i t t e l f o r m** sind einsilbige Wörter weiblichen Geschlechtes, z. B. Scham, die Wahl, die That.

Wortbildung.

II. **Sproßformen** welche von Wurzeln, Stämmen oder andern Sproßformen abgeleitet werden, sind:

a. Hauptwörter mit den Endungen: **er, in, chen, lein, ling, ung, niß, sel, sal, ei, e, heit, keit, schaft, thum** und der Vorsilbe **Ge**, z. B. der Bauer, die Hirtin, das Kindchen, das Männlein, der Jüngling, die Handlung, die Wildniß, das Räthsel, das Schicksal, die Spielerei, die Freiheit, die Schicklichkeit, die Freundschaft, das Herzogthum, das Geschrei.

b. Eigenschaftswörter und Umstandswörter mit den Endungen: **ig, isch, bar, sam, en, end, ern, et, haft, icht, sam, selig, lich**; und den Vorsilben: **be, ge**; z. B. gütig, neidisch, fruchtbar, folgsam, eichen, lobend, silbern, geliebt, tugendhaft, thöricht, langsam, leutselig, freundlich; bequem, gerecht.

Umstandswörter auf **lich**: freilich, folglich, neulich, schwerlich.

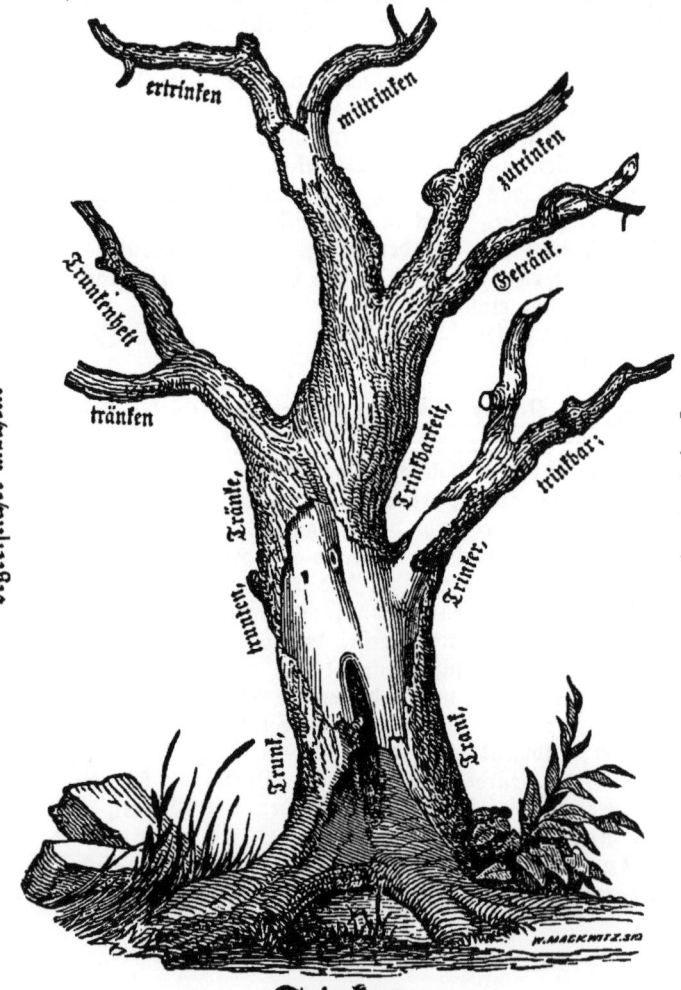

Trinken.

Wortbildung.

§ 3. Die Schreibfeder ist gut. Der Hausgarten hat viele Obstbäume. Der Schwimmvogel hat eine Schwimmhaut. Das Rothkehlchen hat eine dunkelrothe Kehle. Früh aufstehen und zeitlich niederlegen ist nutzbringend.

Oft werden, wie hier in diesen Sätzen, zwei und mehrere Wörter zu einem Begriffe verbunden, so daß sie nur ein Wort ausmachen. Jede Zusammensetzung besteht aus zwei Gliedern: dem Grundworte, welches den Hauptbegriff enthält, und dem Bestimmungsworte, welches jenes näher bestimmt.

Das Grundwort, das den Hauptbegriff enthält und Wortart und Geschlecht bestimmt, steht nach dem Bestimmungsworte, z. B. der Hausgarten, das Gartenhaus; der Oelbaum, das Baumöl; das Steinobst, der Obststein; die Taschenuhr, die Uhrtasche; grasgrün, schneeweiß, geldstolz, geistesschwach.

Die Zusammensetzung geschieht häufig durch e, n, s, z. B. Tagebuch, Glockenblume, Leibesstrafe, Freiheitskrieg.

Unsere Wörter sind somit ihrer Bildung nach theils Stammwörter, theils abgeleitete Wörter.

Beispiele.

Wurzelwörter des Urtheils.	Stammwörter des Begriffs.	Abgeleitete Wörter. Sproßwörter.	Zusammensetzungen.
bind-en,	Band,	Bündniß,	Tugendbund,
thu-en,	That,	thätig,	Thatkraft,
schließ-en,	Schloß,	verschließen,	Schlossermeister,
flieg-en,	flügg,	geflügelt,	Flugblatt,
reit-en,	Ritt,	Reiter,	Vorreiter,
werf-en,	Wurf,	Würfel,	Maulwurfsfang,
sprech-en,	Spruch,	Gespräch,	Sprüchbuch,
kenn-en,	kund,	verkünden,	kundgeben,
könn-en,	Kunst,	künstlich,	kunstfertig,
	Lamm,	Lämmlein,	lammfromm,
	groß,	größer,	Zahlgröße,
	blau,	bläulich,	hellblau,
	Haus,	hausiren,	Brauhaus,
trau-en,	treu,	treulichst,	Treubruch,
brenn-en.	braun.	Bräune.	rothbraun.

Diese Stammwörter sind einfach; die abgeleiteten theils einfach, theils zwei- oder mehrfach zusammengesetzt.

Frage. Was ist wohl unter Wortfamilie zu verstehen?

Aufgabe 1. Unterscheidet nach Form und Bedeutung: Viehzucht und Zuchtvieh, Kuhmilch und Milchkuh, Filzhut und Hutfilz, Glockenthurm und Thurmglocke.

Aufgabe 2. Schreibe 12 Eigenschaftswörter. Gib die Wurzel folgender Stämme an: herzlich, gütig, gerecht, häuslich, mannbar, Hilfe, Gesicht, Stachel, Flucht, Schüssel, Traufe, Blume, Krämer, Käufer, Weber, Schuhmacher, Hammer, trinkbar, Trinkglas, Reinheit, Heiligkeit, Wirthschaft, fischen, grasen, peitschen, pflügen, hüsteln, frösteln, hobeln, silbern.

Aufgabe 3. Bilde von Stamm-Hauptwörtern 12 abgeleitete Zeitwörter, z. B. fällen (von Fall), drängen (von Drang), flüchten (von Flucht).

Aufgabe 4. Eben so viele von Eigenschaftswörtern abgeleitete Zeitwörter, als: würdigen (von würdig), schwächen (von schwach), wärmen (von warm) ꝛc.

Aufgabe 5. Bilde aus dem Stammworte „Leben" möglichst viele abgeleitete und zusammengesetzte Wörter, z. B. lebhaft, leblos, lebendig, Belebung ꝛc.

Aufgabe 6. Schreibe erst die Wortfamilie von Gott und dann von Mensch.

Aufgabe 7. Bilde von jeder einzelnen der Vor- und Nachsilben der abgeleiteten Hauptwörter drei Wörter, als: von „Ge": Gedanke, Gelübde, Gericht ꝛc.

Aufgabe 8. Ebenso bilde drei Wörter von den Vor- und Nachsilben der Eigenschaftswörter.

Aufgabe 9. Gib a) 12 zusammengesetzte Hauptwörter mit Hauptwörtern, z. B. das Gartenhaus.
b) 12 Hauptwörter mit Eigenschaftswörtern, z. B. Großvater.
c) 12 Hauptwörter mit Zeitwörtern, z. B. Lesebuch, Schreibefeder.

Aufgabe 10. Schreibe 12 zusammengesetzte Wörter, in welchen das Bestimmungswort eine Ortsbestimmung bezeichnet, z. B. Landmann, Hausherr; 12 mit Zeitbestimmung, z. B. Winterrock; und 12 zusammengesetzte Eigenschaftswörter, z. B. dunkelblau, apfelgrün, taubstumm.

Aufgabe 11. Suchet im dritten Lesebuch S. 11 No. 4 die Wurzel-, Stamm- und Sproßformen aus und setzet sie nach ihrer Ordnung, wie bei obigem Beispiel, unter einander.

Anmerkung. Die zusammengesetzten Zeitwörter werden bei den Zeitwörtern gegeben werden.

Zweiter Abschnitt.

§ 1. Die Wortarten. (Part of speech.)

Das Kind. Das Haus. Der Knabe schreibt. Das Mädchen ist fleißig. Ich, du, er und sie sollten friedlich beisammen wohnen.

Ihr seht aus diesen verschiedenen Worten, wie vieler Ausdrücke der Mensch bedarf, um seine innern Vorstellungen von den Dingen Andern mitzutheilen. Die ersten zwei Wörter sind bloße Begriffe von einer Person und einem Dinge. Der erste Satz sagt, was eine Person thut, der zweite wie sie ist, und der dritte gibt Wörter, welche für die Personen stehen und andere Wörter, welche Beziehungen ausdrücken. Man unterscheidet daher in der Sprache zwei Hauptarten von Wörtern:
1. Begriffswörter,
2. Formwörter.

§ 2. Die Begriffswörter drücken entweder die Vorstellung von einer Person oder einem Dinge, oder von einer Thätigkeit, oder von einer Eigenschaft aus, und sind daher dreifacher Art:
1. Das Hauptwort (Ding-Nennwort — noun), welches den Namen eines wirklichen oder gedachten Dinges angibt: das Gold, die Liebe.
2. Das Eigenschaftswort (adjective), welches eine Eigenschaft des Hauptworts angibt, als: reich, groß, erhaben.
3. Das Zeitwort (verb), welches eine Thätigkeit, einen Zustand oder ein Sein bezeichnet (action, being and state), z. B. laufen, sitzen, sein.

§ 3. Die **Formwörter** drücken Beziehungen und Verbindungen oder Formen der Begriffe aus und heißen:
1. Das **G e s c h l e c h t s w o r t** oder der Artikel (articles).
2. Das **F ü r w o r t** (pronoun).
3. Das **Z a h l w o r t** (numerals) gehört eigentlich zum Eigenschaftswort.
4. Das **U m s t a n d s w o r t** (adverb).
5. Das **V o r w o r t** (Verhältniß=, Fügewort—preposition).
6. Das **B i n d e w o r t** (conjunction).
7. Das **A u s r u f e w o r t** (interjection).

Es gibt also 10 **W o r t a r t e n.**

§ 4. Die Beziehung der Begriffe wird aber auch durch die Biegung ohne Formwörter bezeichnet, z. B.: Das Buch des Vaters. Er schrieb einen Brief.

Der Inhalt der Begriffswörter bleibt stets derselbe; z. B.: der Mond geht **a u f,** geht **u n t e r,** er steht nie **s t i l l,** wird kleiner, größer. **W e n n** der Mond scheint, so u. s. w. O, **d a ß d o c h** der Mond schiene! **V o r** dem Neumond, **n a c h** dem Neumond u. s. w. Die Begriffe von Mond, gehen, scheinen, kleiner, größer bleiben dieselben; durch die hinzutretenden Formwörter ändern sich aber die Formen, unter denen der Inhalt der Begriffswörter gedacht wird.

Aufgabe 1. Sondert hiernach die Wortarten in folgendem Räthsel von Schiller:

Wie heißt das Ding, das Wenige nur schätzen, doch ziert's des größten Kaisers Hand;
Es ist gemacht, um zu verletzen, am nächsten ist's dem Schwert verwandt.
Kein Blut vergießt's und macht doch tausend Wunden, Niemand beraubt's und macht doch reich;
Es hat den Erdkreis überwunden, es macht das Leben sanft und gleich.
Die größten Reiche hat's gegründet, die ält'sten Städte hat's erbaut,
Doch niemals hat es Krieg entzündet, und Heil dem Volk, das ihm vertraut!

Aufgabe 2. Nennet 6 Dinge, welche man zum Schreiben, 6 Dinge, welche man zum Lernen, und 24, welche man zur Nahrung braucht.

Aufgabe 3. Saget von 12 Personen und Dingen aus, was sie thun.

Aufgabe 4. Nennet 12 Personen und Dinge und gebt an, wie sie sind.

Dritter Abschnitt.

Der Artikel (article).

§ 1. Der Mensch baut ein Haus; **d i e** Handwerker, welche er dazu braucht, sind: **d e r** Maurer, **d e r** Zimmermann, **d e r** Schreiner, **d e r** Dachdecker, **d e r** Schlosser ꝛc. Ich sah **e i n e** Frau, **d i e** Frau trug **e i n e n** Korb und **e i n** Glas, **d e r** Korb war zu schwer und drückte **d i e** Frau zu Boden, und **d a s** Glas zerbrach.

Ihr seht aus diesen Beispielen, daß Mensch, Haus, Handwerker ꝛc., Frau, Korb, Glas durch die Wörtchen der, die, das, ein, eine näher bestimmt werden, welche man, weil sie hauptsächlich das **G e s c h l e c h t** der Hauptwörter angeben, **G e s c h l e c h t s w ö r t e r** (Artikel=Glied) nennt.

§ 2. Arten. Aus obigen Beispielen könnt ihr ferner ersehen, daß spricht man von Etwas, das noch nicht bekannt ist und noch nicht genannt wurde, so sagt man **ein, eine**, wie **ein Haus, eine Frau**; wurde aber der Gegenstand nur einmal erwähnt, so sagt man **die, der** oder **das**. Man unterscheidet daher zwei Arten des Geschlechtswortes:
1. Das **bestimmte** (definite): männlich **der**, weiblich **die**, sächlich **das** (the).
2. Das **unbestimmte** (indefinite): männlich **ein**, weiblich **eine**, sächlich **ein** (a—an).

§ 3. Biegung (declension) der Geschlechtswörter.

a. **Der bestimmte Artikel.**

	Einheit.			Mehrheit.	
	Männl.	Weibl.	Sächl.		English.
1. Fall oder Werfall:	der	die	das	die	the
2. Fall oder Wessenfall:	des	der	des	der	of the (s')
3. Fall oder Wemfall:	dem	der	dem	den	to the
4. Fall oder Wenfall:	den	die	das	die	the.

b. **Der unbestimmte Artikel.**

1. Fall oder Werfall:	ein	eine	ein	—	a (an)
2. Fall oder Wessenfall:	eines	einer	eines	—	of a
3. Fall oder Wemfall:	einem	einer	einem	—	to a
4. Fall oder Wenfall:	einen	eine	ein	—	a.

§ 4. Gebrauch. Das Geschlechtswort wird gebraucht:
1. Zur Bezeichnung des Geschlechts der Hauptwörter, z. B. der Vater, die Mutter, das Kind;
2. zur Bezeichnung der Zahl, z. B. die Väter, die Mütter, die Kinder, und
3. zur Bezeichnung des Falles, z. B. der, des, dem, den Vater, die, der Mutter c.

Der Artikel wird gewöhnlich nicht gesetzt:
1. Vor Eigennamen, z. B. Göthe war ein Dichter, Cincinnati ist eine große Stadt. Wird vor diesen der Artikel gesetzt, so bezeichnet der Eigenname eine Eigenschaft, z. B.: Er ist ein zweiter Cicero (ein solcher Redner); oder man nennt den Schriftsteller statt seines Werkes, z. B.: Er liest den Schiller lieber als den Göthe.
2. Bei allgemeiner Bezeichnung der Gattungsnamen und bei Sprichwörtern, z. B.: Brod schneiden, Wein trinken; Ruhm und Ruhe sind selten gute Freunde.

Aufgabe 1. Setze zu folgenden Wörtern den Artikel und gib die Mehrheit an, als: Bach, Dach, Mann, Nagel, Kraft, Blume, Biene, Hahn, Henne, Faß, Bank, Magd, Wand, Hand, Bart, Kasten, Kammer, Bogen, Bock, Rock, Wort, Sumpf, Thurm, Kuh, Tuch, Sturm, Mund, Maul, Pferd, Roß, Rose, That, Pfad.

Aufgabe 2. Nennet alle euch bekannten Glieder des menschlichen Körpers und setzet einmal den bestimmten, das andere mal den unbestimmten Artikel, z. B.: das Auge, eine Nase.

Aufgabe 3. Schreibe 12 Hauptwörter mit dem bestimmten und 12 mit dem unbestimmten Artikel nieder.

Beiſpiel. Ich habe das Meſſer (d. h. das bewußte, beſtimmte) gefunden. Ich habe ein Meſſer (unbeſtimmt, was für eins) gefunden.

Sollen Hauptwörter, vor denen in der Einzahl der unbeſtimmte Artikel ſteht, in die Mehrzahl erhoben werden, ſo ſetzt man keinen Artikel vor dieſelben; z. B.: ein Menſch kann irren; Menſchen können irren.

Frage. Warum bedürfen die Hauptwörter in folgenden Sätzen keiner Artikel (Geſchlechtswörter)? Gott iſt gerecht. Moſes war nicht zu erſchrecken. Tugend belohnt ſich ſelbſt. Thee trinken. Haus und Hof verlaſſen.

Aufgabe 4. Schreibt Sätze auf, in denen Begriffsnamen ohne Artikel vorkommen; z. B.: Müßiggang iſt aller Laſter Anfang. Geduld in Leiden, bringt Himmelsfreuden. Rechtthun läßt ſanft ruhn.

Aufgabe 5. Bildet Sätze, in denen Eigennamen und Stoffnamen ohne Artikel vorkommen; z. B.: Napoleon I. ſtarb auf der Inſel St. Helena. Der Gott, der Eiſen wachſen ließ, der wollte keine Knechte.

Vierter Abſchnitt.

Das Hauptwort (noun).

§. 1. Arten des Hauptworts (classes of noun).

Der Menſch, das Thier, das Eiſen, das Gold, das Silber, das Obſt, der Baum, die Pflanze, der Garten, das Haus, der Hof, der Fluß, die Hand, der Kopf, der Fuß, der Leib.

Alle dieſe Dinge könnt ihr mit euren Sinnen wahrnehmen, könnt euch, nachdem ihr ſie betrachtet habt, einen Begriff davon machen. Um ſie von einander zu unterſcheiden, hat man ihnen Namen gegeben, und daher heißen ſie: Namen-, Ding- oder Hauptwörter.

Tugend, Fleiß, Ordnung, Schönheit, Weisheit, Klugheit, Verſtand, Begriff, Zeit, Freude;

ſind Wörter, welche ihr nicht mit der Anſchauung wahrnehmen könnt, ſondern die ihr euch mit einem wirklichen Dinge verbunden denken müßt.

Die Hauptwörter werden daher eingetheilt in
  I. Anſchauungsnamen (concrete nouns) und
  II. Begriffs- oder Merkmalsnamen (abstract nouns).

I. Die Anſchauungsnamen.

Robert, Heinrich, Leopold, Roſa, Bertha, Sara; Cincinnati, St. Louis, New York, Ohio, Miſſiſſippi, der Rhein, die Cordilleras, der Veſuv.

Die vorſtehenden Hauptwörter nennt man

  1. **Eigennamen** (proper nouns), weil ſie einen in ſeiner Art einzigen, beſtimmten Gegenſtand bezeichnen. Man fragt, wie heißt es, der, die oder das New York u. ſ. w.?

Der Menſch, das Thier, die Pflanze, der Tiger, der Löwe das Kleid, das Land, der Tiſch, der Freund.

  Dieſe Wörter bezeichnen ganze Gattungen von Dingen, wovon jedes einzelne den gemeinſchaftlichen Namen hat, und heißen daher

2. **Gattungs- oder Gemeinnamen** (common nouns).
Luft, Wasser, Silber, Mehl, Wein, Bier, Tuch, Seide, Wolle, Erde ꝛc.

In diesen Wörtern ist weder das Einzelne noch die Zahl zu unterscheiden; sie bezeichnen nur einen Stoff und heißen daher:

3. **Stoffnamen** (names of materials).

Die Familie, das Volk, die Nation, das Heer, die Heerde, die Waldung, das Gehölz, das Gewölk, das Gebirge,
sind Wörter, welche eine Vielheit als ein Ganzes bezeichnen; man nennt sie daher:

4. **Sammel- oder Mengenamen** (collective nouns). (Mehrere Dinge gleicher Art, wenn man sich dieselben als Einheit denkt, haben einen gemeinschaftlichen Namen.)

Zu den Sammelnamen gehören auch die Wiederholungsnamen, die mit der Vorsilbe ge, oder der Nachsilbe ei gebildet werden; z. B.: Gebrüll, Geläute, Gepolter, Bettelei, Plauderei.

Verkleinerungsnamen entstehen durch die Nachsilben lein, chen, el, elchen; z. B.: Kindlein, Bällchen, Büschel, Bündelchen.

II. Die **Begriffsnamen** theilt man ein in:
1. **Handlungen** (actions): der Hieb, der Biß, der Schrei, der Sprung, der Fall, der Zank.
2. **Zustände** (conditions): die Ruhe, die Furcht, die Angst, der Schlaf, das Wachen.
3. **Eigenschaften** (qualities): Weisheit, Schönheit, Häßlichkeit, Klugheit, Reinheit.

Eigennamen.	Gattungsnamen.	Stoffnamen.	Sammelnamen.	Begriffsnamen.
Robert.	Pferd.	Gold.	Heer.	Liebe.

Aufgabe 1. Mache 5 Spalten und setze jedes der folgenden Wörter unter seine Art, wie in vorstehender Tabelle: Albany, Wasser, Zufriedenheit, Glück, Bohne, Lust, Eisen, Feuer, Gottlieb, Freiheit, Wärme, Heu, Tugend, Ohio, Louisville, Kentucky, Wurf, Gedanke, Heer, Tuch, Leinwand, Liebe, Messer, Metall, Geld, Wage, Papier, Größe, Frosch, Sand, Seligkeit, Krieg, Schule.

Aufgabe 2. Schreibe 12 Eigennamen und 12 Gattungsnamen, aber immer mit dem Artikel, nieder.

Aufgabe 3. Schreibe 12 Stoff-, 6 Sammel- und 12 Begriffsnamen nieder!

§ 2. Das Geschlecht der Hauptwörter (gender).

Der Vater, der Bruder, der Onkel, der Vetter, der Herr, der Lehrer, der Schreiner, der Schneider, der Bock, der Löwe, der Hahn; die Mutter, die Schwester, die Tante, die Base, die Frau, die Magd, die Ziege, die Henne, die Kuh ꝛc.

Das Geschlecht der Hauptwörter, welches man an der Bedeutung und zuweilen an der Endung erkennt, wird durch das Geschlechtswort: **der, die, das** bezeichnet. Man unterscheidet:

1. (wie im obigen Beispiele) das **natürliche Geschlecht**, bei Personen- und den meisten Thiernamen, nämlich das männliche und weibliche Geschlecht; und
2. das **sprachliche Geschlecht**, nach welchem, in Folge des Sprachgebrauches, vielen Sachnamen das männliche oder weibliche, manchen Personennamen hingegen das sächliche Geschlecht beigelegt wird.

Das sprachliche Geschlecht ist daher dreifach:
1. **männlich**: der Baum, der Hut, der Kopf;
2. **weiblich**: die Nase, die Brille, die Nacht;
3. **sächlich**: das Buch, das Licht, das Glas.

§ 3. *Kurze allgemeine Regeln für das Sprachgeschlecht, welche aber manche Ausnahmen haben, die der Kürze des Abrisses wegen hier nicht erwähnt werden können.*

a. **Männlich sind**: Die Namen der Tage, Monate und Jahreszeiten, der Berge und Steine.
Die Wörter, welche sich endigen auf: er, el, ing, en; z. B. der Bauer, der Schlüssel, der Jüngling, der Garten.

b. **Weiblich sind** die Endsilben: e, in, ei, heit, keit, schaft, ung; z. B. die Rose, die Lehrerin, die Brauerei, die Freiheit, die Ehrlichkeit, die Freundschaft, die Handlung, und die Namen vieler Flüsse: die Donau ⁊c.

c. **Sächlich sind** die Namen der **Metalle**: das Gold, das Silber, das Eisen ⁊c.; der **Länder**: das Frankreich; **Städte**: das Cincinnati, und derjenigen Buchstaben und Redetheile, welche zum Hauptworte erhoben werden: das A, das Gehen, das Ich, das Grüne, das Nein, das Ach ⁊c.; ferner Wörter, die sich endigen auf: chen, lein, thum, sal und sel; z. B. das Mädchen, das Bäumlein, das Heiligthum, das Schicksal, das Räthsel; Ge—cht: das Gedicht.

Anmerkung. Zusammengesetzte Wörter nehmen, wie gezeigt, das Geschlecht des Grundwortes an, z. B. der Hausgarten, das Gartenhaus.

Ausnahmen: die Anmuth, die Demuth, die Großmuth, die Sanftmuth, die Wehmuth, die Schwermuth, die Armuth, die Antwort, der Abscheu, das Tagelohn ⁊c.

Man merke sich folgende gleichbedeutende Wörter mit verschiedenem Geschlechte:

der Backen, die Backe;
der Karren die Karre
 (mit 2 Räder), (Schiebkarre);
der Kolben, die Kolbe;
der Mittwoch, die Mittwoche;
der Leisten die Leiste (schmale
 (Schuhform), Holz-Einfassung);
der Pfosten, die Pfoste;
der Pfriem, die Pfrieme;
der Quast, die Quaste;
der Quell, die Quelle;
der Riß, die Ritze;
der Schurz, die Schürze;
der Spalt, die Spalte;
der Spann, die Spanne;
der Scherben, die Scherke;
der Sparren, die Sparre;
der Trupp, die Truppe;
der Zeh, die Zehe.

Andere Wörter haben bei verschiedener Bedeutung auch verschiedenes Geschlecht.

(Die richtige Anwendung des Artikels muß besonders bei der amerik. Jugend tüchtig eingeübt werden, da sie so oft darin fehlt.)

Der Band (binding, volume),
das Band (band, ribbon);
der Bauer (farmer),
das Bauer (cage);
der Buckel (hunchback),
die Buckel (boss);
der Bund (band, covenant),
das Bund (bunch, bundle, pack);
der Chor (choir, chorus),
das Chor (choral song);
der Erbe (heir),
das Erbe (heritage);

die Erkenntniß (acknowledgment),
das Erkenntniß (judgment, decision);
die Flur (open field),
der Flur (flooring);
der Geißel [besser Geisel] (hostage),
die Geißel (whip, scourge);
die Gift (gift, boon),
das Gift (poison);
der Haft (a hold, hook, brace),
die Haft (arrest, prison),
das Haft (day fly);
der Harz (Hartz mountain),
das Harz (resin);
der Heide (heathen, pagan),
die Heide (heath);
der Hut (hat),
die Hut (pasture);
der Kiefer (jaw bone),
die Kiefer (fir tree);
der Koller (horse-madness),
das Koller (short waistcoat);
der Koth (dirt),
das Koth (rough blockhouse);
der Kunde (customer),
die Kunde (news, notice);
der Leiter (leader),
die Leiter (ladder),
der Lohn (reward),
das Lohn (hire);
die Mandel (almond),
das Mandel (15);
der Mangel (fault),
die Mangel (mangle, rolling press);
die Mark (mark),

das Mark (marrow);
die Mast (masting, fattening),
der Mast (mast of a ship);
der Mensch (man),
das Mensch (wench);
der Messer (surveyor),
das Messer (knife);
der Ohm (uncle),
die Ohm (wine measure);
der Schauer (shuddering),
das (auch der) Schauer (shower);
der Schenke (butler),
die Schenke (tavern);
der Schild (shield, buckler),
das Schild (sign);
der Schwulst (bombast),
die Schwulst (swelling);
der See (lake),
die See (ocean);
die Steuer (tax),
das Steuer (rudder, helm);
der Stift (tak, pencil),
das Stift ([pious] foundation);
der Theil (particle, part),
das Theil (portion);
der Thor (fool),
das Thor (door);
der Verdienst (gain, profit),
das Verdienst (merit);
die Wehr (defense),
das Wehr (wear [dam]);
der Weihe (kite),
die Weihe (consecration, ordination).

Aufgabe 1. Nennet die 12 Monate und die 7 Wochentage und setzet den Artikel voran; ebenso 3 Steinarten und 3 Berge.

Aufgabe 2. Schreibt von den Endungen er — el — ing, en 12 Wörter, nämlich von jeder Endung 3, nieder!

Aufgabe 3. Schreibt ebenso viele Wörter von jeder der folgenden Endungen nieder: e, in, ei, heit, keit, schaft, ung.

Aufgabe 4. Schreibt so viele Metalle auf, wie euch bekannt sind!

Aufgabe 5. Schreibt auf: 3 Länder, 3 Städte und von jeder der folgenden Endungen 3 Wörter mit dem Artikel: chen, lein, thum, sal, sel, (Ge)—cht.

Aufgabe 6. Schreibt von den Wörtern, welche bei verschiedener Bedeutung auch verschiedenes Geschlecht haben und mit „der Band" und „das Band" beginnen und mit „Weihe" endigen, jeden Tag 12 nieder und zwar indem ihr kleine Sätze bildet, z. B.: Der Band meines Buches ist zerrissen. Ich habe ein grünseidenes Band.—Gebt von jedem dieser Wörter die Mehrheit an. (Der Lehrer hat vor dieser Aufgabe den Kindern einzuprägen: der Band, Mehrh. Bände; das Band, Mehrh. Bänder ꝛc.)

§ 4. Die Zahl (number).

Der Tisch ist rund, die Tische sind rund. Das Kind lernt, die Kinder lernen. Der Mensch denkt, die Menschen denken. Die

Hauptwort. 69

Mutter liebt, die Mütter lieben. Der Vater arbeitet, die Väter arbeiten. Das Haus ist groß, die Häuser sind groß. Der Lehrer ermahnt, die Lehrer ermahnen.

Spricht man von **Einem** Gegenstande, so steht das Wort in der **Einheit**, ist die Rede aber von mehreren Dingen, so steht es in der **Mehrheit**.
Die **Mehrheit** wird gebildet:
1. Durch die Endsilben: **e, er, en**; z. B. die Tische, die Kinder, die Menschen.
2. Durch den Umlaut: die Mütter, die Väter, die Häuser.
3. Ohne Veränderung des Wortes, bloß an dem Artikel „die" kennbar: die Lehrer, die Führer, die Schlosser.

Folgende Dinge haben in der Regel keine **Mehrheit**, als:
a. Eigennamen (wenn nicht als Gattungsname gebraucht), als Heinrich, Leo, Ludwig.
b. Stoffnamen: Fleisch, Silber, Seide, Tuch.
c. Viele Begriffsnamen: Weisheit, Schönheit, Güte, Glanz, das Schreiben ꝛc.
d. Hauptwörter, welche Maß, Zahl oder Gewicht bestimmen, ohne den Inhalt auszudrücken: Hundert Mann Soldaten — aber ich sah sechs Männer und 8 Frauen — 9 Stück, 3 Paar, 6 Buch Papier, 4 Maß Wein, 5 Glas Bier (5 Biergläser), 6 Zoll 3 Fuß, 9 Centner 8 Pfund 3 Loth ꝛc.

Ausnahmen. a. Die weiblichen Substantiven auf **e**: drei Ellen, vier Tonnen.
b. Alle Wörter, welche auch den Begriff des Inhaltes geben, als Zeitmaße und Münzen: vier Stunden, sechs Tage, vier Meilen weit, fünf Ruthen breit u. s. w. Drei Dollars, zehn Cents.

Folgende Wörter sind **nur in der Mehrheit gebräuchlich**:

Die Ahnen,	die Fasten,	die Leute,	die Rötheln,
die Alpen,	die Ferien,	die Masern,	die Sporteln,
die Blattern,	die Geschwister,	die Molken,	die Träber (lees),
die Briefschaften,	die Gefälle,	die Ostern,	die Trümmer,
die Einkünfte,	die Gliedmaßen,	die Pfingsten,	die Weihnachten,
die Eltern,	die Kosten,	die Ränke,	die Zinsen.

Manche Wörter haben eine **doppelte Mehrheit** mit verschiedener Bedeutung:

<table>
<tr><td rowspan="16">Einheit.</td><td>Das Land (country),</td><td rowspan="16">Mehrheit.</td><td>Länder; (states) Lande.</td></tr>
<tr><td>Der Laden (shutter),</td><td>Laden (shutters); Läden (stores).</td></tr>
<tr><td>Der Bogen (arch),</td><td>Bögen; (sheet) Bogen.</td></tr>
<tr><td>Der Fuß (foot),</td><td>Füße (feet); Fuß(e) (measure).</td></tr>
<tr><td>Der Strauß (bouquet),</td><td>Sträuße (bouquets); Strauße (ostriches).</td></tr>
<tr><td>Der Zoll (inch),</td><td>Zolle; (toll, duty) die Zölle.</td></tr>
<tr><td>Der Ort (place),</td><td>Orte; (villages or towns) Oerter.</td></tr>
<tr><td>Der Band (volume),</td><td>Bände.</td></tr>
<tr><td>Das Band (ribbon),</td><td>Bänder.</td></tr>
<tr><td>Das Band (band),</td><td>Bande (ties).</td></tr>
<tr><td>Die Bank (bench),</td><td>Bänke; (bank) Banken.</td></tr>
<tr><td>Das Gesicht (vision),</td><td>Gesichte; (face) Gesichter.</td></tr>
<tr><td>Der Mann (man),</td><td>Männer; (vassals) Mannen.</td></tr>
<tr><td>Der Schild (shield),</td><td>Schilder.</td></tr>
<tr><td>Das Schild (sign),</td><td>Schilde.</td></tr>
<tr><td>Das Wort (word),</td><td>Worte (sentence); Wörter (words).*</td></tr>
</table>

* Die mit „Mann" zusammengesetzten Wörter haben in der Mehrheit gewöhnlich „Leute"; z. B. die Kaufleute, die Fuhrleute, die Hofleute. Ist aber der Geschlechtsbegriff wesentlich, oder die Personen werden als Einzelwesen mit sittlichen oder äußerlichen Vorzügen gedacht, so muß es Männer heißen: die Ehemänner, die Tochtermänner; die Biedermänner, Staatsmänner, Kriegsmänner.

Aufgabe 1. Setze folgende Wörter in die Mehrheit:
Pferd, Schiff, Tisch, Thier, Beil, Schaf, Zelt;
Kind, Geist, Leib, Feld, Reiß, Schild;
Mensch, Held, Fürst, Graf, Löwe, Knabe;
Ast, Vater, Gast, Wald, Bank, Schwager;
Vogel, Sohn, Korn, Wort, Tochter, Ort, Ofen;
Mutter, Hut, Fuß, Tuch, Gut, Kunst, Wunsch;
Baum, Haus, Maus, Strauß, Haut;
Messer, Lehrer, Schreiner, Schlosser;
Weisheit, Laster, Denken, Großmuth.

Aufgabe 2. Bilde eine Mehrzahl von:
1 Mann — (Soldat), 1 Stück —, 1 Paar —, 1 Maß —, 1 Glas —, 1 Fuß —, 1 Zoll —, 1 Pfund —, 1 Loth —, 1 Elle —, 1 Tonne — 1 Tag, 1 Jahr, 1 Dollar, 1 Cent, 1 Woche, 1 Meile.

Aufgabe 3. Bildet Sätze in der doppelten Mehrheit Seite 12, beginnend „das Land" und endigend „die Wörter", z. B.: Die Länder am Rheine und am Hudson-Flusse sind sehr fruchtbar.

---

§ 5. Die Fallbiegung (declension).

Der Mensch besteht aus Leib und Seele. (Wer? **Der Mensch.**) Die Seele **des Menschen** kann denken. (Wessen Seele? **Des Menschen.**) **Dem Menschen** gab Gott Vernunft. (Wem? **Dem Menschen.**) Tugend erhebt **den Menschen**. (Wen? **Den Menschen.**)

Ein Hauptwort kann mit einem andern in verschiedene Verhältnisse treten, welche, wie ihr aus dem obigen Beispiele sehet, durch folgende vier Fälle (cases) ausgedrückt werden:

1. Der **Werfall** oder **1. Fall**, auf die Frage: wer? oder was?
   Z. B. **Der** Freund (wer?) ist mir unvergeßlich.
2. Der **Wessenfall** oder **2. Fall**, auf die Frage: wessen?
   Z. B. **Des** Freundes (wessen?) Rath befolge ich gern.
3. Der **Wemfall** oder **3. Fall**, auf die Frage: wem?
   Z. B. **Dem** Freunde (wem?) bin ich Dank schuldig.
4. Der **Wenfall** oder **4. Fall**, auf die Frage: wen? oder was?
   Z. B. **Den** Freund (wen?) liebe ich.

Die Fallbiegung (declension) hat zwei Hauptformen.

1. Die **starke** oder **alte Biegungsform** oder **Deklination**, welche im 2ten Falle der Einheit ein „s" und in der Mehrheit kein „n" hat.

Muster der starken oder alten Biegungsform.

	Einheit.	Mehrheit.	Singular.	Plural.
1) Werfall:	Der Tisch,	die Tische,	the table,	the tables,
2) Wessenfall:	des Tisches,	der Tische,	of the table,	of the tables,
3) Wemfall:	dem Tische,	den Tischen,	to the table,	to the tables,
4) Wenfall:	den Tisch,	die Tische,	the table,	the tables.

Einheit.

1)	Werfall:	Der Baum,	der Wald,	der Hammel,	ein Fenster,
2)	Wessenfall:	des Baumes,	des Waldes,	des Hammels,	eines Fensters,
3)	Wemfall:	dem Baume,	dem Walde,	dem Hammel,	einem Fenster,
4)	Wenfall:	den Baum,	den Wald,	den Hammel,	ein Fenster.

Mehrheit.

1)	Werfall:	Die Bäume,	die Wälder,	die Hämmel,	Fenster,
2)	Wessenfall:	der Bäume,	der Wälder,	der Hämmel,	Fenster,
3)	Wemfall:	den Bäumen,	den Wäldern,	den Hämmeln,	Fenstern,
4)	Wenfall:	die Bäume,	die Wälder,	die Hämmel,	Fenster.

Anmerkung. Im 2ten Falle der Einheit wird oft des Wohlklangs wegen der Selbstlaut „e" weggelassen, z. B. des König-s; ebenso im 3ten Falle, wenn ein Selbstlaut folgt, z. B. dem König August; von Stahl und Eisen; aus Stolz entsagt er; mit Weib und Kind. — Bei den Hauptwörtern, die sich auf el, en, er, chen und lein endigen, tritt die Auslassung des e in allen Fällen der Einheit und Mehrheit ein; z. B.: der Sessel, des Sessel-s, dem Sessel, den Sessel-n; der Jäger, des Jäger-s, dem Jäger, den Jäger-n. — Die Wörter auf en, chen, lein nehmen nur im 2ten Falle der Einheit eine Endung und zwar die Endung „s" an; z. B. des Wappens, des Bienchens, des Bächleins.

Aufgabe. Nach der alten Form sind folgende Hauptwörter abzuändern; Haar, Beil, Schiff, Ring, Dieb; Stab, Schwamm, Arzt, Bischof, Wolf, Stuhl, Fuchs, Leib, Geist, Schwert, Glas, Haus, Schloß, Wurm; Esel, Mantel, Graben, Faden; der oder das Bauer (Vogelkäfig), Bruder, Schreiner, Engländer, Bäschen.

2. Die **schwache** oder **neue** Deklination (Biegungsform), welche vom 2ten Falle an durch alle übrigen Fälle der Ein- und Mehrheit ein „n" hat.

Beispiel der schwachen oder neuen Biegungsform.

Einheit.		Mehrheit.
1) Werfall:	Der Mensch,	1) die Menschen,
2) Wessenfall:	des Menschen,	2) der Menschen,
3) Wemfall:	dem Menschen,	3) den Menschen,
4) Wenfall:	den Menschen,	4) die Menschen.

Aufgabe. Deklinirt folgende Worte: der Knabe, der Löwe, der Hase, der Fürst, der Rabe, der Bär, der Soldat, der Graf, der Affe, der Bote, der Narr, der Hirte, der Deutsche, der Gute.

3. Die **gemischte** Deklination oder Biegungsform, welche im 2ten Falle der Einheit ein „s" und in der Mehrheit ein „n" hat.

Beispiele der gemischten Biegungsform.

Einheit.		Einheit.	Mehrheit.
1) Werfall:	Der Frieden,	der Funken,	die Funken,
2) Wessenfall:	des Friedens,	des Funkens,	der Funken,
3) Wemfall:	dem Frieden,	dem Funken,	den Funken,
4) Wenfall:	den Frieden,	den Funken,	die Funken.

Einheit.		Mehrheit.
1) Werfall:	Das Auge,	die Augen,
2) Wessenfall:	des Auges,	der Augen,
3) Wemfall:	dem Auge,	den Augen,
4) Wenfall:	das Auge,	die Augen.

Aufgabe. Deklinirt folgende Wörter: der Gedanken, der Gefallen, der Glauben, der Haufen, der Namen, der Samen, der Schaden, der Willen, der Schmerz, das Herz, der Staat, der See, der Strahl, das Ohr, das Insekt, der Doktor.

4. Die weibliche Deklination bleibt entweder a. in der Mehrheit unverändert, oder b. nimmt ein „e", oder c. ein „en" an.

Beispiele der Biegung weiblicher Hauptwörter.

		Einheit.	Mehrheit.
a.	1) Werfall:	Die Mutter,	die Mütter,
	2) Wessenfall:	der Mutter,	der Mütter,
	3) Wemfall:	der Mutter,	den Müttern,
	4) Wenfall:	die Mutter,	die Mütter.
b.	1) Werfall:	Die Hand,	die Hände,
	2) Wessenfall:	der Hand,	der Hände,
	3) Wemfall:	der Hand,	den Händen,
	4) Wenfall:	die Hand,	die Hände.
c.	1) Werfall:	die Frau,	die Frauen,
	2) Wessenfall:	der Frau,	der Frauen,
	3) Wemfall:	der Frau,	den Frauen,
	4) Wenfall:	die Frau,	die Frauen.

Aufgabe. Deklinirt folgende Wörter: die Tochter, die Magd, die Wand, die Kunst, die Blume, die Schüssel, die Rose, die Nase, die Lippe, die Zunge, die Köchin, die Seite, die Saite, die Freude.

Biegungsform der Eigennamen (declension of proper nouns) mit dem Artikel.

	I. Biegungsweise.		II. Biegungsweise ohne Artikel.	
1) Werfall:	Der Karl,	die Maria,	Karl	Maria
2) Wessenfall:	des Karl,	der Maria,	Karl's	Maria's
3) Wemfall:	dem Karl,	der Maria,	Karl	Maria
4) Wenfall:	den Karl,	die Maria,	Karl	Maria.

Frage. Was ersieht man aus folgender Sprachweise? Fürst Blücher's Schwert; das Schwert des Fürsten Blücher; dem Fürsten Blücher.

Biegungsform der Eigennamen ohne Artikel.

1) Werfall:	Franz,	Emilie,	Amerika,
2) Wessenfall:	Franzens (Franz'),	Emiliens,	Amerika's,
3) Wemfall:	Franz(en),	Emilie(n),	Amerika,
4) Wenfall:	Franz(en),	Emilie(n),	Amerika.

Anmerkung. a. Eigennamen werden nur dann in der Mehrheit gebraucht, wenn sie mehreren Personen einer Familie zukommen, z. B.: die Adolphe und Hermanne, die Adelheiden und Sophien findet man häufig in deutschen Familien; oder, wenn der Eigenname als Gattungsname gebraucht wird, z. B.: die Cicerone, die Uhlande, die Lessinge und die Klopstocke, findet man selten.

b. Die Mehrheit wird gebildet, indem man „e" oder „ne" und den weiblichen Namen „en" anhängt, z. B.: Scipione, Ottone, Ludwige, Salzmanne (die Vokale bekommen nie den Umlaut), Katharinen ꝛc., die Ida'n, Wilhelminen, Marien. Männliche und sächliche Eigennamen auf a, e, i, el, en, er, chen bleiben in der Mehrheit unverändert.

c. Wenn Gattungs- oder Taufnamen dem Geschlechtsnamen ohne Artikel voranstehen, so wird nur der letztere deklinirt, z. B.: König Ludwig's Thaten, Christian Fürchtegott Gellert's Fabeln, Friedrich Campe's Werke.

d. Geht aber der Artikel mit einem Gattungsnamen zur Bezeichnung eines Titels, einer Würde ꝛc., oder „Herr" voraus so wird keiner der Eigennamen deklinirt, z. B.: die Kriege des Königs Ludwig XIV., das Haus des Lehrers Streng, der Garten des Richters Heid, der Hut des Herrn Joseph ꝛc.

Aufgabe 1. Deklinire folgende Eigennamen: Adam, Eva, Bernhard, David, Elisa, Emma, Julie, Hanna, Joseph, Bertha, München, Berlin, Ohio, Cincinnati, Philadelphia, Pittsburg, Lorenz, Mississippi.

Aufgabe 2. Gib von Gellert, Göthe, Schiller, Pfeffel, Campe, Voß, Leibniz, Wolf, Salzmann die Mehrheit an.

Aufgabe 3. Verbindet mit jedem der folgenden Hauptwörter ein passendes Hauptwort im 2ten Falle: Zeit, Sattel, Finsterniß, Anfang, Strom, Schiff, Schmerz, Angel, Erbe, Acker, Trost, Bauer, Gehorsam, Arzt, Sieg, Dankbarkeit, Verachtung, Kranz, Wunde, Licht, Stolz; z. B. Das Licht der S o n n e leuchtet mehr, als Millionen Kerzen. Der Stolz des Fürsten ist des Landes Wohlfahrt.

Aufgabe 4. Bildet Sätze, in denen ein und dasselbe Hauptwort durch alle Fälle verändert, immer wieder vorkommt; z. B. D e r V a t e r liebt alle seine Kinder mit gleicher Liebe. Die Ehre d e s V a t e r s deckt des Sohnes Schande nicht zu. Die Kinder müssen d e m V a t e r gehorchen. D e n V a t e r schmerzt es, wenn er sein Kind strafen muß. D i e guten V ä t e r sorgen eifrig für ihre Kinder. D e r V ä t e r Segen baut den Kindern Häuser. D e n braven V ä t e r n liegt die Bildung ihrer Kinder sehr am Herzen. Achtet und ehret d i e guten V ä t e r!

Aufgabe 5. Bringt die Hauptwörter der ersten Erzählung eures Lesebuchs in eine Tabelle, wie die folgende:

Verzeichniß der Seite ... vorkommenden Dingwörter.	Bildung.	Art.	Geschlecht.	Biegung.		
				Zahl.	Biegungsfall.	Biegungsform.
Der Mensch.	Stammwort.	Gattungsname, Personenname.	Männlich.	Einzahl.	1. Fall.	schwach.
Den Eisbergen.	Zusammengesetztes Wort.	Gattungsname, Sachname.	Männlich.	Mehrzahl.	3. Fall.	stark.

Fünfter Abschnitt.

Das Eigenschaftswort (Adjective).

§ 1. Arten der Eigenschaftswörter.

Das grüne Kleid, das gute Brod, der runde Tisch, das große Haus, der goldene Ring; das Kind ist gut, der Tisch ist klein, das Holz ist hart, der Himmel ist blau.

Ein Eigenschaftswort gibt an, w i e ein Ding ist. (An adjective is used to qualify a noun or pronoun; as, a large man, he is good.) Wie ist das Kleid? Grün. Es ist entweder aussagend (predicative): „das Kind ist gut", und bleibt unverändert, oder dem Hauptwort vorausgehend (beigefügt, attributive) und wird mit demselben abgeändert: ein gutes Kind, das kleine Mädchen.

Eigenschaftswort.

Die Eigenschaftswörter können bezeichnen: **Form** (der runde Tisch), **Größe** (das hohe Haus), **Stoff** (das seidene Kleid), **Farbe** (das grüne Blatt); **nicht sinnliche Eigenschaft** (das tugendhafte Mädchen) ꝛc.

Zu den Eigenschaftswörtern gehört auch das Mittelwort, weil es zwischen dem Eigenschaftswort und dem Zeitwort in der Mitte steht und einen Zustand oder eine Thätigkeit als Merkmal ausdrückt; es bezeichnet z. B. an der Rose, ob sie blühend, verblüht, verwelkt sei.

Aufgabe 1. Setzt zu jedem der folgenden Dinge passende Eigenschaftswörter in Sätzen: Buch, Kleid, Baum, Wind, Wald, Thal, Haar, Sonne, Messer, Garten, Thurm; z. B. Zimmer: das enge, dumpfige, helle, freundliche, geräumige, lustige, angenehme, bequeme Zimmer. Ein freundliches Zimmer gefällt uns. Dumpfige Zimmer sind ungesund.

Aufgabe 2. Sucht Eigenschaftswörter, die eine ähnliche oder gleiche Bedeutung haben, z. B. warm — heiß; reif — zeitig.

Aufgabe 3. Sucht Eigenschaftswörter, die eine entgegengesetzte Bedeutung haben, wie: groß — klein; hart — weich.

Während die Hauptwörter entweder nach schwacher, oder nach starker Form gebogen werden, kann jedes Eigenschaftswort sowohl die schwache als die starke Biegungsform annehmen.

§ 2. Die Fallbiegung ist: **1. die schwache oder neue Form.**

a. Mit dem bestimmten Artikel, oder einem Für- oder unbestimmten Zahlworte, welches die Biegung der alten Form hat: dieser, welcher, einige ꝛc.

Beispiele der schwachen oder neuen Biegungsform.

Einzahl.

	Männlich.	Weiblich.	Sächlich.
1) Werfall:	Der gute Vater,	die gute Mutter,	das gute Kind,
2) Wessenfall:	des guten Vaters,	der guten Mutter,	des guten Kindes,
3) Wemfall:	dem guten Vater,	der guten Mutter,	dem guten Kinde,
4) Wenfall:	den guten Vater,	die gute Mutter,	das gute Kind.

Mehrzahl.

	Männlich.	Weiblich.	Sächlich.
1) Werfall:	Die guten Väter,	die guten Mütter,	die guten Kinder,
2) Wessenfall:	der guten Väter,	der guten Mütter,	der guten Kinder,
3) Wemfall:	den guten Vätern,	den guten Müttern,	den guten Kindern,
4) Wenfall:	die guten Väter,	die guten Mütter,	die guten Kinder.

b. Mit: ein, kein, mein, dein, sein, unser, euer, ihr.

	Einheit, männlich.	Einheit, weiblich.	Mehrheit.
1) Werfall:	Ein alter Rock,	keine schöne Blume,	keine schönen Blumen,
2) Wessenfall:	eines alten Rockes,	keiner schönen Blume,	keiner schönen Blumen,
3) Wemfall:	einem alten Rocke,	keiner schönen Blume,	keinen schönen Blumen,
4) Wenfall:	einen alten Rock,	keine schöne Blume,	keine schönen Blumen.

	Einheit, sächlich.	Mehrheit.
1) Werfall:	Mein schönes Kleid,	meine schönen Kleider,
2) Wessenfall:	meines schönen Kleides,	meiner schönen Kleider,
3) Wemfall:	meinem schönen Kleide,	meinen schönen Kleidern,
4) Wenfall:	mein schönes Kleid,	meine schönen Kleider.

Weil nun die Fürwörter und Zahlwörter die, diese, jene, welche, solche, einige, alle, unsere, eure, ihre, meine, deine, seine an sich die Einzahl oder Mehrzahl nicht unterscheiden lassen, so erhält das beigefügte Eigenschaftswort in der Mehrzahl die schwache Form.

Beispiele. Diese herrlich**en** Gemälde; alle gut**e** und alle vollkommen**e** Gabe kommt vom Vater des Lichtes; alle gut**en** und alle vollkommen**en** Gaben kommen von oben herab; viele kühn**en** Krieger; welche glücklich**en** Eltern! unsere gut**en** Brüder, einige roth**en** Weine. Der französische Staatsmann Talleyrand war ein Meister, seine wahre Gesinnung (seine wahr**en** Gesinnungen) zu verhüllen.

2. Beispiele der **alten** oder **starken** Biegungsform.

Einzahl.

	Männlich.	Weiblich.	Sächlich.
1) Werfall:	kleiner Sohn,	kleine Tochter,	kleines Kind.
2) Wessenfall:	kleines(en)* Sohnes,	kleiner Tochter,	kleines(en)* Kindes,
3) Wemfall:	kleinem Sohne,	kleiner Tochter,	kleinem Kinde.
4) Wenfall:	kleinen Sohn,	kleine Tochter,	kleines Kind.

Mehrzahl.

	Männlich.	Weiblich.	Sächlich.
1) Werfall:	kleine Söhne,	kleine Töchter,	kleine Kinder,
2) Wessenfall:	kleiner Söhne,	kleiner Töchter,	kleiner Kinder,
3) Wemfall:	kleinen Söhnen,	kleinen Töchtern,	kleinen Kindern,
4) Wenfall:	kleine Söhne,	kleine Töchter,	kleine Kinder.

Von zwei nebeneinander stehenden Eigenschaftswörtern, deren erstes nach der Regel stark gebogen ist, biegt das zweite nur im Werfall und Wenfall stark; z. B.:

	Einheit, männlich.	Mehrheit.
1) Werfall:	Alter, reiner Wein,	alte, reine Weine,
2) Wessenfall:	alten(s), reinen(s) Weines,	alter, reiner(n) Weine,
3) Wemfall:	altem, reinem Weine,	alten, reinen Weinen,
4) Wenfall:	alten, reinen Wein,	alte, reine Weine.

Anmerkung. Die Endungen der starken Biegungsform stimmen mit der des **bestimmten Artikels** überein, oder derselbe steckt so zu sagen in ihr, z. B. er, (alter) es, em, en rc.

Das beifügende (attributive) Eigenschaftswort nimmt die starke Biegungsform an, wenn sein Geschlecht, seine Zahl und sein Fall durch kein vorhergehendes Wort genugsam bezeichnet sind.

Beispiele. Die Menschen finden sich in ein verhaßtes Müssen weit besser, als in eine bittre Wahl. Heiterer Sinn ist ein großer Gewinn. Ein guter Wein und schönes Kleid vertrieben schon manches Herzeleid. In frischem Wasser sich zu baden ist allen Knaben anzurathen. Wie wird so oft viel gutes Gold dem leersten Prunk und Tand gezollt! Ein treuer Freund wird in der Noth erkannt. Darf ich bitten, bitt' ich Eins: Laß mir den besten Becher Weins in purem Golde reichen. Dagegen: O, wohl dem hochbeglückten Haus, wo das ist kleine Gabe! — Er ist zu jeder guten That bereit. Sie hat manchem alten Mann geholfen.

---

* Des Wohlklanges wegen braucht man meist die Endung „en" statt „es;" z. B. ein Glas reinen Wassers, statt reines Wassers; eine Flasche alten Weines; ein Stück frischen Brotes; höre die Stimme guten Rathes. — Die Endung „es" findet sich noch in: gutes Muthes, gerades Weges, Selig sind die reines Herzens sind.

Aufgabe 1. Schreibt 12 attributive Eigenschaftswörter in Verbindung mit Hauptwörtern nieder, welche eine Form oder Größe bezeichnen.

Aufgabe 2. Schreibt 12 prädicative Eigenschaftswörter in Form eines Satzes nieder, welche den Stoff oder die Farbe angeben.

Aufgabe 3. Schreibt 12 nicht sinnliche Eigenschaftswörter auf, z. B. der fleißige Knabe.

Aufgabe 4. Deklinirt folgende Wörter: dieser fruchtbare Baum, meine geliebte Schwester, jenes hübsche Mädchen, alles reife Obst, sein kleiner Garten, solche anhaltende Bitten, schöner runder Tisch, reife süße Frucht, dein gutes, nützliches Buch.

Aufgabe 5. Bieget (deklinirt) ferner folgende Wörter: der schöne Baum, die rothe Rose, das große Haus; schöner Tag, gute Waare, grünes Blatt; feiner, harter Stein.

§ 3. Die Steigerung (degrees of comparison).

Franklin ist fleißig, Joseph ist fleißiger, Adolph ist der fleißigste. Emilie ist schön, Marie ist schöner, Sara ist die schönste. Das Holz ist hart, der Stein ist härter, aber das Eisen ist das härteste.

Verschiedene Gegenstände können eine Eigenschaft mit einander gemein haben; z. B. hart sind Holz, Stein, Eisen; aber sie haben diese Eigenschaften nicht immer in gleichem Grade, sondern man findet oft gewisse Abstufungen, indem nämlich ein und dasselbe Merkmal manchen Gegenständen in einem höheren oder geringeren Grade zukommt, als andern; so ist z. B. das Eisen mehr hart (hat die Eigenschaft der Härte in einem höheren Grade), als das Holz. Die höheren oder geringeren Grade der Eigenschaft nach der Vergleichung können an dem Eigenschaftsworte bezeichnet werden, und diese Bezeichnung nennt man Steigerung.

Um nämlich die bestimmte Größe und Stärke einer Eigenschaft (den Grad derselben) auszudrücken, unterscheidet man in der Sprache drei Stufen oder Grade der Beschaffenheit, nämlich 1) die Grundstufe; 2) die Höherstufe; 3) die höchste Stufe. In der Grundstufe ist noch keine Vergleichung ausgedrückt; z. B. die Rose ist schön. Die Höherstufe bezeichnet einen höheren Grad der Eigenschaft im Vergleich mit einem oder mehreren andern Dingen; z. B. die Rose ist schöner, als die Tulpe. Die höchste Stufe gibt den höchsten Grad der Eigenschaft an; z. B.: die Rose ist die schönste aller Blumen. Die 2te und 3te Stufe nennt man Vergleichungsgrade.

1ste Stufe (positive), 2te Stufe (comparative), 3te Stufe (superlative).

Süß (sweet), süßer (sweeter), (am) süßesten (sweetest).

Die Höherstufe wird durch die Endung er (schöner), die höchste Stufe durch die Endung est oder st (weißest, der weißeste Marmor) gebildet.

Viele Eigenschaftswörter erhalten in den Vergleichungsgraden den Auflaut; z. B. stark, stärker, stärkst; groß, größer, größest (größt); jung, jünger, jüngst. Dagegen nehmen roh, froh, faul, grau, rauh (überhaupt alle mit dem Doppellaut a u), karg, matt, rund, sanft, schlaff, schlank, starr, stolz, stumpf, toll, wund, zahm, gerade, platt den Auflaut nicht an; bei gesund und fromm schwankt der Brauch.

Unregelmäßig steigern:
gut, beſſer, beſt, der beſte; hoch, höher, höchſt, der höchſte; nah, näher, nächſt, der nächſte; viel,* mehr, meiſt, der meiſte.

Beiſpiele. Näher ſeiner Mündung wird der Strom größer und mächtiger; gute Menſchen werden beſſer mit jedem Tag des Lebens. Worte ſind gut, ſie ſind aber nicht das Beſte.

Manchmal werden die verſchiedenen Grade auch durch die Wörter: mehr, am meiſten, weniger, minder, am wenigſten, am mindeſten; ferner durch: ſehr, höchſt, zu, ungemein, äußerſt u. ſ. w. bezeichnet. Der höchſte Grad (superlative) wird zuweilen durch am und aller verſtärkt.

Beiſpiele. Das Erdreich im Miſſiſſippithal iſt mehr lehmig, als ſandig. Jene Schülerin iſt höchſt, oder zu unwiſſend. In Nordamerika gibt es jetzt weniger Büffel, als früher. Hermann iſt am ſtärkſten unter uns. Karl iſt der allerfleißigſte der Klaſſe.

Eigenſchaftswörter, deren Begriff keine Abſtufungen zuläßt, ſind natürlich der Steigerung unfähig. Dahin gehören z. B. todt, lebendig, leer (in eigentlicher Bedeutung), mündlich, ſchriftlich; ferner die von Stoffnamen gebildeten Eigenſchaftswörter, als: golden, ſilbern, hölzern, irden, und ſehr viele zuſammengeſetzte Eigenſchaftswörter, als: hellroth, dunkelblau, rieſengroß.

Das Eigenſchaftswort kann als ſelbſtſtändig gedacht und als Hauptwort gebraucht werden, z. B. Der Gelehrte iſt nicht immer ein Weiſer, ſo wie der Reiche nicht immer der Zufriedene iſt. In dieſer Form, nämlich mit Motionsendung (e—r—s), geht es nach der ſchwachen Deklination; in ſeiner reinen Grundform aber: das Deutſch, das Recht, das Blau, geht es nach der ſtarken. Bezieht ſich ein Eigenſchaftswort auf ein Hauptwort, ſo wird es klein geſchrieben, z. B. Die Mädchen gefallen auf mancherlei Art: die ſchönen (Mädchen) durch Vorzüge ihres Körpers, die guten durch die Vorzüge ihres Herzens, die gebildeten durch die Vorzüge ihres Geiſtes. Bezieht ſich ein Eigenſchaftswort auf ein zuſammengeſetztes Hauptwort, ſo richtet es ſich nach dem Grundwort (dem letzten), z. B. ſchöner Hausgarten, großes Gartenhaus, ein guter Kalbsbraten; daher iſt es falſch und lächerlich zu ſagen: ein wollener Strumpffabrikant, ein lederner Handſchuhmacher, ein wilder Schweinsbraten, brauner und weißer Bierbrauer, toller Hundsbiß. (Warum iſt es fehlerhaft, und wie muß es heißen?)

Anmerk. Eigenſchaftswörter auf el—er—en erleiden eine Abkürzung; z. B. edel, edler; heiter, heitre; vollkommen, vollkommne; heiterm, größrem, ſchönrem.

Aufgabe 1. Steigert folgende Wörter: Artig, fruchtbar, berühmt, wild, gerecht, alt, arm, lang, kalt, grob, naß, hoch, bald, edel, gut, ſchlank, ſtark, ſtolz, taub, werth, nah, viel, wenig, frei, fremd, flach, voll, friſch, froh.

Aufgabe 2. Nennet einige Eigenſchaftswörter, welche nicht geſteigert werden können. Verwandelt 12 Eigenſchaftswörter in Hauptwörter, z. B. Der Fleißige iſt beliebt.

§ 4. Der Bedeutung nach theilt man die Eigenſchaftswörter in bezügliche und unbezügliche ein. Unbezügliche ſind diejenigen, welche für ſich einen vollſtändigen Sinn haben, z. B. Die Kuh iſt nützlich; dieſe aber

---

* „Viel" iſt ein unbeſtimmtes Zahlwort, das als Hauptwort und Eigenſchaftswort gebraucht werden kann.

können verbunden mit Verhältnißwörtern bezüglich werden: Die Kuh ist nützlich (durch ihre Milch), der Knabe ist reich (an Verstand). **Bezügliche** sind diejenigen, welche einer Ergänzung bedürfen, z. B. Er ist seinem Vater ähnlich.

a. **Eigenschaftswörter, welche den Wessenfall regieren sind:**

ansichtig,	gewärtig,	quitt,	unbedürftig,
bar (entblößt),	gewiß,	satt,	unbewußt,
bedürftig,	gewohnt,	schuldig,	uneingedenk,
benöthigt,	habhaft,	theilhaft,	unfähig,
bewußt,	kundig,	überdrüßig,	ungewohnt,
eingedenk,	ledig,	verdächtig,	unkundig,
fähig,	leer,	verlustig,	untheilhaft,
frei,	los,	voll,	unwerth,
froh,	mächtig,	werth,	unwürdig.
gewahr,	müde,	würdig,	

3. B. Ich wurde eines Menschen ansichtig. Ich bin mir keines Unrechts bewußt. Die Erde ist voll der Güte Gottes.

Aufgabe. Nehmt jeden Tag 12 von diesen Wörtern und bildet nach den unten gegebenen Beispielen 12 Sätze.

b. **Den Wemfall regieren:**

abtrünnig,	erinnerlich,	getreu,	recht,
ähnlich,	erkenntlich,	gewogen,	sauer,
angehörig,	erklärlich,	glaublich,	schädlich,
angenehm,	ersprießlich,	gleich,	schätzbar,
anhängig,	erträglich,	gleichgültig,	schimpflich,
anständig,	feil,	gnädig,	schmeichelhaft,
anstößig,	feind u. feind=	gram,	schmerzlich,
ärgerlich,	selig,	günstig,	schrecklich,
bedenklich,	fern,	gut,	schuldig,
begreiflich,	förderlich,	heilsam,	schwer,
behaglich,	fremd,	hinderlich,	sicher,
behülflich,	fühlbar,	hinlänglich,	tauglich,
bekannt,	furchtbar,	hold u. abhold.	theuer,
beliebig,	fürchterlich,	kostbar,	treu,
bequem,	gebührlich,	kund,	treulos,
beschwerlich,	gedeihlich,	lächerlich,	tröstlich,
bewußt,	gefährlich,	lästig,	überlegen,
beifällig,	gefällig,	leicht,	übrig,
böse,	gehässig,	leid,	unausstehlich,
dankbar,	gehörig,	lieb,	unterthan,
deutlich,	gehorsam,	möglich,	unterthänig,
dienlich,	geläufig,	nachtheilig,	unvergeßlich,
dienstbar,	gemäß,	nahe,	verächtlich,
eigen,	gemein,	noth,	unwiderstehlich,
eigenthümlich,	gemeinsam u.	nöthig u. noth=	verantwortlich,
einträglich,	gemeinschaft=	wendig,	verbindlich,
ekelhaft,	lich,	nütz, u. nütz=	verdächtig,
empfindlich,	genehm,	lich,	verbaulich,
entbehrlich,	geständig,	peinlich,	verderblich,
erfreulich,	gesund,	rathsam,	verdrießlich,

verständlich,	wichtig,	willfährig,	zugehörig,
verwandt,	widerlich,	willkommen,	zuständig,
vortheilhaft,	widerspenstig,	wunderbar,	zuträglich,
wahrlich,	widerwärtig,	zugänglich,	zweifelhaft.
werth,	widrig,		

Den Wemfall regieren auch viele mit der Vorsilbe „un" gebildeten Eigenschaftswörter, als: unbekannt, unbequem ꝛc., ebenso folgende Mittelwörter: angeboren, angeerbt, angemessen, angelegen, angestammt, beigethan, beschieden, ergeben, erwünscht, gelegen, geneigt, abgeneigt, gewachsen, verbunden, verhaßt, zugethan, unerwartet, unverhofft, so wie alle Mittelwörter, welche als Zeitwörter den Wemfall regieren; ebenso Eigenschaftswörter, welche durch „bar" und „lich" von Zeitwörtern abgeleitet sind, als: denkbar, genießbar, undenklich ꝛc., z. B. der Süden ist dem Norden abtrünnig. Es ist mir nicht erinnerlich. Dem Kranken ist die Arznei heilsam.

Die Eigenschaftswörter: seind, gram, nütz, können nur aussagend (prädikativ) gebraucht werden, z. B. mein Lehrer ist mir seind. Es ist ihm leid ꝛc.

Eigenschaftswörter, welche eine Ausdehnung im Raume und in der Zeit, ein Gewicht, Maß oder Werthbestimmung ausdrücken, haben den Wenfall nach sich, und zwar auf die Fragen: wie alt, breit, dick, groß, hoch, lang? ein Jahr, einen Fuß ꝛc.; ferner, wie reich? einen Dollar, wie viel schuldig? 27 und einen halben Dollar, wie schwer? einen Centner, wie theuer, wie tief, wie weit, wie viel werth.

Aufgabe 1. Verfahret wie bei dem Wessenfalle, indem ihr täglich 12 Sätze von 12 Wörtern bildet, welche den Wemfall regieren.

Aufgabe 2. Setzet ein passendes Wort mit dem richtigen Falle an die Stelle des—.

Der Fleißige ist—würdig. Er wird—nicht überdrüßig. Das ist —lieb. Die Sache ist—dunkel. Arzneien sind—heilsam. Der Kranke ist—bedürftig. Der Sohn ist—folgsam. Die Kälte ist— beschwerlich. Wir sind—kundig. Die Speise ist—gesund. Ich bin noch immer—eingedenk. Er ist—schuldig. Das ist—schädlich. Das ist—nützlich. Das wird—angenehm sein. Es war—erwünscht. Er ist—verdächtig. Sie ist—ungewohnt. Kinder müssen—dankbar und gehorsam sein. Das Wetter ist—günstig. Ein —unwürdiger Mensch. Ein—lästiger Besuch. Ein—bedürftiger Unglücklicher. Der —kundige Führer. Ein—getreuer Diener. Ein —undeutliches Räthsel. Jener—günstige Umstand. Jener—schuldige Verbrecher. Die—ähnliche Tochter.

§ 5. Das Zahlwort (numeral adjective).

Sechs Mädchen und sieben Knaben wurden aus der Schule entlassen. Er ist der Zwölfte in der Klasse. Am zehnten Januar. Alle Menschen sollst du lieben. Einige sind gut andere böse.

Das Zahlwort bezeichnet eine bestimmte oder unbestimmte Menge des Hauptwortes und dient also, wie das Eigenschaftswort, dazu das Hauptwort näher zu bestimmen. Man theilt die Zahlwörter in:

1. **bestimmte Zahlwörter** (definite numerals), als: drei Männer, 4 Kinder, der zweite, der 4. Sohn, der 10. Januar; und in
2. **unbestimmte Zahlwörter** (indefinite numerals), als: viele Frauen, einige Völker, wenige Schüler.

Die bestimmten Zahlwörter nennt man

3. **Grundzahlwörter** (cardinal numerals), wenn sie kurzweg die Zahl der Dinge, auf die Frage: wie viel? bestimmen, z. B. ein, zwei, 3 Dollars; 6 Wochen; 100 Meilen.

1, eins, eine, ein,	21, einundzwanzig,	400, vierhundert,
2, zwei,	22, zweiundzwanzig,	500, fünfhundert,
3, drei,	23, dreiundzwanzig,	600, sechshundert,
4, vier,	30, dreißig,	700, siebenhundert,
5, fünf,	31, einunddreißig,	800, achthundert,
6, sechs,	32, zweiunddreißig,	900, neunhundert,
7, sieben,	40, vierzig,	1000, tausend,
8, acht,	41, einundvierzig,	1010, tausend(und)zehn,
9, neun,	50, fünfzig,	1100, tausend einhundert,
10, zehn,	60, sechzig,	1500, tausend fünfhundert,
11, elf,	70, siebzig,	2000, zweitausend,
12, zwölf,	80, achtzig,	3000, dreitausend,
13, dreizehn,	90, neunzig,	4000, viertausend,
14, vierzehn,	100, hundert,	5000, fünftausend,
15, fünfzehn,	101, hundert(und)eins,	10,000, zehntausend,
16, sechzehn,	102, hundert(und)zwei,	100,000, hunderttausend,
17, siebzehn,	150, hundert(und)fünfzig,	200,000, zweihunderttausend,
18, achtzehn,	200, zweihundert,	1,000,000, eine Million.
19, neunzehn,	201, zweihundert(und)eins,	
20, zwanzig,	300, dreihundert,	

Meine drei Brüder sind angekommen (alle die ich besitze); drei meiner Brüder sind angekommen (von den übrigen, die ich habe).

Unser sechs gingen mit ihm. Es sind ihrer zwölf. Zwölf Mann, zehn Stück 2c.

Beim gewöhnlichen Zählen sagt man lieber „eins" (nicht eines), als „ein."

Beispiele. Eins! Zwei! ruft der Exerciermeister dem Rekruten beim Marschiren zu. Man kann nicht schnell rechnen, ohne das Einmaleins zu können.

Neben zwei haben wir das Zahlwort „beide," welches bezeichnet, daß von Dingen, deren 2 vorhanden sind, nicht nur das eine, sondern auch das andere gemeint ist.

Beispiele. Deutschland hat 2 Religionskriege geführt; beide sind aus Unduldsamkeit entstanden, beide waren gräuelvoll. Dem General Moreau (sprich Moro!) zerschmetterte eine französische Kanonenkugel beide Beine.

Zusammengehörende Grundzahlen werden ohne Komma neben einander gesetzt, z. B. Zahlen Sie gegen diese Anweisung (Check) zehntausend neunhundert achtundvierzig Dollars.

4. **Ordnungszahlwörter** (ordinal numerals) nennt man die bestimmten Zahlwörter, wenn sie bezeichnen, das wie vielte ein Ding in einer gewissen Reihe oder Ordnung sei; z. B. die zweite, dritte, 4., zwanzigste Schü-

lerin. Die Ordnungszahlwörter werden von den Grundzahlwörtern durch die Endung „t" oder „st" abgeleitet.

1. erste (the first),
2. zweite,
3. dritte,
4. vierte,
5. fünfte,
6. sechste,
7. siebente,
8. achte,
9. neunte,

10. zehnte,
11. elfte,
12. zwölfte,
13. dreizehnte,
14. vierzehnte,
15. fünfzehnte,
20. zwanzigste,
21. einundzwanzigste,
30. dreißigste;

40. vierzigste,
100. hundertste,
101. hundertunderste,
200. zweihundertste,
1000. tausendste,
2000. zweitausendste,
1,000,000. millionste.

Bei zusammengesetzten Zahlwörtern erhält nur das letzte Zahlwort die Endung und Biegung der Ordnungszahl; die übrigen behalten die Form der Grundzahl: Wir leben jetzt im eintausend achthundert und dreiundsechzigsten Jahre.

Anmerkung. Als Ordnungszahlwort der Zahl „ein" wird „erst (erste)" gebraucht; z. B. Am ersten (1.) Januar. Statt „zweit (zweite)" braucht man das Wort „ander," wenn nur von zwei Dingen die Rede ist, oder auch bei Gegensätzen; z. B. der eine Theil von Dresden liegt diesseits, der andere jenseits der Elbe. Der eine Sohn ist hier, der andere in New York. Die Ordnungszahlen, auf Personen bezogen, werden groß geschrieben; z. B. die Ersten werden die Letzten sein. Ludwig der Dritte; aber: wir haben heute den zehnten.

Durch Zusammensetzung und Ableitung werden

5. **Nebenarten der Zahlwörter** gebildet:

a. Der **Vervielfältigung** durch Anhängung von **fach** (fältig); sie geben an, aus wie viel gleichartigen Dingen ein Ganzes zusammengesetzt ist, als: einfach, zweifach (doppelt), mehrfach, hundertfältig, vielfältig.

b. Der **Theilung** durch Anhängung von **tel** und **halb**. Diese Zahlwörter bestimmen, der wie vielte Theil eines Dinges gemeint ist, als: Drittel, Zehntel, drittehalb (d. h. die dritte Einheit als halb, also zwei und ein Halbes), zehntehalb (d. h. 9 und ein Halbes).

Anmerkung. Statt „Zweitel" sagt man: „halb (er, e, es)" und statt „zweithalb" — „anderthalb."

c. Der **Art** oder **Gattung** durch Anhängung der Silbe **lei**; sie bezeichnen die Zahl der Arten, als: zweierlei Tuch, dreierlei Wein, d. h. 2 Arten von Tuch, drei Arten von Wein; vielerlei, allerlei Leute, d. h. Leute aller Arten;

d. Der **Wiederholung** durch die Endsilbe **mal**; diese Zahlwörter bestimmen, wie oft Etwas gethan wird oder stattfindet, als: Er hat zweimal, mehrmal gefragt. Ich war jedesmal bei ihm.

e. **Umstandswörter** der Ordnung durch Anhängung von „ens": erstens, zweitens.

Anmerkung. Die mit je verbundenen Zahlwörter bezeichnen gleiche Vertheilung nach der Zahl, z. B. Die Schüler gingen je 2 und 2 in die Kirche. Ich bestelle je 4 Pfund Kaffee, Zucker und Seife (d. h. 4 Pfund von jedem dieser Artikel).

6. Die **unbestimmten Zahlwörter** werden bald als **Hauptwörter**, bald als **Eigenschaftswörter** gebraucht. Zu ihnen gehören: jeder, jeglicher, aller (all), sämmtliche, etliche, einige, manche, viel,

mehr (mehreres, mehrere), wenig, weniger, kein, etwas, nichts, genug, ganz.

Beispiele. Es ist Keiner unter Allen, sagt Schiller, dem die Geschichte nicht etwas Wichtiges zu sagen hätte. Alle Menschen haben Mängel, aber jeder Einzelne hat seine besonderen Fehler. Einige (manche) Fische können fliegen. Gewiß Jeder will glücklich werden. Kein Geschöpf auf Erden ist so vollkommen, wie der Mensch. Alles auf Erden ist der Vergänglichkeit unterworfen. Viele sind berufen, aber Wenige sind auserwählt. Mancher Mann würde manchem Menschen aus der Noth helfen, wenn er ihn besser kennte.

7. Von den **Grundzahlwörtern** werden nur ein, zwei, drei und beide gebogen; die übrigen bestimmten Grundzahlwörter nur dann, wenn sie im 3ten Falle ohne Hauptwort stehen; z. B. Er fährt mit sechsen. Ich habe dies Vieren und Fünfen gesagt; auf allen Vieren kriechen.

Das Zahlwort „ein, eine, ein" wird, wenn es allein vor einem Hauptworte steht, wie das unbestimmte Geschlechtswort gebogen. Geht aber ein Bestimmungswort vorher, so nimmt es die Biegung des Eigenschaftswortes an; z. B. der eine Tag; die Ereignisse des einen Tages drückten ihn ganz nieder; mein einer Bruder, meine eine Schwester, unser eines Haus; der Fleiß meines einen Bruders ist dir bekannt; die Krankheit meiner einen Schwester betrübt mich sehr. — Steht das bestimmte Grundzahlwort „ein" ganz allein (hat es weder ein Bestimmungswort vor, noch hinter sich), so wird es völlig stark und zwar also gebogen:

	Männlich.	Weiblich.	Sächlich.
1) Werfall:	einer,	eine	eines (eins),
2) Wessenfall:	eines,	einer	eines
3) Wemfall:	einem,	einer,	einem
4) Wenfall:	einen,	eine	eines (eins).

Beispiele. Einer ist euer Vater, der im Himmel ist. Eins ist Noth. Er traut unter Tausenden kaum Einem.

Zwei, drei und beide werden auf folgende Weise gebogen:

1) und 4) Werfall:	zwei,	drei,	beide,
2) Wessenfall:	zweier,	dreier,	beider,
3) Wemfall:	zweien,	dreien,	beiden.

Beispiele. Die Aussage zweier Zeugen. Ich habe es Zweien gesagt. Dreien von ihnen schenkte man das Leben.

Anmerkung. Die Biegung der Zahlwörter zwei und drei ist übrigens nicht immer nothwendig; z. B. ich gebe es zwei oder drei Knaben.

Die **Ordnungszahlwörter** werden wie die Eigenschaftswörter gebogen; z. B. erster Band; zweites Heft; dritter Schüler; — der erste Band. Die Arbeit des ersten Schülers war gut. Im zweiten Bande dieses Buches stehen schöne Lieder. Die unbestimmten gehen theils nach der starken Biegungsform, wie all (er, e, es), kein (er, e, es), mancher, jeder, einige, etliche, mehrere; theils können sie stark und schwach gebogen werden, je nachdem sie mit, oder ohne den Artikel, oder ein anderes Bestimmungswort stehen; so: sämmtliche, ganz, viel, wenig; theils sind sie ohne Biegung, wie: etwas, nichts, mehr, genug.

Zeitwort.

Beispiele. Aller Undank ist verwerflich. Ich hasse alles Unwahre. Er hat allem Wein entsagt. Einige Menschen erreichen ein sehr hohes Alter. Die Wünsche einiger Freunde bestimmen mich hierzu. — Das ganze (ein ganzes) Dorf ist abgebrannt. Dieses Gerücht hat sich in der ganzen Stadt verbreitet. — Es war von etwas anderem die Rede. Er hat nichts Gutes im Sinne.

Aufgabe 1. Schreibe den ganzen Abschnitt über das Zahlwort ab!
Aufgabe 2. Schreibt 24 Grundzahlen und 12 Ordnungszahlen.
Aufgabe 3. Schreibt 12 unbestimmte Zahlwörter und 6 Zahlwörter auf fältig, fach, mal, erlei.
Aufgabe 4. Deklinire 1, 2, 3, der Erste, der Dritte, der Siebente und der Zwanzigste.
Aufgabe 5. Biegt: all, kein, viel, ganz, indem ihr kleine Sätze bildet.

Sechster Abschnitt.
Das Zustands- oder Zeitwort (verb).

§ 1. Begriff und Eintheilung.

Die Zustandswörter drücken ein Urtheil, eine Thätigkeit, mit der Zeitbestimmung des Zustandes aus (denotes action, being and state) und werden darum hauptsächlich Zeitwörter genannt. Sie werden eingetheilt in:

1. **Hülfszeitwörter** (auxiliaries), welche zwar ein Sein oder Werden angeben, aber nicht bestimmt was für ein Sein u. s. w. Wenn man z. B. sagt: Karl kann, darf, soll ꝛc., so erwartet Jeder noch ein Wort, was Karl darf, kann und soll. Zu diesen unvollständig aussagenden Zeitwörtern gehören die Hülfszeitwörter:

   a) **der Zeit** (tense): sein, haben, werden; ferner
   b) **der Aussageweise** (mode): dürfen, können, lassen, mögen, wollen, sollen und müssen.

   Diese zur Bezeichnung eines allgemeinen Zustandes dienenden Zeitwörter heißen Hülfszeitwörter, weil sie manche Zeitformen anderer Zeitwörter bilden und die Redeweise bezeichnen helfen.

2. **Begriffs- oder Inhaltszeitwörter**, welche einen Zustand, ein Thun oder Leiden ausdrücken.

Beispiele. Der Schreiner verfertigt—den Stuhl. Der Schneider macht—den Rock. Der Kranke bedarf—des Arztes. Der Dankbare ist eingedenk—seines Wohlthäters. Der Habicht bemächtigt sich —der Taube. Gott verzeiht—dem Sünder. Die Raupe verwandelt sich in—einen Schmetterling. Ein Baum theilt sich in Aeste. Das Kind schläft, das Pferd läuft, der Hund bellt.

Bezeichnet das Zeitwort eine Thätigkeit, die auf einen anderen Gegenstand übergeht, die sich auf ein anderes Ding bezieht, so heißt es

a) **ein zielendes Zeitwort** (transitive, hinbezüglich). Der Gegenstand, auf den eine Thätigkeit sich bezieht, heißt der Zielgegenstand (object, Ergänzung *.

    Beispiele. Der Geiz erstickt — alle edlen Triebe. Ein froher Sinn verbannt — den Gram. Der Reiche hilft — dem Armen. Der Gottlose spottet — des Unglücklichen.

Geht aber die Thätigkeit, die das Zeitwort aussagt, auf keinen Gegenstand über, wird dieselbe auf kein Ding bezogen, so nennt man das Zeitwort ein

b) **zielloses** (intransitive); z. B. die Lüge vergeht, die Wahrheit besteht. Der Wind weht.

Geht die Thätigkeit auf den Gegenstand, von dem sie ausgeht, zurück, so heißt das Zeitwort ein

c) **rückzielendes** (reflective, rückbezüglich), z. B. Ich gräme mich. Er liebt nur sich selbst. Wir haben uns getäuscht. Gleich und gleich gesellt sich gern.

Sagt das Zeitwort aus, daß ein Gegenstand etwas thue, daß eine Thätigkeit von ihm ausgehe, so nennt man diese Form des Zeitwortes

d) **die Wirkeform oder Thatform** (active); z. B. Der Regen erfrischt die Pflanzen, der Bäcker backt das Brod. Wird durch das Zeitwort ausgedrückt, daß ein Gegenstand etwas leide, oder Etwas an sich geschehen lassen müsse, so heißt diese Form

e) **die Leideform** (passive); z. B. Die Pflanzen werden erfrischt. Das Brod wird gebacken.

Die Leideform wird nur von zielenden Zeitwörtern gebildet. Man kann nicht sagen: ich werde geschwiegen, ich werde geruht, ich werde gelacht u. s. w. Man kennt also die zielenden Zeitwörter daran, daß sie in der Leideform dargestellt werden können. Gleich den ziellosen Zeitwörtern haben auch die rückzielenden und persönlichen Zustandswörter keine Leideform. Warum nicht?

Drücken Zeitwörter eine Thätigkeit aus, ohne den thätigen Gegenstand bestimmt zu bezeichnen, so nennt man sie

f) **unpersönliche Zeitwörter**; sie haben statt des Hauptwortes oder der persönlichen Fürwörter blos „es," z. B. Es blitzt. Es wird schneien. Es donnert. Es gelingt leicht, was man gern thut.

Die Zeitwörter erkennt man daran, daß man: ich, du, er, sie oder es, vorsetzen kann.

Aufgabe 1. Schreibe den § 1 des Zeitwortes ab!

Aufgabe 2. Schreibe 6 zielende, 6 ziellose, 6 rückzielende und 6 unpersönliche Zeitwörter nieder; dann 6 Zeitwörter in der Wirkeform und 6 in der Leideform.

---

* Zuweilen erfordert das Zeitwort zwei Ergänzungen, eine Personergänzung auf die Frage wem? und eine Sachergänzung auf die Frage was? z. B. die Arznei lindert (wem?) dem Kranken (was?) die Schmerzen. Der Arzt empfiehlt dem Kranken (wem?) Mäßigkeit (was?). Ist die Ergänzung der Sache im Wessenfalle, so ist die Ergänzung der Person im Wenfalle; z. B. der Meister entläßt den Gesellen (wen?) des Dienstes (wessen?). Dieser Mann klagt seinen Freund (wen?) des Diebstahls an (wessen?).

Aufgabe 3. Vollende folgende Sätze:
Der Ochs hat —, der Esel hat —, der Storch hat —, der Schmetterling hat —, der Baum hat —, der Rosenstock hat —; der Gärtner pflanzt —, der Schreiner braucht —, der Buchbinder bindet —, der Sattler macht —, der Zimmermann baut —, der Weber webt —, der Bäcker backt —.

Aufgabe 4. Vollende folgende Sätze mit der Ergänzung des 2ten, 3ten oder 4ten Falles.

Ein guter Mensch schämt sich —; der Mitleidige erbarmt sich —; der Dankbare gedenkt —; der Arbeiter ist werth —; der Mensch ist fähig —; der Schlafende ist — ähnlich; der Branntwein ist — schädlich; die Lüge ist — verhaßt; der Müßiggang ist — verderblich; der Hufschmied beschlägt —; der Knabe liebt —; das Mädchen strickt —; der Vater schreibt —; das Pferd frißt —; die Kuh trinkt —; der Wohlthätige unterstützt —.

Aufgabe 5. Suche im 3ten Lesebuch (Witter's), Seite 34, alle Zeitwörter aus und gib an, welche Art von Zeitwort jedes ist.

§ 2. Bildung der Zeitwörter.

Die Zeitwörter sind ihrer Bildung nach: **Stammwörter,** wie: trinken, tauschen, sinken, finden, essen, bitten, oder **abgeleitete** Zeitwörter, wie: tränken, täuschen, senken, hämmern, tönen, schärfen, grünen, läuten, säuseln, betteln, stöbern, reinigen, bestechen, empfangen, entlaufen, erzählen, gerinnen, verkaufen, zerstoßen; einfache (wie: binden, stärken), oder zusammengesetzte Zeitwörter, wie: losbinden, hohnlächeln, lobsingen, hochachten, liebkosen, aufstehen, mitbringen.

Aufgabe. Unterscheide die zielenden, ziellosen, zurückziehenden, die Hülfs- und unpersönlichen Zeitwörter in folgendem Gedichte von Rückert:

Sechs Wörtlein nehmen mich in Anspruch jeden Tag:
Ich soll, ich muß, ich kann, ich will, ich darf, ich mag.
Ich soll ist das Gesetz, von Gott in's Herz geschrieben,
Das Ziel, nach welchem ich bin von mir selbst getrieben.
Ich muß, das ist die Schrank', in welcher mich die Welt
Von einer, die Natur von andrer Seite hält.
Ich kann, das ist das Maß der mir verliehnen Kraft,
Der That, der Fertigkeit, der Kunst und Wissenschaft.
Ich will, die höchste Kron' ist dieses, die mich schmückt,
Der Freiheit Siegel, das mein Geist sich aufgedrückt.
Ich darf, das ist zugleich die Inschrift bei dem Siegel,
Beim aufgethanen Thor der Freiheit auch ein Riegel.
Ich mag, das endlich ist, was zwischen allen schwimmt,
Ein Unbestimmtes, das der Augenblick bestimmt.
Ich soll, ich muß, ich kann, ich will, ich darf, ich mag, —
Die Sechse nehmen mich in Anspruch jeden Tag.
Nur wenn Gott stets mich lehrt, weiß ich, was jeden Tag
Ich soll, ich muß, ich kann, ich will, ich darf, ich mag.

§ 3. Biegung (Abwandlung) der Zeitwörter (conjugation)

Biegungen der Zeitwörter sind nöthig, um die Zahlweise, Person, Redeweise, Zeit, die Wirke- oder Leideform kenntlich zu machen.

§ 4. Person und Zahl (person and number).

Je nachdem der Satzgegenstand einfach, oder mehrfach vorhanden ist, steht auch das Zeitwort in der Einzahl, oder Mehrzahl. Je nachdem der Satzgegenstand die erste, selbst sprechende, oder die zweite, angesprochene Person, oder die dritte, besprochene Person oder Sache ist, erhält das darauf sich beziehende Zeitwort verschiedene Biegungen in folgender Weise:

1) Sprechende Person.	2) Angesprochene Person.	3) Besprochene Person oder Sache.
Ich —e,	du —est oder st,	er, sie, es —et, t oder e,
wir —en,	ihr —et oder t,	sie —en.

Beispiele.   Einzahl.
1) Ich binde,   2) du bindest,   3) er (sie, es) bindet,
1) ich schreibe,   2) du schreibst,   3) er schreibt.

Mehrzahl.
1) Wir binden,   2) ihr bindet,   3) sie binden,
1) wir schreiben,   2) ihr schreibet (schreibt),   3) sie schreiben.

Anmerkung. Die Endung „e" wird in der dritten Person der Einzahl nur in der ungewissen Redeweise angehängt; z. B. Er thut, als ob er schlafe.

§ 5. Aussageweise (mode).

Man kann von einem Gegenstand Etwas als wirklich, als möglich, oder als nothwendig aussagen. Es gibt hiernach 3 Aussageweisen: 1) eine gewisse (bestimmt aussagende, behauptende) [die Wirklichkeitsform, indicative], die anzeigt, daß Etwas gewiß ist, oder geschieht, geschehen ist, oder geschehen wird.

Beispiele. Der Feigheit ist ein Hinderniß willkommen. Die Erfindung der Buchdruckerkunst war ein unschätzbar großes Geschenk, das ein Deutscher der Welt gemacht hat, und wird es ewig bleiben.

2) Eine ungewisse (die Möglichkeitsform, conjunctive), die Etwas nur als möglich darstellt.

Beispiele. Das Sprichwort behauptet, es gäbe so viele Sinne als Köpfe; jeder Mensch habe eine eigene Ansicht der Dinge und unterscheide sich von allen übrigen.

Hierher gehört auch die bedingende Aussageweise (die Bedingungsform, conditional), die etwas Mögliches bedingungsweise darstellt.

Beispiele. Wenn die Luft nicht Widerstand böte, so würde ein Strohhalm so schnell fallen, wie eine Bleikugel. Wenn beide in einem luftleeren Raum wären, so würden sie mit gleicher Geschwindigkeit fallen.*

---

* Wird unter einer bestimmten Bedingung Etwas als gewiß behauptet, so steht die gewisse Redeweise; z. B. Wenn die Könige bau'n, haben die Kärner zu thun.

In dieser ungewissen Redeweise werden auch **W ü n s ch e** und **F r a g e n** dargestellt.

B e i s p i e l e. Lang **l e b e** die Freiheit! Es **f r e u e** sich wer da athmet im rosigen Licht. **W ä r ' s** möglich? **K ö n n t'** ich nicht mehr wie ich wollte? Ich **m ü ß t e** die That vollbringen, weil ich sie gedacht?

3) Die **befehlende** Redeweise (die **N o t h w e n d i g k e i t s** = oder die **B e f e h l s f o r m**, imperative).

B e i s p i e l e. Eure Rede **s e i** allezeit lieblich und mit Salz gewürzet! **N ü tz e** deine jungen Tage! **L i e b e t** eure Eltern! **H a b t** Frieden untereinander! **S p r i ch**, was wahr ist; **t r i n k'**, was klar ist; **i ß**, was gar ist. **S a g e** nicht Alles, was du weißt; aber **w i s s e** immer Alles, was du sagst. (Claudius.)

Diese drei Redeweisen werden theils durch die **B i e g u n g** des Zeitwortes, theils durch **H ü l f s z e i t w ö r t e r** ausgedrückt.

B e i s p i e l. Es mögen die Ritter den Knappen beschämen.

---

§ 6. Die Zeit (tense).

Alles, was ist oder geschieht, muß in einer Zeit sein oder geschehen. Auch dieses Verhältniß der **Z e i t** wird an dem Zeitworte bezeichnet, und man nennt die Bezeichnung dieses Verhältnisses die **Z e i t f o r m** (oft auch schlechtweg die **Z e i t**).

Solcher Zeitformen unterscheidet man sechs:

1) die **Gegenwart** (present tense).

B e i s p i e l e. Ich **l o b e** den Fleiß. Das Feuer **w ä r m t**.

2) die **Vergangenheit** (1st past tense, erste Vergangenheit).

B e i s p i e l e. Ich **h a b e** den Fleiß **g e l o b t**. Das Feuer **h a t g e w ä r m t**.

3) Die **Zukunft** (1st future, erste Zukunft).

B e i s p i e l e. Ich **w e r d e** den Fleiß **l o b e n**. Das Feuer **w i r d w ä r m e n**.

Diese drei **H a u p t z e i t e n**, die einen Zustand oder eine Thätigkeit ohne Rücksicht auf eine andere Thätigkeit, d. h. für sich allein darstellen, stehen folgende drei **N e b e n z e i t e n** zur Seite. Durch sie wird ein Zustand oder eine Thätigkeit der Zeit nach zugleich auf eine andere Aussageweise bezogen, weshalb man sie auch **b e z ü g l i ch e** Zeiten nennt.

4) Die **M i t v e r g a n g e n h e i t** (die zweite Vergangenheit, 2d past tense), welche angibt, daß die Thätigkeit gleichzeitig mit einer anderen vergangen ist, oder ihr vorangıng, oder nachfolgte.

B e i s p i e l e. Der Löwe **a ch t e t e** die Maus gering, ehe sie ihn gerettet hatte. Die Maus **z e r n a g t e** seine Stricke, als er in Banden lag; sie **b e z e i g t e** sich dankbar, nachdem er sie verschont hatte.

5) Die **V o r v e r g a n g e n h e i t** (die dritte Vergangenheit, 3d past

tense), welche gebraucht wird, wenn die Thätigkeit einer andern, ebenfalls vergangenen Thätigkeit voranging.

Beispiel. Gutenberg h a t t e seine große Erfindung v o l l e n= d e t, ehe die Reformation begann.

6) Die **Vorzukunft** oder die künftig vergangene Zeit (2d future, zweite Zukunft); welche gebraucht wird, wenn man sich die Thätigkeit zwar zukünftig, aber als schon vergangen in der Zukunft denkt.

Beispiele. Der Telegraph w i r d sein fernes Ziel erreicht h a b e n, ehe fünf Minuten verflossen sein werden.

§ 7. Leideform (passive).

Die bezüglichen Zeitwörter haben außer der thätigen Form auch eine Leideform, in welcher der Zielgegenstand der Thätigkeit als Satzgegenstand dargestellt wird.

Beispiele. Der Lehrer unterrichtet d e n S c h ü l e r — der S c h ü l e r w i r d von dem Lehrer u n t e r r i c h t e t. Der Metzger schlachtet d a s S c h a f — d a s S c h a f w i r d von dem Metzger g e s c h l a c h t e t.

Diese Leideform wird durch das Hülfszeitwort „w e r d e n" gebildet und hat, wie die thätige Form des Zeitwortes, alle Aussageweisen, Zeitformen, Zahl- und Personenformen.

Beispiele. I c h w e r d e gefragt. D u w i r s t gefragt. E r w u r d e gefragt. W i r s i n d gefragt w o r d e n. S i e w e r d e n gefragt w e r d e n.

§ 8. Nennform (infinitive).

Durch die § 6 genannten Redeweisen und Zeitformen wird ein Urtheil ausgesprochen. Nun gibt es aber auch eine Form des Zeitwortes, in welcher es blos das Sein und Verhalten im Allgemeinen b e n e n n t, ohne daß geurtheilt wird.

Beispiele. Lesen, gelesen haben, lesen werden, sich ereignen, gefürchtet werden.

Diese Form nennt man die N e n n f o r m oder den Infinitiv.

Man unterscheidet drei N e n n f o r m e n, nämlich eine für die G e g e n= w a r t, z. B. schreiben, loben; eine für die V e r g a n g e n h e i t: geschrieben haben, gelobt haben; eine für die Z u k u n f t: schreiben werden, werden gelobt werden.

Die Nennform erscheint häufig in hauptwörtlicher Form und als wirkliches Dingwort.

Beispiele. Geben ist seliger, als Nehmen. Ach! ich bin des Treibens müde. Im Z e i c h n e n war Rubens ein großer Meister. Seid schnell zum Hören, langsam aber zum Reden. Der Siege göttlichster ist das Vergeben. Gott fürchten und vertrauen erfüllet alle Gebote. Schnelles Laufen erhitzt. Er hat noch wenig Fertigkeit im Rechnen.

§ 9. Mittelwort (participles).

Eine Form des Zeitwortes, in der es als Eigenschaftswort gebraucht wird, heißt, weil sie zwischen dem Eigenschaftswort und dem Zeitwort in der Mitte steht, **Mittelwort**.

Beispiel. Der **fragende** Lehrer, der **gefragte** Schüler, die zu **hoffende** Ernte.

Es gibt demnach dreierlei Mittelwörter:

a) Das Mittelwort der Gegenwart endigt sich auf „end."

Beispiel. Fleisch **fressende** Thiere (= Thiere, welche Fleisch fressen.)

b) Das Mittelwort der Vergangenheit hat meist die Vorsilbe „ge" und endigt sich entweder auf „et" („t"), oder auf „en" (s. § 10).

Anmerkung. Dies Mittelwort nimmt die Vorsilbe „ge" nicht an: a) wenn das Zeitwort aus einer andern Sprache entlehnt ist; z. B. regiert, studirt; b) wenn das Zeitwort eine tonlose Vorsilbe, als: „be, ge, emp, ent, ver, zer" ꝛc. hat; c) in gewissen Zusammensetzungen (s. § 12).

Beispiele. Der **bestrafte** Dieb, der **entlaufene** Knecht, die **unternommene** Reise, das **vollendete** Werk.

c) Das Mittelwort der Zukunft ist immer mit dem Vorworte „zu" verbunden und nimmt bei der Biegung im Auslaut ein „d" an.

Beispiele. Der Lügner ist zu **strafen**. Eine reiche Ernte ist zu **hoffen**. Der zu **strafende** Lügner. Eine zu **bezahlende** Schuld (welche bezahlt werden soll). Eine zu **erwartende** Belohnung.

---

§ 10. Arten der Abwandlung (conjugation).

Die dem Zeitwort eigenthümliche Biegung nennt man die **Abwandlung des Zeitwortes**. Ein Zeitwort **abwandeln** (conjugiren) heißt: an demselben die verschiedenen Beziehungen der Redeweise, Person, Zahl und Zeit durch die Biegung bezeichnen.

Die Biegung des Zeitwortes ist entweder einfach, wie in: ich sang; wir kamen; oder zusammengesetzt mit Hülfe der Hülfszeitwörter, wie in: ich habe gesungen; wir waren gekommen. Zur Bezeichnung der Zeit dienen: sein, haben, werden; zur Bezeichnung der Redeweise: können, dürfen, mögen, wollen, sollen, müssen, lassen.

Bei der Abwandlung der Zeitwörter unterscheidet man die **starke** (alte, ancient form) und die **schwache** (neue, modern form) Form.

1) Die Zeitwörter nach der **starken** Abwandlungsform **lauten ab**, d. h. sie verändern in der Mitvergangenheit und meistens auch in dem Mittelworte der Vergangenheit den Stammvocal.

Beispiele. Sprechen, sprach, gesprochen; finden, fand, gefunden; geben, gab, gegeben; rufen, rief, gerufen; fliegen, flog, geflogen.

Diese Ablautung findet bei vielen Zeitwörtern auch in der 2ten und 3ten Person der Einzahl in der Gegenwart der gewissen Redeweise und bei manchen auch in der Einzahl der Befehlsform statt.

Beispiele. Ich trage, du trägst, er trägt; ich gebe, du gibst, er gibt; gib! ich spreche, du sprichst, er spricht; sprich!

Darum nennt man diese Zeitwörter auch **ablautende** Zeitwörter.

Ferner erhalten die Zeitwörter der starken Abwandlungsform in dem Mittelworte der Vergangenheit die Endung „en."

Beispiele. Springen—gesprungen; rinnen—geronnen; stehen—gestanden.

2) Die Zeitwörter nach der **schwachen** Abwandlungsform **lauten nicht ab**, d. h. sie behalten bei der Abwandlung den Stammvocal unverändert bei (z. B. sagen — sagte, gesagt: loben — lobte, gelobt), und endigen sich in der Mitvergangenheit auf „ete" oder „te" und in dem Mittelworte der Vergangenheit auf „et" oder „t;" z. B. reden—red-et-e, ge-red-et, lieben—lieb-te, ge-lieb-t; wagen—wag-te, ge-wag-t.

3) Einige Zeitwörter tragen unregelmäßig die **Kennzeichen beider Abwandlungsformen** an sich. Sie verändern, wie die Zeitwörter starker Form, den Stimmlaut der Stammsilbe und nehmen zugleich in der Mitvergangenheit und in dem Mittelworte der Vergangenheit die Endungen der schwachen Form an.

Beispiele. Nennen—nannte, genannt; senden—sandte, gesandt; bringen — brachte, gebracht.

Aufgabe 1. Schreibe § 3 bis § 7 des Zeitworts ab!

Aufgabe 2. Schreibet § 8 bis § 10 des Zeitworts ab!

---

§ 11. Abwandlung der **Hülfszeitwörter der Zeit** (auxiliaries): sein, haben, werden.

1. Sein.

Wirklichkeitsform, d. h. gewisse Redeweise (indicative).	Gegenwart (present tense).	Möglichkeitsform, d. h. ungewisse Redeweise (subjunctive).
Ich bin, du bist, er (sie, es) ist.	Einzahl (singular).	Ich sei, du seiest (seist), er (sie, es) sei.
Wir sind, ihr seid, sie sind.	Mehrzahl (plural).	Wir seien (sei'n), ihr seiet, sie seien (sein).
	Mitvergangenheit (1st past tense, 1. Vergangenheit).	
Ich war, du warst, er (sie, es) war.	Einzahl.	Ich wäre, du wärest, er (sie, es) wäre.
Wir waren, ihr waret, sie waren.	Mehrzahl.	Wir wären, ihr wäret, sie wären.

Zeitwort.

Gewisse Redeweise (indicative).	Vergangenheit (2d past tense, 2. Vergangenh.)	Ungewisse Redeweise (subjunctive).
Ich bin gewesen, du bist gewesen, er ist gewesen.	Einzahl.	Ich sei gewesen, du seist gewesen, er sei gewesen.
Wir sind gewesen, ihr seid gewesen, sie sind gewesen.	Mehrzahl.	Wir seien gewesen, ihr seiet gewesen, sie seien gewesen.

Vorvergangenheit (3d past tense, 3. Vergangenheit).

Ich war gewesen, du warst gewesen, er war gewesen.	Einzahl.	Ich wäre gewesen, du wärest gewesen, er wäre gewesen.
Wir waren gewesen, ihr waret gewesen, sie waren gewesen.	Mehrzahl.	Wir wären gewesen, ihr wäret gewesen, sie wären gewesen.

Zukunft (1st future tense, 1. Zukunft).

Ich werde sein, du wirst sein, er wird sein.	Einzahl.	Ich werde sein, du werdest sein, er werde sein.
Wir werden sein, ihr werdet sein, sie werden sein.	Mehrzahl.	Wir werden sein, ihr werdet sein, sie werden sein.

Vorzukunft (2d future tense).

Ich werde gewesen sein, du wirst gewesen sein, er wird gewesen sein.	Einzahl.	Ich werde gewesen sein, du werdest gewesen sein, er werde gewesen sein.
Wir werden gewesen sein, ihr werdet gewesen sein, sie werden gewesen sein.	Mehrzahl.	Wir werden gewesen sein, ihr werdet gewesen sein, sie werden gewesen sein.

In der bedingenden Redeweise (f. § 5): Gegenw. ich wäre 2c.; Verg. ich wäre gewesen; Zuk. ich würde sein; Vorzuk. ich würde gewesen sein.

Befehlsform (imperative).

Einzahl. Sei (du)!   Mehrzahl. Seid (ihr)!
sei er (sie)!   seien (sei'n) sie!

Nennform (infinitive) { der Gegenwart: sein, zu sein;*
- Vergangenheit: gewesen sein, gewesen zu sein;
- Zukunft: sein werden.

Mittelwort (participles).

Gegenwart (pres.): seiend.   Vergangenheit (past): gewesen.

2. Haben.

Gewisse Redeweise.	Gegenwart.	Ungewisse Redeweise.
Ich habe, du hast, er (sie, es) hat.	Einzahl.	Ich habe, du habest, er (sie, es) habe.

---

* „zu" steht vor der Nennform, wenn das Zeitwort von einem andern Worte abhängig ist; z. B. Ich wünsche, bei dir zu sein; es ist keine Schande, geirrt zu haben; aber eine Schande, beim Irrthum zu verharren.

Zeitwort.

Gewisse Redeweise.	Gegenwart.	Ungewisse Redeweise.
	Einzahl.	
	Mehrzahl.	
Wir haben,		Wir haben,
ihr habet (habt),		ihr habet,
sie haben.		sie haben.

Mitvergangenheit.

	Einzahl.	
Ich hatte,		Ich hätte,
du hattest,		du hättest,
er hatte.		er hätte.
	Mehrzahl.	
Wir hatten,		Wir hätten,
ihr hattet,		ihr hättet,
sie hatten.		sie hätten.

Vergangenheit.

	Einzahl.	
Ich habe gehabt,		Ich habe gehabt,
du hast gehabt,		du habest gehabt,
er hat gehabt.		er habe gehabt.
	Mehrzahl.	
Wir haben gehabt,		Wir haben gehabt,
ihr habet gehabt,		ihr habet gehabt,
sie haben gehabt.		sie haben gehabt.

Vorvergangenheit.

	Einzahl.	
Ich hatte gehabt,		Ich hätte gehabt,
du hattest gehabt,		du hättest gehabt,
er hatte gehabt.		er hätte gehabt.
	Mehrzahl.	
Wir hatten gehabt,		Wir hätten gehabt,
ihr hattet gehabt,		ihr hättet gehabt,
sie hatten gehabt.		sie hätten gehabt.

Zukunft.

	Einzahl.	
Ich werde haben,		Ich werde haben,
du wirst haben,		du werdest haben,
er wird haben.		er werde haben.
	Mehrzahl.	
Wir werden haben,		Wir werden haben,
ihr werdet haben,		ihr werdet haben,
sie werden haben.		sie werden haben.

Vorzukunft.

	Einzahl.	
Ich werde gehabt haben,		Ich werde gehabt haben,
du wirst gehabt haben,		du werdest gehabt haben,
er wird gehabt haben.		er werde gehabt haben.
	Mehrzahl.	
Wir werden gehabt haben,		Wir werden gehabt haben
ihr werdet gehabt haben,		ihr werdet gehabt haben,
sie werden gehabt haben.		sie werden gehabt haben.

In der bedingenden Redeweise: Gegenw. ich hätte; Verg. ich hätte gehabt; Zuk. ich würde haben; Vorzuk. ich würde gehabt haben.

Befehlsform.

Einzahl. Habe (du)! Haben (Sie)!   Mehrzahl. Habet (ihr)!
habe er (sie)!   haben sie

Nennform { der Gegenwart: haben, zu haben;
- Vergangenheit: gehabt haben, gehabt zu haben;
- Zukunft: haben werden.

Mittelwort.

Gegenwart: habend.   Vergangenheit: gehabt.

Zeitwort.

3. Werden.

Gewisse Redeweise.	Gegenwart.	Ungewisse Redeweise.
	Einzahl.	
Ich werde,		Ich werde,
du wirst,		du werdest,
er (sie, es) wird.		er (sie, es) werde.
	Mehrzahl.	
Wir werden,		Wir werden,
ihr werdet,		ihr werdet,
sie werden.		sie werden.
	Mitvergangenheit.	
	Einzahl.	
Ich wurde, oder warb,*		Ich würde,
du wurdest, oder warbst,		du würdest,
er wurde, oder warb.		er würde.
	Mehrzahl.	
Wir wurden,		Wir würden,
ihr wurdet,		ihr würdet,
sie wurden.		sie würden.
	Vergangenheit.	
	Einzahl.	
Ich bin geworden (worden),		Ich sei geworden,
du bist geworden,		du seiest geworden,
er ist geworden.		er sei geworden.
	Mehrzahl.	
Wir sind geworden,		Wir seien geworden,
ihr seid geworden,		ihr seiet geworden,
sie sind geworden.		sie seien geworden.
	Vorvergangenheit.	
	Einzahl.	
Ich war geworden,		Ich wäre geworden,
du warst geworden,		du wärest geworden,
er war geworden.		er wäre geworden.
	Mehrzahl.	
Wir waren geworden,		Wir wären geworden,
ihr waret geworden,		ihr wäret geworden,
sie waren geworden.		sie wären geworden.
	Zukunft.	
	Einzahl.	
Ich werde werden,		Ich werde werden,
du wirst werden,		du werdest werden,
er wird werden.		er werde werden.
	Mehrzahl.	
Wir werden werden,		Wir werden werden,
ihr werdet werden,		ihr werdet werden,
sie werden werden.		sie werden werden.
	Vorzukunft.	
	Einzahl.	
Ich werde geworden sein,		Ich werde geworden sein,
du wirst geworden sein,		du werdest geworden sein,
er wird geworden sein.		er werde geworden sein.
	Mehrzahl.	
Wir werden geworden sein,		Wir werden geworden sein,
ihr werdet geworden sein,		ihr werdet geworden sein,
sie werden geworden sein.		sie werden geworden sein.

Bedingende Redeweise: Geg. ich würde; Verg. ich wäre geworden; Zuk. ich würde werden; Vorzuk. ich würde geworden sein.

Befehlsform.

Einzahl. Werde (du)! Werden (Sie)!	Mehrzahl. Werdet (ihr)!
werde er (sie)!	werden sie!

* Man sagt: ich warb, vor einem Hauptwort und Eigenschaftswort, z. B. er warb Soldat, ich ward munter ic.; aber vor einem Zeitworte: ich wurde verklagt.

Nennform { der **Gegenwart:** werden, zu werden;
- **Vergangenheit:** geworden sein, geworden zu sein.

Mittelwort.

Gegenwart: werdend.   **Vergangenheit:** geworden (worden).

Beispiele. Die Unschuld hat im Himmel einen Freund. Der Herzog Karl August von Weimar hatte nur über ein kleines Land zu gebieten; aber so wende nach innen, so wende nach außen Jeder die Kräfte, da wär' es ein Fest, Deutscher mit Deutschen zu sein. — Unsere Worte können Pfeile werden. Wer ein Verschwender in der Jugend ist, wird leicht im Alter ein Bettler werden. Gegrüßet seist du, du Himmelsschwinge, des Frühlings Bote, du Liederfreundin, sei mir gegrüßet, geliebte Lerche, die Beides lehret, Gesang und Leben.

---

§ 12. Abwandlung eines Zeitwortes nach der **schwachen** Form.

A. Wirkeform (Thatform, active voice.)

Gewisse Redeweise.	Gegenwart.	Ungewisse Redeweise.
Ich führe,	Einzahl.	Ich führe,
du führest (führst),		du führest,
er (sie, es) führet (führt),		er (sie, es) führe.
Wir führen,	Mehrzahl.	Wir führen,
ihr führet,		ihr führet,
sie führen.		sie führen.
	Mitvergangenheit.	
Ich führte,	Einzahl.	Ich führete (führte),
du führtest,		du führetest (führtest),
er führte.		er führete (führte).
Wir führten,	Mehrzahl.	Wir führeten (führten),
ihr führtet,		ihr führetet (führtet),
sie führten.		sie führeten (führten).
	Vergangenheit.	
Ich habe geführt,		Ich habe geführt,
du hast geführt,		du habest geführt,
er hat geführt ꝛc.		er habe geführt ꝛc.
	Vorvergangenheit.	
Ich hatte geführt,		Ich hätte geführt,
du hattest geführt,		du hättest geführt,
er hatte geführt ꝛc.		er hätte geführt ꝛc.
	Zukunft.	
Ich werde führen,		Ich werde führen,
du wirst führen,		du werdest führen,
er wird führen ꝛc.		er werde führen ꝛc.
	Vorzukunft.	
Ich werde geführt haben,		Ich werde geführt haben,
du wirst geführt haben,		du werdest geführt haben,
er wird geführt haben ꝛc.		er werde geführt haben ꝛc.

Bedingende Redeweise: Geg. ich führete (führte); Verg. ich hätte geführt; Zuk. ich würde führen; Vorzuk. ich würde geführt haben.

Zeitwort.

Befehlsform.

Einzahl. Führe (du)! Führen (Sie)!   Mehrzahl. Führet (ihr)!
führe er (sie)!   führen sie!

Nennform { der Gegenwart: führen, zu führen;
          - Vergangenheit: geführt haben, geführt zu haben;
          - Zukunft: führen werden.

Mittelwort.
Gegenwart: führend.

B. Leideform (passive voice).

Gewisse Redeweise.	Gegenwart.	Ungewisse Redeweise.
Ich werde geführt,	Einzahl.	Ich werde geführt,
du wirst geführt,		du werdest geführt,
er (sie, es) wird geführt.		er (sie, es) werde geführt.
Wir werden geführt,	Mehrzahl.	Wir werden geführt,
ihr werdet geführt,		ihr werdet geführt,
sie werden geführt.		sie werden geführt.
	Mitvergangenheit.	
Ich wurde geführt,		Ich würde geführt,
du wurdest geführt,		du würdest geführt,
er wurde geführt ꝛc.		er würde geführt ꝛc.
	Vergangenheit.	
Ich bin geführt worden,		Ich sei geführt worden,
du bist geführt worden,		du seiest geführt worden,
er ist geführt worden ꝛc.		er sei geführt worden ꝛc.
	Vorvergangenheit.	
Ich war geführt worden,		Ich wäre geführt worden,
du warst geführt worden,		du wärest geführt worden,
er war geführt worden ꝛc.		er wäre geführt worden ꝛc.
	Zukunft.	
Ich werde geführt werden,		Ich werde geführt werden,
du wirst geführt werden,		du werdest geführt werden,
er wird geführt werden ꝛc.		er werde geführt werden ꝛc.
	Vorzukunft.	
Ich werde geführt worden sein,		Ich werde geführt worden sein,
du wirst geführt worden sein,		du werdest geführt worden sein,
er wird geführt worden sein ꝛc.		er werde geführt worden sein ꝛc.

Bedingende Redeweise: Geg. ich würde geführt; Verg. ich wäre geführt worden; Zuk. ich würde geführt werden; Vorzuk. ich würde geführt worden sein.

Befehlsform.

Einzahl. Werde (du) geführt!   Mehrzahl. Werdet (ihr) geführt!
werde er (sie) geführt!   werden sie geführt!

Nennform { der Gegenwart: geführt werden, geführt zu werden;
          - Vergangenheit: geführt worden sein, geführt worden zu sein;
          - Zukunft: werden geführt werden.

Mittelwort.

Vergangenheit: geführt.   Zukunft: zu führend.

Anmerkung. Bei dem Mittelwort der Vergangenheit wird ge am Anfange weggelassen: 1) wenn die Nennform mit „ge" beginnt, z. B. geloben, gelobt; gelingen, gelungen (die einsilbigen Wörter—geben, gegeben—ausgenommen); 2) bei allen tonlosen Vorsilben: bezahlen, bezahlt; entdecken, entdeckt; 3) bei den aus fremden Sprachen genommenen Zeitwörtern: studiren, studirt; exerziren, exerzirt. Betonte Vorsilben erhalten das ge vor der Stammsilbe, z. B. hintergehen, hintergegangen; durchsehen, durchgesehen; nachlaufen, nachgelaufen. Also nicht gelobt u. s. w.

---

§ 13. Abwandlung eines Zeitwortes nach der starken Form.

A. Wirkeform.

Gewisse Redeweise.	Gegenwart.	Ungewisse Redeweise.
	Einzahl.	
Ich werfe,		Ich werfe,
du wirfst,		du werfest,
er (sie, es) wirft.		er (sie, es) werfe.
	Mehrzahl.	
Wir werfen,		Wir werfen,
ihr werfet,		ihr werfet,
sie werfen.		sie werfen.
	Mitvergangenheit.	
	Einzahl.	
Ich warf,		Ich wärfe, oder würfe,*
du warfst,		du wärfest, - würfest,
er warf.		er wärfe, - würfe.
	Mehrzahl.	
Wir warfen,		Wir wärfen, oder würfen,
ihr warfet,		ihr wärfet, - würfet,
sie warfen.		sie wärfen, - würfen.
	Vergangenheit.	
Ich habe geworfen,		Ich habe geworfen,
du hast geworfen,		du habest geworfen,
er hat geworfen 2c.		er habe geworfen.
	Vorvergangenheit.	
Ich hatte geworfen,		Ich hätte geworfen,
du hattest geworfen,		du hättest geworfen,
er hatte geworfen 2c.		er hätte geworfen 2c.
	Zukunft.	
Ich werde werfen,		Ich werde werfen,
du wirst werfen,		du werdest werfen,
er wird werfen 2c.		er werde werfen 2c.
	Vorzukunft.	
Ich werde geworfen haben,		Ich werde geworfen haben,
du wirst geworfen haben,		du werdest geworfen haben,
er wird geworfen haben 2c.		er werde geworfen haben 2c.

Bedingende Redeweise: Geg. ich wärfe oder würfe; Verg. ich hätte geworfen; Zuk. ich würde werfen; Vorzuk. ich würde geworfen haben.

Befehlsform.

Einzahl. Wirf (du)!	Mehrzahl. Werfet (ihr)!
- werfe er (sie)!	werfen sie!

---

* Die Form: ich würfe, ist die gebräuchlichere. Der Regel nach bekommen die Zeitwörter, deren Stammsilbe in der Mitvergangenheit der gewissen Redeweise ein a, o oder u hat, in der ungewissen Redeweise derselben Zeit die entsprechenden Umlaute ä, ö, ü; z. B. sprechen: sprach, spräche; biegen: bog, böge; fahren: fuhr, führe. — Ausnahmen: helfen, half, hülfe; sterben, starb, stürbe; verderben, verdarb, verdürbe; werben, warb, würbe; befehlen, befahl, beföhle; bersten, barst, börste; so auch gerinnen, empfehlen, beginnen, gewinnen, sinnen, spinnen.

Zeitwort.

Nennform { der **Gegenwart**: werfen, zu werfen;
- **Vergangenheit**: geworfen haben, geworfen zu haben;
- **Zukunft**: werfen werden.

Mittelwort.
Gegenwart: werfend.

B. Leideform.

Gewisse Redeweise.   Gegenwart.   Ungewisse Redeweise.

Ich werde geworfen,   Ich werde geworfen,
du wirst geworfen,   du werdest geworfen,
er wird geworfen 2c.   er werde geworfen 2c.

Mitvergangenheit.

Ich wurde geworfen,   Ich würde geworfen,
du wurdest geworfen,   du würdest geworfen,
er wurde geworfen 2c.   er würde geworfen 2c.

Vergangenheit.

Ich bin geworfen worden,   Ich sei geworfen worden,
du bist geworfen worden 2c.   du seiest geworfen worden 2c.

Vorvergangenheit.

Ich war geworfen worden 2c.   Ich wäre geworfen worden 2c.

Zukunft.

Ich werde geworfen werden,   Ich werde geworfen werden,
du wirst geworfen werden 2c. du werdest geworfen werden 2c.

Vorzukunft.

Ich werde geworfen worden sein,   Ich werde geworfen worden sein,
du wirst geworfen worden sein 2c. du werdest geworfen worden sein 2c.

Befehlsform.

Einzahl. Werde (du) geworfen!   Mehrzahl. Werdet (ihr) geworfen!
werde er (sie) geworfen!   werden sie geworfen!

Bedingende Redeweise: Geg. ich würde geworfen; Verg. ich wäre geworfen worden; Zuf. ich würde geworfen werden; Vorzuf. ich würde geworfen worden sein.

Nenn- { der **Gegenwart**: geworfen werden, geworfen zu werden;
form   - **Vergangenh.**: geworfen worden sein, geworfen worden zu sein;
       - **Zukunft**: werden geworfen werden.

Mittelwort.

Vergangenheit: geworfen.   Zukunft: zu werfend.

Aufgaben. 1) Setzt in folgenden Sätzen das Zeitwort in die Zeitform der Mitvergangenheit, Vergangenheit und Zukunft: Wer sucht, der findet. Wer nicht vorangeht, geht zurück. Keine Eiche fällt vom ersten Streiche. Uns alle zieht das Herz zum Vaterlande. — 2) Wandelt folgende Sätze so um, daß die Zeitwörter darin in der Leideform stehen: Jürgens erfand 1530 das Spinnrad. Der Kranke trinkt Wein zur Stärkung. Das Wasser trägt große Schiffe. Constantin der Große erhob die christliche Religion zur Staatsreligion. Der Engländer Drake brachte die Kartoffeln nach Europa. Die Heiden verhängten viele Verfolgungen über die Christen.

Beispiele. Die Portugiesen entdeckten den Seeweg nach Ostindien. Der Seeweg nach Ostindien ist von den Portugiesen entdeckt worden oder ward von den Portugiesen entdeckt.

§ 14. Manche Zeitwörter der schwachen und starken Biegungsform, meistens ziellose Zustandswörter, werden mit Hülfe des Zeitwortes „sein" (nicht mit „haben") also gebogen:

Gewisse Redeweise.		Ungewisse Redeweise.
	Gegenwart.	
Ich komme,		Ich komme,
du kommest (kommst oder kömmst),		du kommest,
er (sie, es) kommt (oder kömmt) 2c.		er komme 2c.
	Mitvergangenheit.	
Ich kam,		Ich käme,
du kamst,		du kämest,
er kam 2c.		er käme 2c.
	Vergangenheit.	
Ich bin gekommen,		Ich sei gekommen,
du bist gekommen,		du seiest gekommen,
er ist gekommen 2c.		er sei gekommen 2c.
	Zukunft.	
Ich werde kommen,		Ich werde kommen,
du wirst kommen,		du werdest kommen,
er wird kommen 2c.		er werde kommen 2c.
	Vorzukunft.	
Ich werde gekommen sein,		Ich werde gekommen sein,
du wirst gekommen sein,		du werdest gekommen sein,
er wird gekommen sein 2c.		er werde gekommen sein 2c.

Bedingende Redeweise: Geg. ich käme; Verg. ich wäre gekommen; Zuk. ich würde kommen; Vorzuk. ich würde gekommen sein.

Befehlsform.

Einzahl. Komme (du)!	Mehrzahl. Kommet (ihr)!
komme er (sie)!	kommen sie!

Nennform { der **Gegenwart**: kommen, zu kommen;
= **Vergangenheit**: gekommen sein, gekommen zu sein;
= **Zukunft**: kommen werden.

Mittelwort.

Gegenwart: kommend.   Vergangenheit: gekommen.

Anmerkung. Mit „haben" werden abgewandelt fast alle bezüglichen Zeitwörter; sodann die Hülfszeitwörter: dürfen, können, mögen, wollen, sollen, müssen, lassen. Die unbezüglichen Zeitwörter nehmen meistens das Hülfszeitwort „sein" an.

Manche Zeitwörter werden sowohl mit „haben" als mit „sein" abgewandelt, je nach ihrer verschiedenen Bedeutung.

Beispiel. Ich bin in die Stadt gefahren; der Knecht hat mich in die Stadt gefahren. Er ist nach Hause geritten; er hat ein schönes Pferd geritten.

§ 15. Um die eigenthümliche Abwandlung der Zeitwörter starker Form zu erlernen, folgt hier ein Verzeichniß der wichtigsten derselben, geordnet nach dem Ablaute der Mitvergangenheit und des Mittelwortes der Vergangenheit.

Nennform. **Mitvergangenheit.** **Mittelwort d. Vergangenh.**

i (binden),   **a** (band),   **u** (gebunden).

So: singen, sang, gesungen; finden, fand, gefunden; bringen, gelingen, ringen, schlingen, schwinden, schwingen, springen, stinken, trinken, winden, zwingen.

Anmerkung. Dingen und schinden haben in der Mitvergangenheit: dung (und dingte), schund, im Mittelwort der Vergangenheit: gebungen (und gedingt), geschunden.

i (beginnen),   **a** (begann),   **o** (begonnen).

So: gewinnen, rinnen, schwimmen, spinnen.

e (bergen),   **a** (barg),   **o** (geborgen).

Ich berge, du birgst, er birgt; birg!

So: befehlen (du befiehlst, er befiehlt, befiehl!), bersten, brechen (du brichst, er bricht), empfehlen (du empfiehlst, er empfiehlt), erschrecken (zielloe), (du erschrickst, er erschrickt), gelten (du giltst, er gilt), helfen (du hilfst, er hilft), nehmen (du nimmst, er nimmt), schelten (du schiltst, er schilt), sprechen (du sprichst, er spricht), stechen (du stichst, er sticht), stecken (zielloe), stehlen (du stiehlst, er stiehlt), sterben (du stirbst, er stirbt), treffen (du triffst, er trifft), verderben (du verdirbst, er verdirbt), werden (du wirst, er wird, er ward oder wurde), werfen (du wirfst, er wirft); gebären, gebar, geboren; kommen, kam, gekommen.

e (geben) (i),   **a** (gab),   **e** (gegeben).

Du gibst, er gibt; gib!

So: essen (du issest, er isset [ißt]; iß! aß, gegessen), fressen (du frissest, er frißt), genesen (du genesest ꝛc.), geschehen (es geschieht), lesen (du liesest, er liest), messen (du missest, er mißt), sehen (du siehst, er sieht), treten (du trittst, er tritt), vergessen (du vergissest, er vergißt).—Liegen, lag, gelegen; bitten, bat, gebeten; sitzen, saß, gesessen.

i (biegen),   **o** (bogen),   **o** (gebogen).

So: betriegen, bieten, fliegen, fliehen, fließen, frieren, genießen, gießen, kriechen, schieben, schießen, schließen, sieden (sott, gesotten), sprießen, stieben, verdrießen, verlieren, wiegen (vom Gewichte gebraucht), ziehen (zog, gezogen); —ebenso: lügen, glimmen, klimmen.

e (dreschen),   **o** (drosch),   **o** (gedroschen).

Du drischst, er drischt; drisch!

So: bewegen (du bewegest, er bewegt; stark gebogen in der Bedeutung: Jemanden durch Gründe zu Etwas bestimmen), fechten, flechten, heben (du hebest, er hebt), melken (du melkest, er melkt; in der Vergangenheit auch melkte), pflegen (du pflegest, er pflegt; wird auch schwach gebogen), quellen (quillt), scheren (du scherest, er schert), schmelzen (du schmilzest, er schmilzt) und schwellen (du schwillst, er schwillt [zielloe]), weben (du webest, er webt; wird auch schwach gebogen).—Erwägen, erwog, erwogen; schwären, schwören (schwor und schwur), gähren, erlöschen.—Erschallen, erscholl (auch erschallte), erschollen; saugen, sog, gesogen; schnauben, saufen (du säufst, er säuft).

Nennform. Mitvergangenheit. Mittelwort d. Vergangenh.

ei (beißen),   **i** (biß),   **t** (gebissen).

So: befleißigen, erbleichen, gleichen, gleiten, greifen, kneifen, leiden (litt, gelitten), pfeiffen, reißen, reiten, schleichen, schleifen (=schärfen), schmeißen, schneiden (schnitt, geschnitten), schreiten, streichen, streiten, weichen (=zurück= gehen, nachgeben).

ei (bleiben),   **ie** (blieb),   **ie** (geblieben).

So: gedeihen, leihen, meiden, preisen, reiben, scheiden, scheinen, schreiben, schreien, speien, steigen, treiben, weisen, zeihen, verzeihen; heißen (hieß, geheißen).

a (blasen) (au, o, e),   **ie** (blies),   **a** (geblasen).

Du bläsest, er bläset (bläs't); blase!

So: braten, fallen, gefallen, halten, lassen, rathen; — fangen, fieng, gefangen; hangen, hieng, gehangen; hauen, hieb, gehauen; laufen, lief, gelaufen; stoßen, stieß, gestoßen (du stößest, er stößt); rufen, rief, gerufen. — Gehen, gieng, gegangen.

a (fahren),   **u** (fuhr),   **a** (gefahren).

Du fährst, er fährt; fahre!

So: backen (ich backe, du bäckst, er bäckt; Vergangenheit auch: backte), graben, laden, schaffen (du schaffst, er schafft; nur in der Bedeutung: erschaf= fen, stark gebogen), tragen, wachsen, waschen.

Anmerkung. Werden Zeitwörter schwach und stark gebogen, so haben sie meist in der einen Abwandlung diese, in der andern eine andere Bedeutung.

Beispiele über die Abwandlungsformen. Kaum hatte er die Lippen bewegt: so hatte er mich zum Mitgehen bewogen. Feuerruf hatte mich erschreckt; ich war sehr erschrocken. Der Brand wurde bald gelöscht; das Feuer erlosch, ist erlo= schen. Die Tochter pflegte die oder der Mutter; er pflegte zu spielen; ich pflog Umgang mit ihm. Gott schuf die Welt; Pilatus sah, daß er nichts schaffte. Noth bricht Eisen. An den Mauern Wiens brach der Türken Glück. Hast du Viel, so gib reichlich, hast du Wenig, so gib doch das Wenige mit treuem Herzen.

Aufgabe. Schreibe § 15 (die Zeitwörter der starken Form enthaltend) ab!

§ 16. Abwandlung eines rückzielenden (reflective) Zeitwortes.

Gewisse Redeweise.	Gegenwart.	Ungewisse Redeweise.
Ich freue mich, bu freuest dich, er (sie, es) freuet sich.	Einzahl.	Ich freue mich, bu freuest dich, er (sie, es) freue sich.
Wir freuen uns, ihr freuet euch, sie freuen sich.	Mehrzahl.	Wir freuen uns, ihr freuet euch, sie freuen sich.

Zeitwort. 101

Gewisse Redeweise.

Ich freute mich,
du freutest dich,
er freute sich ꝛc.

Ich habe mich gefreut,
du hast dich gefreut,
er hat sich gefreut.
Wir haben uns gefreut,
ihr habt euch gefreut,
sie haben sich gefreut.

Ich hatte mich gefreut,
du hattest dich gefreut,
er hatte sich gefreut ꝛc.

Ich werde mich freuen,
du wirst dich freuen,
er wird sich freuen ꝛc.

Ich werde mich gefreut haben,
du wirst dich gefreut haben,
er wird sich gefreut haben ꝛc.

Mitvergangenheit.
Einzahl.

Vergangenheit.
Einzahl.

Mehrzahl.

Vorvergangenheit.

Zukunft.

Vorzukunft.

Ungewisse Redeweise.

Ich freuete mich,
du freuetest dich,
er freuete sich ꝛc.

Ich habe mich gefreut,
du habest dich gefreut,
er habe sich gefreut.
Wir haben uns gefreut
ihr habet euch gefreut,
sie haben sich gefreut.

Ich hätte mich gefreut,
du hättest dich gefreut,
er hätte sich gefreut ꝛc.

Ich werde mich freuen,
du werdest dich freuen,
er werde sich freuen ꝛc.

Ich werde mich gefreut haben,
du werdest dich gefreut haben,
er werde sich gefreut haben ꝛc.

Bedingende Redeweise: Geg. ich freuete mich; Verg. ich hätte mich gefreut; Zuk. ich würde mich freuen; Vorzuk. ich würde mich gefreut haben.

Befehlsform.

Einzahl. Freue dich!
freue er (sie) sich!

Mehrzahl. Freuet euch!
freuen sie sich!

Nennform. { Gegenwart: sich freuen, sich zu freuen;
Vergangenheit: sich gefreut haben, sich gefreut zu haben;
Zukunft: sich freuen werden.

Mittelwort der Gegenwart: sich freuend.

§ 17. Die unpersönlichen Zeitwörter werden theils schwach, theils stark und fast alle mit dem Hülfszeitwort „haben" gebogen.

Beispiele. Es donnerte, es hat gedonnert, es wird donnern; es geschieht, es geschah, es ist geschehen; es dünkt, däuchte mich, hat mich gedäucht.

§ 18. Unregelmäßige Zeitwörter (s. § —) sind außer stehn, stand, gestanden und einzelnen Formen der Hülfszeitwörter:
1) brennen, brannte, gebrannt; kennen, kannte, gekannt; nennen, nannte, genannt; rennen, rannte, gerannt; senden, sandte, gesandt; wenden, wandte, gewandt;* denken, dachte, gedacht; bringen, brachte, gebracht;
2) die Hülfszeitwörter der Aussageweise: a. mögen, b. dürfen, c. können, d. müssen, e. sollen, f. wollen (g. lassen, h. wissen, i. thun).

* Senden und wenden werden auch schwach gebogen: ich sendete, wendete; gesendet, gewendet.

	Gewisse Redeweise.	Gegenwart.	Ungewisse Redeweise.
a.	Ich mag, du magst, er mag; wir mögen, ihr mögt, sie mögen.		Ich möge, du mögest, er möge; wir mögen, ihr möget, sie mögen.
b.	Ich darf, du darfst, er darf; wir dürfen, ihr dürft, sie dürfen.		Ich dürfe, du dürfest, er dürfe; wir dürfen, ihr dürfet, sie dürfen.
c.	Ich kann, du kannst, er kann; wir können, ihr könnet, sie können.		Ich könne, du könnest, er könne; wir können, ihr könnet, sie können.
d.	Ich muß, du mußt, er muß; wir müssen, ihr müsset, sie müssen.		Ich müsse, du müssest, er müsse; wir müssen, ihr müsset, sie müssen.
e.	Ich soll, du sollst, er soll; wir sollen, ihr sollt, sie sollen.		Ich solle, du sollest, er solle; wir sollen, ihr sollet, sie sollen.
f.	Ich will, du willst, er will; wir wollen, ihr wollt, sie wollen;		Ich wolle, du wollest, er wolle; wir wollen, ihr wollet, sie wollen.
g.	Ich lasse, du lässet, er läßt; wir lassen, ihr laßt, sie lassen.		Ich lasse, du lassest, er lasse; wir lassen, ihr lasset, sie lassen.
h.	Ich weiß, du weißest, er weiß; wir wissen, ihr wißt, sie wissen.		Ich wisse, du wissest, er wisse; wir wissen, ihr wisset, sie wissen.
i.	Ich thue, du thust, er thut; wir thun, ihr thut, sie thun.		Ich thue, du thuest, er thue; wir thuen, ihr thuet, sie thuen.

Mitvergangenheit.

a.	Ich mochte, wir mochten ꝛc.;	a.	ich möchte, wir möchten.
b.	Ich durfte, wir durften;	b.	ich dürfte, wir dürften.
c.	Ich konnte, wir konnten;	c.	ich könnte, wir könnten.
d.	Ich mußte, wir mußten;	d.	ich müßte, wir müßten.
e.	Ich sollte, wir sollten;	e.	ich sollte, wir sollten.
f.	Ich wollte, wir wollten.	f.	ich wollte, wir wollten.
g.	Ich ließ, wir ließen;	g.	ich ließ, wir ließen.
h.	Ich wußte, wir wußten;	h.	ich wüßte, wir wüßten.
i.	Ich that, wir thaten;	i.	ich that, wir thaten.

Nennform.	Mittelwort.	Befehlsform.
Mögen, gemocht haben;	mögend, gemocht;	mag!
Dürfen, gedurft haben;	dürfend, gedurft;	darf!
Können, gekonnt haben;	könnend, gekonnt;	kann!
Müssen, gemußt haben;	müssend, gemußt;	muß!
Sollen, gesollt haben;	sollend, gesollt;	soll!
Wollen, gewollt haben;	wollend, gewollt;	will!
Lassen, gelassen haben;	lassend, gelassen;	laß! laßt!
Wissen, gewußt haben;	wissend, gewußt;	wiß! wißt!
Thun, gethan haben;	thuend, gethan;	thue! thuet!

Das Mittelwort der Vergangenheit dieser Hülfszeitwörter nimmt die Nennform an, wenn sie eine andere Nennform als Ergänzung haben; z. B. Ich habe kommen wollen. Er hat nichts von sich hören lassen. Sie hat schweigen müssen.—Dasselbe ist auch der Fall mit den Zeitwörtern: wissen, hören, sehen, lehren, lernen.

§ 19. Aufgabe 1. Schreibe (§ 18, 2) die Abwandlung der Hülfszeitwörter der Aussageweise ab!

Aufgabe 2. Gebt die Mitvergangenheit und das Mittelwort der Vergangenheit von folgenden Zeitwörtern in Sätzen an: entstehen, auskleiden, anerkennen, vorenthalten, verstehen, verbreiten, gerathen, vollziehen, übertreiben, anklagen, mißrathen, widerstreben, hervortreiben, entziehen, verschreiben, durchgehen, durchgehen, überbringen, empfehlen, loslassen, willfahren, zuvorkommen, entfalten. Bildet diese Sätze, wie in folgenden Beispielen. Beispiele. Entgehen, entgieng, entgangen. Wenn auch der Sünder der weltlichen Strafe e n t g i e n g, so ist er damit nicht der göttlichen e n t g a n g e n. — Ausfahren: Cook fuhr von England aus, um die Erde zu umsegeln, wogegen Columbus von Spanien a u s g e f a h r e n war, um westwärts Indien zu erreichen.

§ 20. Gebrauch der ungewissen Redeweise.

Die Wirklichkeitsform, welche nur bei Gewißheit gebraucht wird, steht auch im Nebensatze nach Zeitwörtern, welche Glauben, Vermuthung und Zweifel ausdrücken, wenn der Inhalt des Nebensatzes vom Gegenstande etwas Thatsächliches darstellt; z. B. ich zweifle, daß der Kranke genesen wird; ich hoffe, daß du kommen wirst; ich glaube, daß er fleißig ist.

Ist aber die Aussage des Nebensatzes blos ein zweifelhaftes Gedachtes oder Gesagtes, oder eine Meinung des Satzgegenstandes, so steht die ungewisse Redeweise. Man sagt, er sei gestorben. Ich vermuthe, daß er kommen werde. Also: Man hat mir erzählt, daß der Kranke gestorben ist. (Gewiß.) Man hat mir erzählt, daß der Kranke gestorben sei. (Zweifelhaft, blos eine Vermuthung.) Man merke sich also den Unterschied zwischen solchen g e w i s - s e n und u n g e w i s s e n Redeweisen.

Dasselbe ist auch in bedinglichen Sätzen der Fall: Wenn die Sonne scheint, ist es schön; wenn die Sonne schiene, würde es schön sein. Da die ungewisse Redeweise nur Etwas im Geiste oder Gemüthe des Satzgegenstandes Gedachtes oder Vorhandenes, eine Möglichkeit, ein Können, Wünschen oder Denken ausdrückt, so steht sie besonders nach folgenden Zeitwörtern: meinen, glauben, vermuthen, zweifeln, scheinen, hoffen, fürchten, wollen, bitten, befehlen, verlangen, ermahnen, rathen, sagen, erzählen, melden, berichten ꝛc.; z. B. Er dachte, es sei gut; er meinte, ich w o l l e ihn beleidigen.

Aufgabe 1. Schreibe 6 bezügliche Zeitwörter in der 3ten Person männlich in der 1sten und 3ten Vergangenheit nieder; ebenso 6 unbezügliche in der Gegenwart, 1sten Zukunft und Befehlsform.

Aufgabe 2. Wandle zwei Zeitwörter ab, welche nach der s c h w a c h e n Conjugation (Form) gehen.

Aufgabe 3. Wandle zwei Zeitwörter nach der s t a r k e n Form ab.

Aufgabe 4. Wandle 2 Zeitwörter ab, die mit s e i n conjugirt werden.

Aufgabe 5. Welche von den folgenden Wörtern werden mit s e i n, welche mit h a b e n und welche mit beiden conjugirt?

Jagen, einschiffen, bedürfen, anschauen, ablegen, ablaufen, abhacken, anziehen, ausziehen, ausrauchen, ausschlagen, abzehren, leben, leiden, bleichen, frieren, schwärmen, mißfallen, erstaunen, abweichen, beten, fahren, stürzen, aufschlagen, eilen, blühen, erröthen, beistehen, lachen, belohnen.

Aufgabe 6. Conjugire zwei zurückführende und ein unpersönliches Zeitwort.

Aufgabe 7. Bilde aus folgenden Wörtern Eigenschaftswörter, nämlich in der Form des Mittelworts der Gegenwart; z. B. schreiben: das schreibende Kind.

Trösten, sättigen, brennen, rollen, sich drehen, grauen, scheinen, schneiden, dämmern, knallen, ruhen, schwächen, stärken, brummen, stechen, erquicken, düngen, seufzen, eilen, schwimmen.

Aufgabe 8. Witter's 3tes Leseb. S. 126, Stück 127, suche alle Zeitwörter aus, und gib an, was für eine Art von Zeitwort es ist, Person, Zeit ꝛc.

§ 21. Anmerkungen.

Bei manchen Zeitwörtern ist es schwankend, ob sie nach der starken oder schwachen Abwandlung gehen; z. B. melken, molk, gemolken, und melkte, gemelkt; weben, wob, gewoben und webte, gewebt; erklimmen, erklimmte, erklimmt und erklomm, erklommen.

Andere gehen in bezüglicher Bedeutung nach der schwachen und in unbezüglicher nach der starken; z. B. die Nachricht erschreckte mich; ich erschrak über diese Nachricht. Der Wind schwellte die Segel; der Fluß schwillt, schwoll. Ich bleichte die Leinwand. Die Farben verblichen.

Wiegen: Er wiegte sich in Träumen. Wiegen (Gewicht haben), wog, gewogen; wägen (das Gewicht erforschen), wog, gewogen. Der Zug bewegte sich fort, dies bewog uns mitzugehen. Gott schuf die Welt; des Arztes Bemühungen verschafften ihm keine Erleichterung. Die Festung wurde geschleift, das Messer wurde geschliffen. Sie hatten Unterhandlungen gepflogen, wie der Kranke gepflegt werden sollte. Ich sagte es ihm unverholen, daß ich nichts mehr verhehlte. Ich salzte, gesalzen; ich spaltete, gespalten. Der Müller mahlte das Mehl, gemahlen. Der Künstler malte das Bild, gemalt.

§ 22. Untrennbare Vorsilben der Zeitwörter.

Ich entkam der Gefahr. Ich habe den Fehler bemerkt. Du sollst Wohlthaten nicht vergessen. Beantworte meine Fragen. Versäume keine Zeit. Ich habe das Geld bezahlt.

Die **tonlosen** Vorsilben sind von den Zeitwörtern untrennbar, und erhalten **nicht** die Vorsilbe „ge" im Mittelworte der Vergangenheit (past participle), also **bezahlt** und **nicht gebezahlt**; z. B.

a. Einfache Vorsilben.

	Nennform.	Mittelwort d. Vergang.		Nennform.	Mittelw. d. Vergang.
be:	bemerken,	bemerkt;	miß:	mißdeuten,	mißdeutet;
emp:	empfinden,	empfunden;	ver:	vergessen,	vergessen;
ent:	entlaufen,	entlaufen;	voll:	vollbringen,	vollbracht;
er:	erlauben,	erlaubt;	wider:	widerstehen,	widerstanden;
ge:	gedenken,	gedacht;	zer:	zerreißen,	zerrissen.
hinter:	hintergehen,	hintergangen;			

b. Zusammengesetzte tonlose Vorsilben.

	Nennform.	Mittelwort d. Vergang.		Nennform.	Mittelw. d. Vergang.
bean:	beantragen,	beantragt;	verab:	verabscheuen,	verabscheut;
beant:	beantworten,	beantwortet;	verant:	verantworten,	verantwortet;
benach:	benachrichtigen,	benachrichtigt;	vernach:	vernachlässigen,	vernachlässigt;
beun:	beunruhigen,	beunruhigt;	verun:	verunglücken,	verunglückt;
beur:	beurtheilen,	beurtheilt;	verur:	verurtheilen,	verurtheilt.
mißver:	mißverstehen,	mißverstanden;			

Zeitwort.

c. **Von Eigenschaftswörtern abgeleitete Vorsilben,** welche ebenfalls untrennbar sind, aber im Mittelworte der Vergangenheit „ge" annehmen, weil diese Vorsilben den Hauptton haben. Also:

Nennform.	Mittelwort d. Vergang.		Nennform.	Mittelw. d. Verg.
Ant:	antworten,	geantwortet;	rath:	rathschlagen,	gerathschlagt;
arg:	argwöhnen,	geargwöhnt;	recht:	rechtfertigen,	gerechtfertigt;
früh:	frühstücken,	gefrühstückt;	ur:	urtheilen,	geurtheilt;
hand:	handhaben,	gehandhabt;	weis:	weissagen,	geweissagt;
lieb:	liebkosen,	geliebkost;	wett:	wetteifern,	gewetteifert;
muth:	muthmaßen,	gemuthmaßt;	wetter:	wetterleuchten,	gewetterleuchtet.

Hingegen

| Froh: | frohlocken, | frohlockt; | will: | willfahren, | willfahrt. |
| voll: | vollenden, | vollendet; | | | |

---

§ 23. Trennbare Vorsilben der Zeitwörter.

Aufstehen: Wann stehst du Morgens auf? Ich stehe um sechs Uhr auf. Früher stand ich um fünf Uhr auf. Stehe jetzt auf! Ich kann noch nicht aufstehen; wenn ich gesund bin, stehe ich gern früh auf. — Ich schreibe ab. Ich habe abgeschrieben.

Wenn der Hauptton auf der Vorsilbe liegt, so ist sie meistens trennbar; jedoch findet die Trennung nur im Hauptsatze und in den einfachen Zeiten: der Gegenwart, 1. Vergangenheit und Befehlsform statt, und die getrennte Silbe wird an das Ende des Wortes gesetzt, die Silbe „ge" aber zwischen die Vorsilbe und das Stammwort, z. B. ich theile es dir mit; ich habe es dir mitgetheilt. Man muß nicht Jedem Alles mittheilen.

a. **Solche einfache trennbare Vorsilben sind:**

Ab:	abschlagen,	fehl:	fehlschlagen,	nach:	nachlaufen,
an:	anfangen,	frei:	freisprechen,	nieder:	niederlegen,
auf:	aufhören,	gleich:	gleichkommen,	ob:	obliegen,
aus:	ausführen,	her:	herbringen,	statt:	stattfinden,
bei:	beistimmen,	heim:	heimkehren,	still:	stillschweigen,
dar:	darreichen,	hin:	hinstellen,	vor:	vorziehen,
ein:	einführen,	los:	loslassen,	weg:	wegnehmen,
fort:	forttragen,	mit:	mitbringen,	zu:	zufallen.

b. **Solche zusammengesetzte trennbare Vorsilben sind:**

Aufrecht:	aufrechtstehen,	hinab:	hinabsteigen,
bevor:	bevorstehen,	heran:	herankommen,
dabei:	dabeistehen,	herauf:	heraufsteigen,
daher:	daherkommen,	hinauf:	hinaufsteigen,
dahin:	dahineilen,	heraus:	heraustragen,
darnieder:	darniederliegen,	hinaus:	hinausrufen,
daran:	daranbinden,	herein:	hereinkommen,
darauf:	daraufsitzen,	hinein:	hineingehen,
davon:	davonlaufen,	herüber:	herüberkommen,
davor:	davorstehen,	hinüber:	hinüberwerfen,
dazu:	dazulegen,	herunter:	herunterfließen,
dazwischen:	dazwischenlaufen,	hinunter:	hinuntersehen,
einher:	einhergehen,	herbei:	herbeirufen,
empor:	emporhalten,	herzu:	herzurufen,
entgegen:	entgegengehen,	herum:	herumtragen,
entzwei:	entzweischneiden,	hervor:	hervorbringen,
herab:	herabsteigen,	hintan:	hintansetzen,

hinweg:	hinwegnehmen,	vorher:	vorhersehen,
hinzu:	hinzueilen,	vorbei:	vorbeigehen,
überein:	übereinkommen,	vorüber:	vorüberziehen,
umher:	umherschweifen,	zurück:	zurückkehren,
voran:	vorangehen,	zusammen:	zusammenkommen.
voraus:	voraussagen,		

§ 24. Bald trennbare, bald untrennbare Vorsilben.

je nach der verschiedenen Tonlegung sind die mit: durch, hinter, über, um, unter, voll und wieder zusammengesetzten Zeitwörter; z. B.

Trennbar:
durchreisen: er reiste durch die Stadt;
hinterbringen: er brachte es hinter (hinter das Bett);
übergehen: er ging zum Feinde über;

übersetzen: der Fischer setzte mich über den Fluß;
umgehen (einen Umweg machen). Ich ging mehr als eine Stunde um.
untergehen: das Boot geht unter;

vollgießen: er goß mein Glas voll;
wiederholen: er holte das vergessene Kleid wieder.

Untrennbar:
durchreisen, er durchreiste das Land;
hinterbringen: er hinterbrachte mir diese Nachricht;
übergehen: ich überging diesen Fehler mit Stillschweigen;
übersetzen: ich übersetzte seine Rede;

umgehen: in einer halben Stunde umging ich die ganze Stadt;
untergehen: zwei Schiffe sind untergegangen;
vollziehen: er vollzog meinen Befehl;
wiederholen: er wiederholte seine Lektion.

Aufgabe 1. Schreibe die §§ 22 und 24 über die untrennbaren und trennbaren Vorsilben der Zeitwörter ab. (Inseparable & separable verbs.)

Aufgabe 2. Nimm jeden Tag 12 von den untrennbaren zusammengesetzten Zeitwörtern und bilde 12 einzelne Sätze.

Aufgabe 3. Verfahre ebenso mit den trennbaren zusammengesetzten Zeitwörtern.

Aufgabe 4. Bildet Wörter mit beliebigen Vorsilben und: schlagen, fallen, gehen, tragen, setzen, nehmen, ziehen (z. B. erschlagen, aufschlagen, niederschlagen, unterschlagen rc.)

Aufgabe 5. Bildet Wörter auf ähnliche Weise mit beliebigen Vorsilben und: kennen, halten, handeln, arbeiten, wenden, brechen, stechen, fallen; ferner mit den Vorsilben: miß, voll, wieder.

§ 25. Von den bezüglichen Zeitwörtern (transitives).

Die Hülfszeitwörter sein, werden und bleiben haben den ersten Fall bei sich:
Mein Freund ist ein Lehrer, und sein Bruder ein Soldat. Er ist und bleibt ein Lügner.
Haben regiert den vierten Fall, z. B. ich habe einen Freund, den ich wie einen Bruder liebe.

A. Die zielenden (hinbezüglichen) Zeitwörter regieren den vierten Fall auf die Frage: wen? was? (wie?), z. B. er bauet ein Haus, er pflanzt einen Baum, er schreibt einen Brief (was?), er liebt seinen Vater (wen?).

Die echten rückbezüglichen Zeitwörter regieren den vierten Fall, als: sich abgeben, anschicken, bedanken, bedienen, beeilen, befinden, befleißigen, begeben, begnügen, bekümmern, belaufen, bemächtigen, bemühen, benehmen, berathschlagen, besinnen, bestreben, betragen, bewerben, beziehen, bücken, einlassen, enthalten, entschließen, entsinnen, erbarmen, erbrechen (vomit), erbreisten, ereignen,

Zeitwort.

ergeben, erholen, erkälten, erkundigen, freuen, fürchten, gedulden, grämen, härmen, herablassen, irren, kümmern, nähern, nähren, schämen, sehnen, setzen, stellen, streiten, unterstehen, verirren, verlassen (rely), verlieben, vermessen, verrechnen, versehen, verspäten, verstellen, versündigen, vertragen, vereinigen, vorbereiten, weigern, widersetzen, wundern, zanken, zutragen.

Fragen und lehren haben einen doppelten Wenfall: Du fragst mich eine schwere Frage; ich lehre dich (nicht dir) die deutsche Sprache. So auch: heißen, nennen, schelten, schimpfen, taufen; z. B. ich nannte dieses Kind meinen Liebling; ich heiße dich einen Menschenfreund; er schalt ihn einen Thoren; er schimpfte sie eine Diebin; der Geistliche taufte den Knaben: Hermann Franklin.

Bei **lassen** kann zuweilen der Wem- oder Wenfall gebraucht werden; es hat aber dann eine ganz verschiedene Bedeutung, z. B.

Er ließ mich das Geld ausbezahlen.
Ich habe meinen Sohn einen Rock machen lassen.
Er ließ mich sagen.
Laß mich deinem Bruder einen Brief schreiben.

Er ließ mir das Geld ausbezahlen.
Ich habe meinem Sohne einen Rock machen lassen.
Er ließ mir sagen.
Laß deinen Bruder mir einen Brief schreiben.

Man merke sich folgende Sätze von **heißen**: Wer hat dir das geheißen? Höre, was ich dir heiße. Wer hat ihm geheißen, daß er kommen solle? Hingegen: Wer hat dich kommen heißen? Wer hat dich den Knaben schlagen heißen? Manche Zeitwörter regieren nebst dem Wenfall auch den Wessenfall. Heinrich belehrte seinen Freund eines Besseren. Die Feinde beraubten die Bürger ihres Habes. Er hat seinen untreuen Diener des Dienstes entlassen. Der Richter überführte den Dieb des Verbrechens.

Dergleichen Zeitwörter sind: anklagen, belehren, berauben, beschuldigen, entbinden, entblößen, entheben, entlassen, entkleiden, entladen, entlasten, entledigen, entsetzen, entwöhnen, erledigen, lossprechen, mahnen, überführen, überheben, überzeugen, versichern, vertrösten, verweisen (des Landes), würdigen, zeihen.

Man merke sich von „**versichern**" folgende Ausdrücke: Ich versichere Ihnen, daß mein Freund da war. Ich versichere Sie meiner Hochachtung und Freundschaft; aber: ich versichere ihnen die Wahrheit dieser Begebenheit; ich versichere ihnen meine Hochachtung.

---

§ 26. Ziellose Zeitwörter, welche den Wessenfall regieren.

Der Gerechte erbarmt sich seines Viehes. Er befleißigt sich des Lernens. Er besann sich eines Besseren. Er enthaltet sich des Fleisches. Ich erwehre mich des Zudringlichen. Ich gedenke seiner Liebe. Das Kind bedarf seiner Eltern. Wir harren deines Winkes.

a. **Zurückführende Zeitwörter mit dem zweiten Fall:**

Sich anmaßen, annehmen, bedienen, befleißigen, begeben, bemächtigen, bemeistern, bescheiden, besinnen, entäußern, entblöden, enthalten, entschlagen, entsinnen, erbarmen, erdreisten, erfrechen, erinnern, erkühnen, erwähnen, freuen, getrösten, rühmen, schämen, unterfangen, unterwinden, ermessen, versehen, verwundern, wehren, weigern. Z. B. Er maßt sich dieses Rechtes an. Warum nimmst du dich nicht deines Bruders an?

b. **Folgende nur als ziellose Zeitwörter:**

Achten, bedürfen, brauchen, gebrauchen, mißbrauchen, denken, gedenken, entbehren, mangeln (ermangeln), erwähnen, genießen, geschweigen, gewöhnen, harren, hüten, lachen, pflegen, schonen, spotten, verfehlen, vergessen, wahren, wahrnehmen, walten, warten. Z. B. Ich achte des Sturmes nicht. Er bedarf deiner Hülfe. Es braucht der Waffen nicht. Er erwähnte Ihrer Güte. Genieße der Ruhe. (Als zielende Zeitwörter regieren sie den Wenfall.)

§ 27. Zeitwörter mit dem Wemfall.

Er bot mir seine Freundschaft an. Gib dem Armen so viel du vermagst. Ich gönne dir dein Glück. Er verbot seinem Sohne das Lügen. Er trug dem Boten auf Sie zu grüßen. Er gestand dem Richter das Vergehen. Verschweige mir nichts. — Zeitwörter mit dem

a. **4ten Fall der Sache und dem 3ten des persönlichen Gegenstandes:** bieten, borgen, bringen, geben, glauben, gönnen, klagen, lassen, leihen, leisten, liefern, lohnen, melden, nehmen, opfern, rathen, rauben, reichen, sagen, schenken, schicken, schreiben, senden, stehlen, thun, wehren, weigern, weihen, weisen, widmen, zahlen, zeigen u. a. m. Z. B. Er bot mir seine Hülfe an; ich borgte ihm eine Summe Geldes; leihe mir dein Buch!

b. **Den 3ten Fall regieren ferner folgende zielende mit den Vorsilben: ge, ent, emp, er, ver; ab, an, auf, aus, bei, dar, ein, mit, nach, vor zusammengesetzte Zeitwörter,** als:

Gebieten,	entreißen,	erlassen,	erzählen,	verhehlen,	verwehren,
geloben,	entrichten,	erlauben,	erzeigen,	versagen,	verweigern,
gestatten,	entwenden,	ersetzen,	verbieten,	verschweigen,	verzeihen; —
gestehen,	entziehen,	ertheilen,	verdenken,	verschreiben,	
gewähren,	empfehlen,	erwiedern,	vergeben,	versichern,	
entbieten,	erklären,	erweisen,	vergönnen,	versprechen,	
abgeben,	ansagen,	auflegen,	darbringen,	einwenden,	vorlegen,
abschlagen,	ansehen,	auftragen,	darreichen,	mitbringen,	vorzeigen,
abtreten,	antragen,	ausreden,	einbilden,	mittheilen,	zumuthen,
anbieten,	anzeigen,	beilegen,	einflößen,	nachsagen,	zusagen,
anpassen,	aufgeben,	darbieten,	einreden,	nachstehen,	zuschreiben ꝛc.

Z. B. Jonathan gelobte dem David ewige Freundschaft. Achan gestand sein Vergehen. Er versicherte seinem Vater seine Unschuld. Er ersetzte (wem?) seinem Freunde (was?) den Verlust.

c. Nachstehende ziellose Zeitwörter regieren auch den Wemfall:

Ahnen,	fehlen,	glücken,	nützen,	steuern,	ziemen,
ähneln,	fluchen,	helfen,	passen,	trauen,	zürnen.
bleiben,	folgen,	huldigen,	schaden,	trotzen,	
danken,	fröhnen,	leuchten,	scheinen,	wehren,	
dienen,	frommen,	mangeln,	schmecken,	weichen,	
drohen,	gleichen,	nahen,	schmeicheln,	winken,	

Z. B. Dem Saul ahnte sein Unglück. Er ähnelt (gleicht) seinem Bruder. Segne die, welche dir fluchen. Gott möge ihm helfen!

Hieher gehören auch folgende durch Vorsilben gebildete Zeitwörter:

Gebrechen,	gehorchen,	entgehen,	erliegen,	mißlingen,
gebühren,	gelingen,	entkommen,	erscheinen,	mißtrauen; —
gefallen,	entfallen,	entsagen,	mißfallen,	
gehören,	entfliehen,	entsprechen,	mißglücken,	
abhelfen,	aufwarten,	einfallen,	nachstellen,	widerstehen
abrathen,	aushelfen,	einleuchten,	unterliegen,	zuhören,
anhangen,	ausweichen,	entgegengehen,	vorgeben,	zukommen,
anliegen,	beifallen,	entgegenkommen ꝛc.,	vorkommen,	zurufen,
anstehen,	beikommen,	nachahmen,	vorstehen,	zustehen ꝛc.
auffallen,	beistehen,	nacheifern,	widerfahren,	
aufpassen,	beistimmen,	nachstehen,	widersprechen,	

Z. B. Es gebrach dem Darius nicht an Muth. Dem Fleißigen gebührt Lob, dem Faulen Tadel. Gehorche deinem Vater und deiner Mutter.

Man muß diesem Uebel abhelfen. Er hat mir von dem Unternehmen abgerathen. Ich stimme dir bei.

d. Nachstehende zurückführende Zeitwörter haben den Wemfall nach sich: sich anmaßen, einbilden, sich (die Freiheit) nehmen, vornehmen, vorstellen, getrauen, ausbedingen, ausbitten, erbitten, herausnehmen, vorsetzen, sich Mühe geben; z. B. Du solltest dir nicht so viel anmaßen. Ich bitte mir deinen Rath aus, und erbitte mir deine Hülfe. Bilde dir das nicht ein!

e. Folgende unpersönliche Zeitwörter regieren ebenfalls den Wemfall: es ekelt, es fehlt, gebricht, mangelt, grauet (grauset), es liegt — daran, es schaubert, es schwindelt, es schimmert, es stößt — auf :c.; — es ahnet, es beliebt, es begegnet, behagt, bekommt, gefällt, gebührt, gelingt, geräth, geschieht, geziemt, glückt, mißglückt, schadet, scheint, schmeckt, schwebt (mir vor), steht an, thut leid (weh, wohl), träumt, widersteht, ziemt :c.; z. B. Es ekelt mir (oder mir ekelt) vor dieser Speise. Es ist ihm gelungen. Das Stück gefällt mir. Wie ist dir zu Muthe? Es thut mir leid. Es glückte ihm.

§ 28. Man merke sich noch folgende schwankende oder auch doppelte Fallregierung:

Es kam mir sauer an auszugehen. Es wird dir auf einen Tag nicht ankommen. Es befiel mich eine Furcht. Es geht dich nichts an. Es wandelte sie eine Ohnmacht an. Es dauert den ganzen Tag. Mir dauert es zu lange. Der Arme dauert mich. Mich dünkt (nicht so gut däucht) meine Stimme bebte. Was das Bessere mich dünkt (Schiller). Das dünk mir jetzt schrecklich (derselbe); wohin es dir gut dünkt (Göthe). Du dünkst dich unglücklich. Was gilt die Wette? Es gilt deine Ehre. Es gilt einen Versuch. — Es gilt mir gleichviel. Dieser Spott gilt dir.

Helfen hat jetzt immer den Wemfall bei sich, z. B. Diese Reden helfen dir nichts. Gott möge dir helfen. Hilf ihm auf's Pferd! Er half mir suchen (stand mir bei). Er half mich suchen (stand einem Andern bei). Er kleidete einen Armen von Kopf bis Fuß. Der Hut kleidet dich (nicht dir) gut; die rothe Farbe kleidet ihn nicht wohl. Koste (versuche) den Apfel. Das Buch kostet mir (nicht mich) einen Dollar. Es kostet ihr das Leben. Es kostet mir viel Mühe das zu vollenden. Gott lohne dir deine Treue. Du lohnst mir mit Undank; aber der Lehrer belohnt den Fleißigen.

Du sollst dem Tugendhaften und dem Fleißigen nachahmen. Ahme nur das Schöne und das Gute nach! Er ahmt den Gang (Sache) seines Bruders nach. Er ahmt seinem Bruder (Person) im Gange nach. Steht aber die Person allein, so heißt es: Er ahmt dem Vater nach. Er ahmt dem Dichter nach.

Rufe den Arzt. Hast du mir (zu)gerufen? Er steuert das Schiff dem Ufer zu. Dem Unrechte mußt du steuern. Ich traue ihnen. Das Paar wurde heute getraut.

Aufgabe 1. Bilde a) 12 Sätze mit sein, werden und bleiben, so daß sie den Werfall bei sich haben; z. B. Mein Bruder wird ein Soldat; und b) 6 mit haben und den Wenfall, z. B. Hast du das Geld?

Aufgabe 2. Schreibe 12 Sätze mit dem zielenden Zeitworte und einem Gegenstande, auf das es sich bezieht, nieder; z. B. Der Schüler liebt den Lehrer.

Aufgabe 3. Schreibe jeden Tag 12 Sätze von allen rückbezüglichen Zeitwörtern (S. —), welche den 4ten Fall, und von denjenigen Zeitwörtern, welche einen doppelten 4ten Fall regieren.

Aufgabe 4. Schreibe Sätze über l a s s e n und h e i ß e n mit Zusätzen im 4ten und 3ten Falle, und gib die verschiedenen Bedeutungen an.

Aufgabe 5. Schreibe täglich 12 Sätze über die Zeitwörter, welche den 4ten und 2ten Fall regieren, z. B. Er beschuldigt dich des Diebstahls.

Aufgabe 6. Bilde täglich 12 Sätze über die Zeitwörter S. —, welche den 2ten Fall regieren (a u. b).

Aufgabe 7. Schreibe täglich 12 Sätze auf über alle Zeitwörter, welche den dritten Fall regieren. (S. —.)

Aufgabe 8. Lese die Zeitwörter von schwankender oder doppelter Fallregierung durch und mache über jedes einzelne Zeitwort zwei verschiedene Sätze.

Siebenter Abschnitt.
Das Fürwort (pronoun).

§ 1. Begriff und Arten der Fürwörter.

Karl war ein braver Knabe; Karl liebte Karl's Eltern und gehorchte Karl's Eltern.

Karl hatte eine Schwester, die Schwester Karl auch innig liebte. Einst sagte Karl zu der Schwester: Will Schwester mit Karl in den Park gehen?

Wie übel würde das lauten, wenn wir nicht Wörter hätten, welche S t e l l v e r t r e t e r der H a u p t w ö r t e r wären und daher F ü r w ö r t e r genannt werden. Sie sollen Kürze, Bestimmtheit, Abwechselung und Wohllaut in die Rede bringen. Nun höret, wie obiger Satz mit Fürwörtern lautet:

Karl war ein braver Knabe; er liebte s e i n e Eltern und gehorchte i h n e n. Er hatte eine Schwester, w e l c h e er auch innig liebte. Einst sagte e r z u i h r : Willst d u mit m i r in den Park gehen?*

> Dasselbe Hauptwort stets zu hören,
> Das will mir gar nicht in den Sinn;
> Du kannst es aber oft entbehren,
> Stellst du dafür ein F ü r w o r t hin.

Es gibt folgende Arten von Fürwörtern:
1. **P e r s ö n l i c h e** (personal pronouns): ich, du, er, sie, es; wir, ihr, sie.
2. **B e s i t z a n z e i g e n d e** (possessive pronouns): mein, dein, sein, unser, euer, ihr.
3. **H i n z e i g e n d e** (demonstrative pronouns): dieser, diese, dieses; jener, jene, jenes; derjenige, derselbe, der nämliche.
4. **B e z i e h e n d e** (relative pronouns): welcher, welche, welches; der, die, das.

---

* Der Lehrer schreibe zur Uebung im richtigen Gebrauch der Fürwörter Sätze, kleine Erzählungen, Briefe u. dgl. m. an die Wandtafel, lasse die Stellen für die Fürwörter offen, und gebe dem Schüler auf, diese offenen Stellen durch die richtigen Fürwörter auszufüllen.

5. **Fragende** (interrogative pronouns): wer, was, welcher, was für ein?
6. **Unbestimmte** (indefinite pronouns): Jemand, Niemand ꝛc.

Manche Fürwörter werden bald hauptwörtlich, bald beiwörtlich gebraucht: **Beispiele.** Einer will die Sonn', die den Andern beschwert; Dieser will's trocken, was Jener feucht begehrt. Wohl ist dieser Rath jenem vorzuziehn.

§ 2. Die persönlichen Fürwörter beziehen sich auf Personen oder auf persönlich gedachte Dinge, und geben an, ob die sprechende, oder die angesprochene, oder die besprochene Person oder Sache gemeint sei. Man unterscheidet nämlich **drei Personen** in der Rede: eine, die redet, — **ich**, **wir** (erste Person); eine, zu der man redet, — **du**, **ihr** (zweite Person), und eine, von der man redet, — **er, sie, es** (dritte Person).

§ 3. Biegung (declension) des persönlichen Fürwortes.

Einzahl.

	1. Person.	2. Person.	3. Person. Männlich.	Weiblich.	Sächlich.
1) Werfall:	Ich,	du,	er,	sie,	es,
2) Wessenfall:	meiner,	deiner,	seine,	ihrer,	seiner,
3) Wemfall:	mir,	dir,	ihm,	ihr,	ihm,
4) Wenfall:	mich;	dich;	ihn;	sie;	es.

Mehrzahl.   (Für alle Geschlechter.)

1) Werfall:	Wir,	ihr,	sie,
2) Wessenfall:	unser,	euer,	ihrer,
3) Wemfall:	uns,	euch,	ihnen,
4) Wenfall:	uns;	euch;	sie.

Anmerkungen.

1. In Briefen wird die angeredete Person groß geschrieben; z. B. Ich theile Dir mit, daß Dein Freund angekommen ist.
2. Besonders müßt ihr euch merken, daß man nicht, wie im Englischen, von Thieren und Sachen im Fortgange der Rede **es** (it) sage, wenn das erwähnte Wort nicht **sächlich** ist; sondern das Fürwort muß mit dem Geschlechte desjenigen Wortes übereinstimmen, dessen Stelle es vertritt; z. B. Wo ist meine Uhr? Sie (nicht es, it) liegt auf dem Tische. Wer hat meinen Stock genommen? Er steht hier.
3. Wer ist da? Ich bin es (it is I), du bist es, er ist es. Ich, der ich ihm so viel Gutes that, empfing einen Undank. Du, der du mir es eingestanden hast, willst es läugnen?

Aufgabe 1. Sucht in folgenden Sätzen die persönlichen Fürwörter heraus und bestimmt deren Person, Geschlecht, Zahl und Fall: Ich sei, gewährt mir die Bitte, in eurem Bunde der Dritte! Gib mir, o Gott, ein Herz, das jeden Menschen liebet. Ergeht's euch wohl, so denkt an mich! Das Blatt hat sich gewendet.

Aufgabe 2. Bilde 12 Sätze im 2ten Falle der drei Personen der persönlichen Fürwörter in der Einzahl und Mehrzahl, z. B. Er ist meiner nicht würdig.

Aufgabe 3. Bilde eben so viele Sätze im 3ten und 4ten Falle, Einzahl und Mehrzahl, dieser Fürwörter.

Aufgabe 4. Suche in Witter's 3. Lesebuch, S. 111, alle persönlichen Fürwörter aus.

Aufgabe 5. Lerne folgenden Vers auswendig:

Mich, dich, ihn, es, sie
Brauch' als Wemfall nie!
Mir, dir, ihm, ihr, ihnen
Müssen dazu dienen.

§ 4. Die besitzanzeigenden Fürwörter.

Die besitzanzeigenden Fürwörter beziehen sich ebenfalls auf eine Person oder auf ein persönlich gedachtes Ding und geben an, daß einem Gegenstand Etwas als Eigenthum angehöre. Sie sind von der zweiten Fallform der persönlichen Fürwörter abgeleitet. Man unterscheidet auch bei ihnen drei Personen: mein, dein, sein; unser, euer, ihr. Sie werden vor die Hauptwörter gesetzt und mit diesen in Geschlecht, Zahl und Endung auf folgende Weise stark gebogen:

	Einzahl.		Mehrzahl.
Männlich.	Weiblich.	Sächlich.	Für alle Geschlechter.
1) Mein Kleid,	Meine Uhr,	Mein Haus,	Meine (Kleider,
2) meines Kleides,	meiner Uhr,	meines Hauses,	meiner Uhren 2c.),
3) meinem Kleide,	meiner Uhr,	meinem Hause,	meinen,
4) mein Kleid.	meine Uhr.	mein Haus.	meine.
1) Unser Garten,	Unsere Magd,	Unser Gut,	Unsere (Gärten 2c.),
2) unseres Gartens,	unserer Magd,	unseres Gutes,	unserer,
3) unserem Garten,	unserer Magd,	unserem Gute,	unseren,
4) unseren Garten.	unsere Magd.	unser Gut.	unsere.

Anmerk. Abgekürzt spricht man: unsers, unserm, unsern, unsre 2c.

Ist das Dingwort, auf das sich diese Fürwörter beziehen, ausgelassen, oder nur durch den Artikel angedeutet, so erhält auch der erste Fall des männlichen und sächlichen Geschlechts eine Biegungsendung.

Beispiele. Dein Bruder ist älter, als meiner oder der meine. Mein Federmesser ist zerbrochen; leihe mir deines oder das deine!

Wenn vor persönlichen Fürwörtern das Geschlechtswort steht, so sagt man statt: der (die, das) meine, deine 2c. gewöhnlich: der (die, das) meinige, deinige, seinige, unsrige, eurige, ihrige, und diese Wörter werden nach der neuen Form gebogen und oft als Hauptwörter gebraucht.

Beispiele. Dein Bruder ist älter, als der meinige. Ich habe das Meinige gethan. Thun sie das Ihre! Das Recht sagt: Jedem das Seine! Die Liebe: Jedem das Deine.

Aufgabe 1. Deklinire in der Ein- und Mehrzahl männlich: dein, sein, unser, euer, ihr.

Aufgabe 2. Thue das nämliche mit denselben Wörtern weiblich und sächlich.

Aufgabe 3. Suche in Witter's 3. Lesebuch, S. 114, St. 119, alle besitzanzeigenden Fürwörter heraus und gib Zahl, Person und Geschlecht an.

---

*) Statt meiner, deiner, seiner, sagt man auch manchmal: mein, dein, sein; z. B. Vergiß mein nicht! Dein gedenk' ich. Man spottet sein.

§ 5. Die hinzeigenden Fürwörter.

Dieser hat es gesagt, nicht jener. Derjenige, welcher zufrieden ist, ist reich. Solche Worte mußt du niemals brauchen. Es ist derselbe Knabe, von dem ich sprach.

Die hinzeigenden Fürwörter, die wie durch einen Blick oder Fingerzeig auf ein Ding hinweisen, von dem die Rede ist, und es von andern Dingen unterscheiden, werden so gebogen:

Der, die, das, unmittelbar vor einem Hauptwort, wie das Geschlechtswort; steht es aber für sich allein (ohne Hauptwort), so hat es folgende Biegungsform:

	Einzahl.			Mehrzahl.
	Männlich.	Weiblich.	Sächlich.	Für alle Geschlechter.
1) Werfall:	Der,	die,	das,	die,
2) Wessenfall:	dessen (deß),	der (deren),	dessen (deß),	deren, derer (der),
3) Wemfall:	dem,	der,	dem,	denen,
4) Wenfall:	den;	die;	das;	die.

Beispiele. Meide den Umgang derer, welche dir schmeicheln; es gibt deren Viele.

Wenn, wie in vorstehendem Beispiele, nach „deren" (als Mehrzahl) ein bezüglicher Satz folgt, so steht „derer." *

	Einzahl.		
	Männlich.	Weiblich.	Sächlich.
1)	Dieser, jener, solcher,	diese, jene, solche,	dieses, jenes, solches,
2)	dieses, jenes, solches,	dieser, jener, solcher,	dieses, jenes, solches,
3)	diesem, jenem, solchem,	dieser, jener, solcher,	diesem, jenem, solchem,
4)	diesen; jenen; solchen;	diese; jene; solche;	dieses; jenes; solches.

Mehrzahl (in allen Geschlechtern).

1) Werfall:	Diese,	jene,	solche,
2) Wessenfall:	dieser,	jener,	solcher,
3) Wemfall:	diesen,	jenen,	solchen,
4) Wenfall:	diese;	jene;	solche.

„Dieser" weiset auf ein der Stellung nach näheres, „jener" auf ein entfernteres Ding hin.

Beispiele. Bienen und Ameisen sind Vorbilder des Fleißes und der Geschicklichkeit; diese wissen Gänge, jene Zellen zu bauen. Ehrliebe und Ehrsucht sind verwandte, doch sehr verschiedene Triebe; jene hält Maß und wählt nur untadelige Mittel zum guten Zwecke, diese verschmäht in ihrer Heftigkeit kein Mittel und scheut kein Verbrechen.

Solcher, solche, solches (=so beschaffen) zeigt die Art der Beschaffenheit eines Gegenstandes an; z. B. Solchen Glauben habe ich in Israel nicht funden. Zu zielen auf des eignen Kindes Haupt, Solches ward keinem Vater noch geboten!

Selber und selbst werden nicht gebogen.

Beispiele. Du selber (und kein Anderer) hast dich verrathen. Der Mensch prüfe sich selbst. Selbst ist der Mann.

---

* Aus dem hinweisenden Fürworte „das" werden die Zusammensetzungen: damit, daran, davon, dazu ⁊c. gebildet; z. B. Daran (an das) glaube ich nicht. Davon (von dem) weiß ich nichts. (Man sage aber nicht: da weiß ich Nichts von.)

	Einzahl.			Mehrzahl.
	Männlich.	Weiblich.	Sächlich.	Für alle Geschlechter.
1) Werfall:	Derselbe,	dieselbe,	dasselbe,	dieselben,
2) Wessenfall:	desselben,	derselben,	desselben,	derselben,
3) Wemfall:	demselben,	derselben,	demselben,	denselben,
4) Wenfall:	denselben;	dieselbe;	dasselbe;	dieselben.

Ebenso wird derjenige, diejenige, dasjenige gebogen.

Aufgabe 1. Deklinire durch alle Geschlechter in der Einzahl und Mehrzahl: jener, derselbe, solcher.

Aufgabe 2. Suche in Witter's 3. Leseb. (oder irgend in einem andern Lesebuch in einem beliebigen Stücke) die hinzeigenden Fürwörter aus und gib Zahl, Geschlecht und Fall an.

Aufgabe 3. Schreibe S. 113, § 5 ab!

§ 6. Die bezüglichen Fürwörter.

Die bezüglichen Fürwörter beziehen sich auf einen Gegenstand, oder auf einen ganzen Satz. Sie heißen: welcher, welche, welches, wofür oft: der, die, das gesetzt wird, und: wer, was.

Beispiele. Schmecket dir die Speise süß, die du durch Betteln erlangt hast? Unverbesserlich ist der Fehler, durch welchen wir unsere Zeit verschwenden. Wer da will Männer sehn, geh' ins Tyrolerland! Wer lügt, der stiehlt, der brennt, der sengt, der wird zuletzt an den Galgen gehängt. Kann dich das Kleid zieren, das dir die Schande gereicht hat? Was du heute thun kannst, verschiebe nicht auf morgen.

Biegungsform der beziehenden Fürwörter.

	Einzahl.			Mehrzahl.
	Männlich.	Weiblich.	Sächlich.	Für alle Geschlechter.
1) Werfall:	Welcher,	welche,	welches,	welche,
2) Wessenfall:	welches,	welcher,	welches,	welcher,
3) Wemfall:	welchem,	welcher,	welchem,	welchen,
4) Wenfall:	welchen;	welche;	welches;	welche.

Anmerkung. Statt welches und welcher im 2ten Fall sagt man, wenn kein Hauptwort dazu tritt, dessen und deren; z. B. Heil den Menschen, deren Gewissen rein ist! Der Ruhm dessen, der lügt, dauert nicht lange.

Das bezügliche Fürwort muß, wie vorstehende Beispiele zeigen, im Geschlecht und der Zahl dem Hauptwort entsprechen, auf das es bezogen wird, d. h. man kann sich mit der männlichen Form nur auf männliche Hauptwörter, mit der weiblichen nur auf weibliche, mit der sächlichen nur auf sächliche, mit der Mehrzahlform nur auf ein in der Mehrzahl stehendes Hauptwort beziehen.

	Einzahl.		
1) Werfall:	Wer,	was,	
2) Wessenfall:	wessen,	wessen,	Keine Mehrzahl.
3) Wemfall:	wem,	wem,	
4) Wenfall:	wen;	was.	

Aufgabe 1. Bilde 12 Sätze, in welchen die bezüglichen Fürwörter in allen Geschlechtern gebraucht werden.

Aufgabe 2. Bilde 12 Sätze mit wer und was.

§ 7. Die fragenden Fürwörter.

Von den fragenden Fürwörtern fragt „welcher" nach einem einzelen Ding von mehreren Dingen derselben Art; mit „was für ein" fragt man nach der Art oder Gattung von Dingen; „wer" dagegen bezeichnet auf unbestimmte Weise eine Person, und „was" ebenso eine Sache.

Beispiele. In welches Fürsten Reich ging die Sonne nicht unter? Wer wagt es, Rittersmann, oder Knapp, zu tauchen in diesen Schlund? Was für eine Geschichte erzählte Nathan dem David? Was ist leichter, tadeln oder besser machen?

Die fragenden Fürwörter: welcher? wer? was? haben die Biegungsform der beziehenden Fürwörter. In „was für ein" wird nur das letzte Wort wie der unbestimmte Artikel gebogen. In der Mehrzahl und vor Stoffnamen fällt ein ganz weg.

Aus dem fragenden Fürworte „wo?" werden durch Zusammensetzung die Fragewörter: woher? wohin? warum? wozu? woraus, womit, wodurch? u. dgl. m. gebildet.

Die Wörter: wo, woher, wohin, wovon, wofür, woran, wodurch rc. werden auch bezüglich gebraucht.

Beispiele. O sprecht, warum zieht ihr von dannen? Kennst du das Land, wo die Citronen blühn?

In demselben Falle, worin gefragt wird, muß auch geantwortet werden; z. B. Wessen Buch ist das? Meines Bruders Buch. Wem gehört das Haus? Meinem Vater. — Die Biegung ist dieselbe wie bei den beziehenden Fürwörtern.

Aufgabe 1. Biege alle fragenden Fürwörter.
Aufgabe 2. Gib einige Beispiele an von dem richtigen Gebrauche von: wer, was, was für ein, und welcher.

---

§ 8. Die unbestimmten Fürwörter bezeichnen Personen und Sachen auf eine ganz allgemeine und unbestimmte Weise. Es sind folgende: Jedermann, man, Jemand, Niemand, Etwas, Nichts; etwa, irgend, nirgend, je, nie, immer, nimmer; z. B. Niemand kann zween Herren dienen. Will Einer in der Welt was (Etwas) erjagen, mag er sich rühren und mag sich plagen. Jedermann gehorche dem Gesetze. Jedermanns Gänge kommen vom Herrn. Ich erinnere mich Jemandes, Niemandes. Einem Jeglichen wird widerfahren, wie er es verdient hat. Unrecht thut Einem weh. Er ist Jemand ähnlich. Trau' Niemand hier, als mir. Ich habe Niemand gesehen, will Niemand berauben. Es ist ein köstlich Ding, dem Herrn danken.

Biegung unbestimmter Fürwörter.

Werfall.	Wessenfall.	Wemfall.	Wenfall.
Jemand,	Jemandes,	Jemanden,	Jemanden,
Niemand,	Niemandes,	Niemanden,	Niemanden,
Einer,	Eines,	Einem,	Einen,
Keiner,	Keines,	Keinem,	Keinen,
Jedermann;	Jedermanns;	Jedermann;	Jedermann.

Anmerkung. Einer und Keiner werden als unbestimmte Fürwörter nur im männlichen Geschlechte gebraucht und stark gebogen. Jemand und Niemand nehmen im 2ten Falle die Endung „s" und im 3ten und 4ten Falle die Endung „en" an, wenn ohne sie Zweideutigkeit entstehen würde. An „Jedermann" wird nur der 2te Fall durch ein angehängtes „s" bezeichnet. „Etwas, Nichts, es, man" bleiben unverändert. „Etwas" und „Nichts" vor Hauptwörtern werden als unbestimmte Zahlwörter klein geschrieben; z. B. Misch' etwas Wasser unter den Wein, sollt' er dir zu feurig sein. Es gibt nichts Neues mehr unter der Sonne.

Aufgabe 1. Deklinire diese unbestimmten Fürwörter (einige davon können nicht gebogen werden, — welche?).

Aufgabe 2. Gib von jedem der folgenden Fürwörter Art, Geschlecht, Zahl, Person und Fall an:

Sie, du, er, der, dessen, denen, den, derer, sein, ihnen, dieser, wir, jener, uns, ich, euch, welcher, ihr, derselbe, deren, unser, dieselbe, euer, derjenige, wer, derselbe, wessen, unserer, solchem, wem, jenem, dasjenige, man, dessen, was, seiner, jenem, sich, ihm.

Aufgabe 3. Lese den Abschnitt über das Fürwort von neuem durch, und schreibe die Beispiele ab.

Achter Abschnitt.

Das Verhältnißwort oder Vorwort (preposition).

§ 1. Begriff.

Beispiele. Der Knabe spielt (wo?) in dem Hofe. Der Vater kommt (woher?) aus dem Garten. Der Vogel fliegt (wohin?) in das Haus. — Er arbeitet (wann?) in der Nacht. Er reiset (wie?) zu Fuß. Er zittert (warum?) vor Kälte. Ein edler Mensch gibt mit Freuden, ein selbstsüchtiger aus Berechnung. Der Ofen glüht vor Hitze. Aus Herrschsucht sind die meisten Kriege entstanden.

Das Verhältnißwort dient dazu, wie aus vorstehenden Beispielen zu ersehen ist, Verhältnisse des Ortes, der Zeit, der Art und Weise, der Ursache oder des Grundes auszudrücken, durch welche mehrere Dinge zu einander in Bezug treten.

Frage. Mit welcher Wortart sind die Verhältnißwörter nahe verwandt? Worin besteht aber das Eigenthümliche derselben, und wodurch unterscheiden sie sich demnach von der ihnen ähnlichen Wörterklasse?

---

§ 2. Die meisten Verhältnißwörter stehen nur **vor** ihrem Haupt- oder Fürworte;

halb, halber, halben, entgegen, gegenüber, zuwider, gemäß

stehen stets **hinter** dem Worte, dessen Beziehung sie andeuten;

ungeachtet, nach, wegen, zufolge

können sowohl **vor**, als **hinter** das Haupt- oder Fürwort gesetzt werden;

um — willen, von — wegen, an — Statt

werden getrennt, so daß der eine Theil derselben vor das Haupt- oder Fürwort, der andere hinter dasselbe zu stehen kommt.

Beispiele. Hochmuth kommt vor dem Fall. Neben mir; Alters halber; der Ehre halben; dem Willen der Eltern zuwider; meinem Versprechen gemäß; seiner Treue wegen (oder wegen seiner Treue); seinem Befehle zufolge (oder zufolge seines Befehls); um Gottes willen; an seiner Statt; von Rechts wegen.

§ 3. Als Verhältnißwörter dienen auch Wörter aus andern Wörterklassen, z. B. statt, diesseits, jenseits, längs, unweit, ungeachtet, troß, rücksichtlich, während.

§ 4. Einige Verhältnißwörter sind S t a m m w ö r t e r, wie: an, auf, aus, in, um, bei, von, vor, für, zu; andere a b g e l e i t e t e, wie: außer, über, unter, nebst, nächst; andere z u s a m m e n g e s e ß t e, wie: innerhalb, außerhalb, gegenüber, jenseits, diesseits.

§ 5. Jedes Verhältnißwort wird mit einem bestimmten Biegungsfalle des Haupt- oder Fürwortes verbunden. Man sagt daher: s i e r e g i e r = t e n d i e s e n o d e r j e n e n F a l l.

---

§ 6. Verhältnißwörter mit dem zweiten Falle.

Unweit, mittelst, kraft und während,
Laut, vermöge, ungeachtet,
Oberhalb und unterhalb,
Innerhalb und außerhalb,
Diesseit(s), jenseit(s), halber (en), wegen,
Statt, um — willen, troß, zufolge,
Längs — steh'n mit dem Wessenfalle.

Unsern, vermittelst, zeit, hinsichtlich, rücksichtlich stehen auch mit dem 2ten Falle. Troß, längs, zufolge, wenn sie hinter dem Hauptworte stehen, regieren den Wemfall: Deinem Versprechen zufolge mußt du kommen.

B e i s p i e l e. Ein Geschichtchen s t a t t v i e l e r! Er hat dies k r a f t seines Amtes verboten; m e i n e t h a l b e n, u n s e r t h a l b e n, e u r e t h a l = b e n, i h r e t h a l b e n; a u ß e r h a l b des Hauses; i n n e r h a l b eines Monats; d i e s s e i t s der Brücke; j e n s e i t s des Flusses. W ä h r e n d des Winters ruht die Natur. Z e i t seines Lebens; h i n s i c h t l i c h (d. h. in Hinsicht) seiner guten Eigenschaft; m e i n e t w e g e n, u n s e r t w e g e n, e u r e t w e g e n, i h r e t w e g e n (= wegen meiner 2c.); w e g e n des Friedens, oder um des F r i e d e n s w i l l e n; um s e i n e t w i l l e n, um i h r e t = w i l l e n; l a u t übergebener Rechnung.

A n m e r k u n g. „Anstatt" wird auch öfters getrennt, und „statt" ist dann als Hauptwort zu schreiben; z. B. An des Kaisers S t a t t. Jemanden an Kindes S t a t t (Stelle) annehmen.

A u f g a b e 1. Schreibe die Beispiele der §§ 1—6 des Verhältnißworts ab.

A u f g a b e 2. Ergänze das fehlende Wort in dem rechten Falle.

Unweit — Haus liegt ein Garten. Der Dieb öffnete das Schloß mittels — Dietrich. Kraft — Auftrag handelte ich so. Während — Gewitter stelle dich unter keinen Baum. Laut — Briefes sende ich Ihnen 2c. Vermöge — Schwerkraft fällt Alles zur Erde. Ungeachtet — Verbot gingest du doch aus. Oberhalb — Haus ist das Dach. Unterhalb — Hauses ist der Keller.

A u f g a b e 3. Bilde von diesen Verhältnißwörtern ähnliche Säße:

Innerhalb — Zimmer steht ein Piano. Außerhalb — Stadt ist ein Park. Diesseit — Ohio liegt Cincinnati. Jenseit — Ohio liegt Covington. — Jugend halber verzeihe ich ihm. Wegen — schlechten Wetter kann ich nicht ausgehen. Statt—Buch brachte er eine Tafel. Um—Frieden willen gib nach! Trotz — Faulheit will ich dir dieses Buch schenken. Zufolge — Gesetz sollst du nicht stehlen. Längs — Fluß lagerten die Soldaten.

§ 7. Verhältnißwörter mit dem dritten Falle.

Schreib: Mit, nach, nächst, nebst, sammt
Bei, seit, von, zu, zuwider,
Entgegen, außer, aus,
Stets mit dem Wemfall nieder.

Binnen, gegenüber, gemäß regieren auch den 3ten Fall.

Beispiele. Binnen einem Jahre; dem Befehle zuwider; dem Auftrage gemäß; er wohnt nächst dem Stadthause; seit einigen Jahren; er stand mir gegenüber; von (dem) Morgen bis (zum) Abend; von früher Jugend auf (an).

Ersetze die fehlenden Wörter im richtigen Falle.

Aufgabe 1. Er spricht mit —. Nach — Schlacht ruheten die Soldaten. Nächst — Eltern liebe ich meinen Lehrer am meisten. Der Bruder nebst — Schwester war da. Man muß diesen Baum sammt — Wurzel ausrotten. Gestern war ich bei —. Seit — Zurückkunft habe ich dich nicht gesehen. Von — Stadt ging ich auf's Land. Handle nicht — Gesetze zuwider. Mein Freund kam — entgegen. Außer — Lehrer war Niemand in der Schule. Mache nicht aus — Freund einen Feind.

Aufgabe 2. Bilde ähnliche Sätze von allen diesen Verhältnißwörtern.

§ 8. Verhältnißwörter mit dem vierten Falle.

Durch, entlang, für, gegen, ohne, um, wider.

Beispiele. Durch den Strom, gegen den Strom schwimmen; das ganze Jahr durch (hindurch); den Bach entlang (d. h. längs dem Bache, an dem Bache her oder hin); ohne allen Zweifel; wider den Willen des Vaters; wer nicht für mich ist, der ist gegen mich.

Aufgabe 1. Ersetze die fehlenden Wörter.

Durch — Fleiß erlernte ich diese Sprache. Für — könnte ich Alles thun. Das Gewitter zog gegen — Gebirge. Was ist das Leben ohne — Freund. Er trauert um — Vater. Meine Eltern sorgen für —.

Aufgabe 2. Bilde von allen diesen Verhältnißwörtern ähnliche Sätze.

§ 9. Verhältnißwörter mit dem zweiten und dritten Falle.

Längs (= an Etwas hin), trotz, zufolge, während.

Beispiele. Längs des Weges, oder längs dem Wege, standen die Soldaten; trotz des ungünstigen Wetters, trotz seinen Reichthümern; zufolge des erhaltenen Auftrags, oder dem erhaltenen Auftrage zufolge.

§ 10. Verhältnißwörter mit dem dritten und vierten Falle.

An, auf, hinter, in, neben, über, unter, vor, zwischen.

Hier steht der 3te Fall auf die Frage: **wo?** oder: **wann** (Ruhe)? der 4te Fall auf die Frage: **wohin** (Richtung)?

Beispiele. St. Louis liegt **an dem** Mississippi. Die Vereinigten Staaten von Amerika haben ihr Land ausgedehnt **bis an den** stillen Ocean. Wir stiegen **auf einen** hohen Berg. Da droben **auf jenem** Berge, da steh' ich tausendmal, **an meinem** Stabe gebogen, und schaue hinab **in das** Thal. Die Liebe zu den Eltern wird von den Kindern **in einem** guten Herzen bewahrt. — Und **vor den** edlen Meister tritt der Jüngling mit bescheidenem Schritt. — Nichte **vor allen Dingen** dein Herz zu Gott. **Unter den** Stolzen ist immer Hader. **Unter Napoleon's Regierung.** — Man sagt aber: **vor Alters**; **unter Weges** (auch **unterwegs**) und **unterdessen**.

Anmerkung. Oft verschmilzt das Verhältnißwort mit dem Geschlechtsworte, z. B. **am** (an dem), **im** (in dem), **ins** (in's = in das), **zum** (zu dem), **zur** (zu der), **auf's** (auf das), **durch's** (durch das).

Aufgabe 1. Schreibe die Beispiele in den §§ 7 bis 10 ab.

Aufgabe 2. Vollende folgende Sätze:

Das Buch liegt (wo?) — Mauer. Lege das Buch auf (wohin?) — Tisch). Wir steigen auf — Berg. Wir stehen auf — Berg. Verstecke dich hinter — Bett. Der Stock steht hinter — Bett. Komme in — Zimmer. Er ist in — Zimmer. Mein Freund sitzt neben —. Mein Lieber, setze dich neben —. Ueber — Hause ist ein Nest. Der Vogel fliegt über — Haus. Wir saßen unter — Baum. Lege dieses unter — Bank. Er brachte seine Klage vor (wohin?) — Richter. Stehe nicht immer vor (wo?) — Spiegel. Unser Haus liegt zwischen — Garten und — Wiese. Setze dich zwischen — Bruder und — Schwester.

Aufgabe 3. Bilde aus diesen Verhältnißwörtern ähnliche Sätze.

Anmerkungen über den Gebrauch von: gegen und wider, für und vor, an, auf, in, über.

Gegen und **wider** bezeichnen eine Richtung, mit dem Unterschiede, daß **wider** nur eine entgegenstrebende und feindselige Richtung hat; z. B. wider (oder gegen) den Strom schwimmen. Beide Heere kämpfen gegen oder wider einander. Er ist sehr freundlich gegen (aber nicht wider) mich. Gott ist gegen alle Geschöpfe gütig.

Für und vor. — Für bezeichnet a) zum besten Vortheil oder zu Gunsten. Er hat viel für mich gethan. Das Wasser ist für den Magen gut. Er arbeitet für mich. b) Zweck und Bestimmung; z. B. Vorrath für einen Monat. Ein Concert für die Armen. Ein Buch für die Jugend. c) Thätigkeit oder Empfindung für einen Andern: Ich fürchte für ihn. Der Kranke fürchtet für sein Leben. Er hat Gefühl für das Schöne und Gute. d) So viel als in Hinsicht, in Ansehung: Für sein Alter ist er geschickt. Für meinen Theil, für dieses Mal ɛc. e) Eine Stellvertretung, Verwechselung, Vergeltung (anstatt, statt); z. B. Er ging für seinen Bruder. Ist das der Lohn für meine Bemühung? Schritt für Schritt; Tag für Tag. Ich nahm es für Scherz; nimm fürlieb. Fürbitte, Fürsprache, Fürsorge.

Vor drückt ein räumliches und zeitliches Verhältniß aus, einen Grund, eine wirkende Ursache; z. B. Er wohnt vor dem Thore. Die Sünde ruhet vor der Thüre. Thue es nicht vor der Zeit; vor kurzem; vor allen andern Dingen. Fliehe vor dem Bösen. Fürchte dich nicht vor ihm. Habe Ehrfurcht vor dem Alter. Ich fühle Abscheu vor den Schlangen. Er zittert vor Angst, vor Frost. Stoße Niemand vor den Kopf. Vorsicht, Vorsorge (voraus sorgen).

Zuweilen, und namentlich in bildlichen Redensarten, ist es für den Anfänger schwer zu unterscheiden, welchen Fall er bei an, auf, in und über anwenden soll. Man merke sich daher Folgendes: **An**, an einer Sache Anstoß nehmen. Er hängt mit Liebe an ihm. Er vergreift sich an dir. Es liegt am Tage; es liegt an dir. Es liegt mir am Herzen. Es ist nichts Wahres an dem Gerüchte. Die Reihe ist an **mir**. Etwas an einem bewundern, an einer Sache irre werden, auch zweifeln (woran?). Sie sangen bis an den Morgen. Ich schließe mich an ihn an. An einen Gott glauben. — Unterscheide: Ich habe viel an ihm (seiner Person) verloren; ich habe viel an ihn (im Geschäfte) verloren. Er hält sich an mir (fest). Er hält sich an mich. An diesen Tag erinnere ich mich oft. An diesem Tage gedenke ich deiner.

Auf. — Ich habe Etwas auf dem Herzen. Die Sache beruht auf ihm. Er besteht auf seinem Kopfe. Sei auf deiner Hut. Er ist auf dem Sprunge abzureisen. Er bauet auf seinen Freund. Mache dich auf die Beine. Das zielt auf mich. Er brachte das Geld auf die Seite. Er hat Einfluß auf den Richter. Stelle ihn auf die Probe. (Einen Zeitpunkt:) Er besucht mich auf den Abend. Auf das Essen ruhe! Antworte auf die Frage. Auf seinen Freund zürnen, böse, eifersüchtig, neidisch sein ꝛc. Auf ihn achten. Auf eine Sache besinnen. Auf einen schimpfen. Auf eine Sache verzichten ꝛc. Auf diese Weise thun. Auf deutsch sagen ꝛc.

In. — Im Kopfe herum gehen; im Sinne haben; im Geiste vorstellen; in weitem Felde liegen; in großer Angst sein; im Ernste. In einer Sache geschickt, erfahren sein. Ins Auge fassen; in die Augen fallen; ins Gesicht sagen; Worte in den Mund legen. Etwas in den Weg legen; in einen bringen; in die Leute schicken; ich setze mein Vertrauen in dich; er ist in dieses Mädchen verliebt; 10 Fuß in die Länge; in das sechste Jahr gehen; in Stein schneiden; ein Buch in vier Bände binden; in das Englische übersetzen.

Ueber. — Ueber den Büchern sitzen; über (während) der Mahlzeit davon sprechen; lange Zeit über einer Sache zubringen; über dem Lesen einschlafen; müde über dem langen Suchen; über dem Spiele die Arbeit vergessen; sich über einen Andern erheben; er ist über diese Sache erhaben; der Major geht über den Hauptmann; er war über den ganzen Leib naß; das geht über seinen Begriff; über alle Beschreibung schön; er herrscht über ihn; er hat die Aufsicht über seinen Bruder; er ist König über das Land; denke über die Sache nach; sich über die Sache vereinigen; er betrübt sich über sein Betragen; er hält sich über mich auf; über dein Vergnügen vernachlässige Nichts ꝛc.

Aufgabe 1. Welchen Fall regiert jedes der folgenden Verhältnißwörter? durch, nach, seit, für, während, unweit, an, hinter, gegen, bei, entgegen, außerhalb, innerhalb, neben, zwischen, wider, zuwider, zu, mit, nebst, diesseits, auf, vor, unter, halben u. s. f.

Aufgabe 2. Ersetze das fehlende Wort im richtigen Falle:

Wir sind jetzt in —. Ich komme aus —. Er lebt auf —. Der Garten liegt außerhalb —. Sprich du für —. Er lebt ohne —. Er zog von —, neben —. Er führte mich in —, auf —, vor —, zwischen —. Ich fand den Schlüssel an —, bei —, diesseit —, unweit —, auf —, unter —. Das geschah während —, mit —, unter —, in —. Ich schrieb gestern an —, für —, wegen —, auf —. Wir gehen nach —, in —, vor —, mit — u. s. f.

Ich trat vor — Stunde in — Haus, in — Stube, in — Garten. Ich stieg auf — Leiter und sah nach — Tauben. Ich lag auf — Grase. Ich sitze neben — Laube. Kein Mensch soll auf — Gesundheit trotzen. Das Urtheil anderer, besonders guter Menschen über — darf mir nicht gleichgültig sein. Ich stelle mich zwischen —

Thür und — Ofen. Hast du schon in — Buch gelesen? Willst du mit — vor — Thor gehen?

Aufgabe 3. Gib den Unterschied an zwischen folgenden Sätzen:
Der Candidat predigt vor dem Pastor — für den Pastor. Ich bete vor Ihnen — für Sie. Ich nahm den Hut vor ihm ab — für ihn ab. Ich stehe dafür — davor. Ich schäme mich vor Ihnen — für Sie. Er nahm für die Arbeit Nichts — vor Arbeit Nichts. Ich bin bange vor meinem Nachbarn — für meinen Nachbarn. Er hält sich über mir auf — über mich auf. Der Löwe brüllt über seinen Raub — über seinem Raube. Wer schreibt an dir? und wer an dich? Liegt der Schnee über oder auf dem Dache. Ist die Brücke über oder auf dem Wasser? Wie unterscheidest du: zwischen und unter; neben und bei, gegen und wider; entgegen und zuwider, mit und sammt.

Neunter Abschnitt.
Das Umstandswort (adverb).

§ 1. Begriff.

Der Knabe schreibt sehr schön, und seine Schwester ist ein recht gutes Kind. Wirst du morgen mitgehen? Ja, ich komme heute schon zu dir. Das ist ein gut und schön geschriebener Aufsatz. Ich habe eine höchst erfreuliche Nachricht erhalten. Früh übt sich, was ein Meister werden will.

Wörter, welche, wie hier: sehr, recht, morgen, heute ꝛc. einen Umstand angeben zur näheren Bestimmung der Zeit- und Eigenschaftswörter, zuweilen auch des Zahlwortes oder selbst eines Umstandswortes, heißen Umstandswörter.

§ 2. Der Bedeutung nach gibt es Umstandswörter

1) des Ortes, auf die Frage: wo? wohin? woher? z. B. hier, da, dort, her, hin, wo, daher, dahin, woher, wohin; oben, unten, links, rechts, vorn, hinten, außen, innen, diesseits, jenseits, zurück, rückwärts, vorwärts, überall, unterwegs, rings ꝛc.

Beispiele. Aller Segen kommt von oben. Wo viel Licht ist, (da) ist starker Schatten. Wo rohe Kräfte sinnlos walten, da kann sich kein Gebild gestalten. Es steht schlecht mit einem Volke, wo das Geld der allgemeine Strebepunkt ist.

2) Der Zeit, auf die Frage: wann? und: wie lange? z. B. dann, wann; jetzt, nur, bald, eben, noch, eher, ehestens, schon, erst, sonst, sogleich, zugleich, je, jemals, einst, heute, gestern, morgen, jüngst, allezeit, vorher, immer, künftig, augenblicklich, nächstens ꝛc.

Beispiele. Jetzt muß gehandelt werden! Ach, wie bald welket Schönheit und Gestalt! Kaum gedacht, wird der Lust ein End' gemacht. Gestern noch auf stolzen Rossen, heute durch die Brust geschossen, morgen in das kühle Grab!

3) Der **Zahl**; z. B. einmal, zweimal, selten, oft, wieder, abermal.
Beispiele. Wieder ist ein Jahr vorüber. Ein Unglück kommt selten allein.

4) Der **Art und Weise**, auf die Frage: wie? z. B. so, also, wie, anders, gerade (so), eben (so).
Beispiele. Rede so, wie dir's um's Herz ist. Falsch ist, wer anders spricht, als denkt. **Auswendig** lernen sei, mein Sohn, dir eine Pflicht; versäume nur dabei **inwendig** lernen nicht. **Auswendig** ist gelernt, was dir vom Munde fließt; **inwendig**, was im Sinn lebendig sich erschließt.

Diese Umstandswörter bezeichnen oft den Grad, die größere oder geringere Stärke &c. eines Zustandes, einer Thätigkeit oder einer Eigenschaft. Dahin gehören:

so, wie, als, zu, sehr, gar, beinahe, fast, kaum, nur, höchst, äußerst, weit;

oder sie bestimmen, ob eine ausgesagte Thätigkeit &c. wirklich, oder nicht wirklich, gewiß, oder ungewiß, möglich, oder nicht möglich, wahrscheinlich, nothwendig, oder nicht nothwendig ist. Zu diesen **bejahenden** oder **verneinenden** Umstandswörtern gehören:

ja, doch, wahrlich, allerdings, fürwahr, gewiß, wirklich, freilich, etwas, wohl, vielleicht, wahrscheinlich; nein, nicht, keineswegs, schlechterdings, durchaus u. a. m.

Beispiele. Die Baumwolle wird **wohl** (denk' ich) zugleich mit ihrer Menge **mehr und mehr** im Werthe sinken. **Nicht** das Kleid bestimmt den Werth des Menschen.

Als Umstandswörter der Art und Weise werden auch die meisten Eigenschaftswörter und Mittelwörter gebraucht.

Beispiele. Der Erwerbsame arbeitet (wie?) **fleißig**. Ein Schifflein ziehet **leise** den Strom hin sein Geleise. Gute Bäume tragen **zeitig**. Der Mond scheint (wie?) **hell**, wenn er nicht umwölkt ist. Er bat mich **dringend**, ihm gefällig zu sein.

§ 3. Die Umstandswörter haben keine Abänderung, noch Zahl, Geschlecht und Fall; sie können jedoch zum Theil **gesteigert** werden. Die Steigerung geschieht in der 2ten Stufe mittels der Endung „er," in der dritten Stufe mittels der Endung „est" oder „st". Die dritte Stufe wird auch bezeichnet durch die Endung „stens" und durch andere Formen, die mit den Verhältnißwörtern „an, auf" und „zu" gebildet werden.

Beispiele. Spät, später, spätestens, am spätesten; selten wird das Treffliche gefunden, seltener geschätzt; — oft, öfter;* höchst, höchstens, am höchsten, auf's höchste; meistens, am meisten; nächstens, zunächst; längst, längstens, am längsten; schönstens, am schönsten, auf's schönste, zum schönsten.

---

* Man verwechsele nicht „öfter" mit „öfters." **Oefter** steht nur bei Vergleichungen; z. B. Ich habe **öfter** geschrieben, als du. **Oefters** heißt „mehrmals"; z. B. Wir haben **öfters** mit einander gearbeitet. — **Oefterer** ist fehlerhaft, und **öfterst** ungebräuchlich.

Unregelmäßige Steigerung haben:

1. Stufe.	2. Stufe.	3. Stufe.
Bald,	eher,	am ehesten, ehestens;
gern,	lieber,	am liebsten, liebst;
oft,	öfter;	
wohl,	besser,	am besten, bestens;
hoch,	höher,	am höchsten, auf's höchste;
viel,	mehr,	am meisten, meistens;
wenig,	minder,	am mindesten, mindestens.

§ 4. Manche Umstandswörter werden häufig in Eigenschaftswörter umgebildet; z. B. gestern, gestrig; heute, heutig; dort, dortig; jetzt, jetzig.

Oft werden auch Umstände durch umstandswörtliche Fügungen ausgedrückt; z. B. in der That (= wirklich); auf jeden Fall (durchaus); ohne Aufhören (immerfort); vor langer Zeit (längst); den ganzen Tag; liebes Kind, laß dich die Weisheit ziehen von Jugend auf, so wird ein weiser Mann aus dir.

Anmerkung. Einige Umstandswörter haben zugleich die Bedeutung von Bindewörtern, z. B. da, ehe, als, daher, indeß, nun, falls; oder von Fürwörtern.

Anmerkungen über hin und her, dann, denn, wann, wie und als.

Aus folgenden Umstandswörtern entstehen Eigenschaftswörter: aus: äußere und äußerst; in: innere, innerste; vorn: vordere, vorderste; hinten: hintere, hinterste; oben: obere, oberste; unten: untere, unterste; mitten: mittlere, mittelste.

Umstandswörter können nicht gebogen werden, und würde man gegen diese Regel sie biegen, so entstünde ein Eigenschaftswort und folglich ein ganz anderer Sinn daraus. Welcher Unterschied ist in folgenden Sätzen? Er hat das ganze, neue Haus gemiethet, und: er hat das ganz neue Haus gemiethet; ein kindlicher, froher Mensch, und: ein kindlich froher Mensch; eine schöne, rothe Blume, und: eine schön rothe Blume; ein ganzes, schwarzes Brod, und: ein ganz schwarzes Brod; ein neues, eingebundenes Buch, und: ein neu eingebundenes Buch; ein brennendes, rothes Tuch; und: ein brennend rothes Tuch; ein wildes, tanzendes Mädchen, und: ein wild tanzendes Mädchen.

Das Umstandswort wird dem Eigenschafts- oder Umstandswort, welches es näher bestimmt, voran gesetzt; z. B. Ich bin sehr froh; ich habe viel gelesen und wenig geschlafen. Besonders ist dieses bei dem verneinenden Umstandswort „nicht" zu merken, weil bei dessen Versetzung ein anderer Sinn entstehen würde. Gib den Unterschied an von: Er hat es nicht oft gethan, und: er hat es oft nicht gethan; sie kommt heute nicht, und: sie kommt nicht heute; Alle denken nicht wie du, und: nicht Alle denken wie du; ich habe nicht die Ehre Sie zu kennen, und: ich habe die Ehre Sie nicht zu kennen 2c.

Kein Umstandswort darf überflüssig stehen; also da, wo eine Verneinung schon enthalten ist, darf kein verneinendes Umstandswort angewandt werden; also nicht: Er sieht aus dem Fenster hinaus, sondern: zum Fenster 2c.; nicht: Er schloß zuletzt damit, sondern: er schloß damit; nicht: Er kletterte auf den Baum hinauf, sondern: er kletterte auf den Baum. Nicht: Es war Niemand nicht da, sondern: es war Niemand da (zwei Verneinungen sind eine Bejahung); nicht: Er hat kein Vermögen nicht mehr, sondern — ? Nach Zeitwörtern, die einen verneinenden Begriff haben, darf ebenfalls keine andere Verneinung stehen, z. B. Es wurde ihm verboten (nicht—fehlerhaft) auszugehen; ich zweifle, daß er komme; ich fürchte, daß er krank ist 2c.

Hin und her. — Hin bezeichnet eine entfernende und her eine annähernde Bewegung zu dem Sprechenden. Bringe das Buch hierher (zu mir) und trage den Hut dorthin (weg von mir). Komme herab (zu mir), ziehe hinab (weg von mir). Komme herein (zu mir) und trage den Stuhl hinaus (weg von mir). Warum kommen Sie nicht herein zu mir, und gehen dann hinauf zu meiner Frau? Oder soll ich sie herunter rufen?

Dann gibt eine Zeit an; z. B. Erst lerne, dann spiele. Erst versprichst du viel, dann hältst du wenig. Du wirst es erst dann einsehen, wenn es zu spät ist.

Denn ist eigentlich ein Bindewort; z. B. Er kann nicht ausgehen, denn er ist krank. Es mußte so kommen, denn du warst leichtsinnig.

Wann meint zu welcher Zeit? Wann wirst du wieder kommen? Wann wirst du dich ändern? Wann soll ich kommen?

Wenn (unter welcher Bedingung). — Wenn gebraucht man den bestimmten Artikel? — Außerdem ist es ein Bindewort; z. B. Wenn du nicht hörst, mußt du fühlen.

Wie und als. — Wie bedeutet auf (welche?) gleiche Weise, Beschaffenheit, oder eine Aehnlichkeit; z. B. Wie macht er es? Wie geht es dir? Du blühest wie eine Rose. Ich bin so fleißig wie du; er ist so schön wie sein Bruder. Hingegen: Er ist schöner als sein Bruder. Als bedeutet ganz so eine Gleichheit; z. B. Er starb als ein Held. Sokrates blühete als Jüngling wie eine Rose, lehrte als Mann wie ein Engel und starb als Greis wie ein Verbrecher. — Als ist auch erklärend: Sich' nicht auf äußerliche Dinge, als Kleidung x.; ferner eine Gleichzeitigkeit, Größe und Grad (Comparativ): Als ich ihn sah, erkannte ich ihn. So weiß wie Schnee, jedoch weißer als Schnee. Er ist größer als du. Hingegen: Er ist so groß wie du.

Aufgabe 1. Schreibe 12 Sätze mit Umstandswörtern des Ortes; z. B. Ist mein Freund da gewesen?

Aufgabe 2. Schreibe ebensoviel mit Umstandswörtern der Zeit.

Aufgabe 3. Schreibe eine gleiche Anzahl mit Umstandswörtern der Art und Weise.

Aufgabe 4. Ebensoviele, in welchen entweder eine Bejahung oder Verneinung vorkommt.

Aufgabe 5. Schreibe 12 Sätze auf, in welchen Eigenschaftswörter als Umstandswörter gebraucht werden.

Aufgabe 6. Schreibe 18 Sätze, in welchen abwechselnd: hin, her, wann, dann, wie und als richtig angewendet werden.

Aufgabe 7. Suche in Witter's 3tem Lesebuch, S. 119, oder in irgend einem andern Lesestücke alle Umstandswörter aus und ordne sie.

Aufgabe 8. Schreibe alle Beispiele des Umstandsworts ab, und lese die betreffenden Regeln wiederholt durch.

Zehnter Abschnitt.
Das Bindewort (conjunction).

§ 1. Begriff.

Anstatt: der Vater geht in die Kirche, der Sohn geht in die Kirche, sagt man kürzer: der Vater und der Sohn gehen in die Kirche. Statt: der Schüler ist fleißig, der Schüler ist sittsam, sagt man: der Schüler ist fleißig und sittsam. Der brave Schüler ist beliebt, der gute Schüler ist beliebt = der brave und gute Schüler ist beliebt.

Er thut nicht fromm, sondern er ist fromm. Ihr geht in die Schule, damit ihr Etwas lernt.

Solche Formwörter, wie: und, sondern, damit sind Bindewörter, sie verbinden sowohl einzelne Wörter, als ganze Sätze mit einander und geben das Fortschreiten und die Wendungen der Rede, so wie auch das gegenseitige Verhältniß der Sätze an.

Ohne Bindewörter würde der Zusammenhang und die Beziehung der Gedanken auf einander unbestimmt und oft unerklärlich sein; durch sie kommt Deutlichkeit und Schönheit in die Rede. Die deutsche Sprache ist wegen des hohen Grades ihrer Ausbildung sehr reich an Bindewörtern.

Anmerkung. Außer den eigentlichen Bindewörtern dienen zur Verbindung der Sätze und Satztheile auch noch die Fürwörter: **wer, was, welcher; der, wo, wann, wie** ꝛc.; die Verhältnißwörter: **ohne, um, seit, während, ungeachtet, anstatt**; endlich viele Umstandswörter, die nur aus dem Zusammenhang als Bindewörter zu erkennen sind (s. § S. —).

§ 2. Der Form nach sind die Bindewörter **eingliedrig**; z. B. **auch, und, oder, aber, daß, weil**, oder **zweigliedrig**; z. B. **weder — noch, sowohl — als auch, nicht nur — sondern auch, je — desto, theils — theils, wie — so**. — Letztere beziehen sich genau auf einander und verbinden zwei Sätze dadurch, daß in jeden Satz eines der Glieder dieser Bindewörter tritt.

Beispiele. **Sowohl** die Amerikaner, **als** die Franzosen sind in der Geschichte der Erfindungen berühmt. **Je** größer die Noth, **desto** näher ist Gott.

§ 3. Ihrer Wirkung nach sind sie **beiordnende**, oder **unterordnende** Bindewörter *

A. **Beiordnende** Bindewörter (coordinate conjunctions) verbinden **gleichartige** Satzglieder und **gleichartige** Sätze, als **Haupt- und Hauptsatz** und **Neben- und Nebensatz**.

Beispiele. Der Geruch **des Veilchens und der Rose** sind sehr angenehm. Ich verabscheue **nicht nur** die Heuchler, **sondern auch** die Schmeichler. Die Franzosen versprachen im Jahre 1809 in Tyrol landeskundigen Wegweisern großen Lohn, **aber** kein Tyroler wollte ihn verdienen.

Sie stellen theils zusammen, theils entgegen, theils reihen sie einen Grund an; es gibt daher:

1) **Zusammenstellende** (copulative): und, auch, zudem, außerdem, nicht nur — sondern auch, nicht bloß — sondern auch, nicht allein — sondern, sowohl — als auch, weder — noch, theils — theils — theils, erstlich — dann —, ferner, endlich, nämlich, als, wie.

2) **Entgegenstellende** (adversative): nicht — sondern, entweder — oder, sonst, aber, allein, hingegen, doch, jedoch, dennoch, dessenungeachtet, gleichwohl, dagegen.

3) **Begründende** (causative): daher, deßwegen, deßhalb, darum, demnach, mithin, somit, also, folglich, denn.

Beispiele. Tag **und** Nacht habt auf Licht und Feuer Acht. Der Taubstumme kann **nicht** hören **und auch nicht** sprechen (kann **weder** hören, **noch** sprechen). Die Stoffe sind **theils** einfach, **theils** zusammengesetzt. Das Glück beruht **nicht** im Reichthum, **sondern** in der Zufriedenheit. Der Spieler gewinnt **nicht entweder, oder** verliert, sondern er verliert jedenfalls Geld, oder Zeit, oder beides. — Wir haben Nordwind; **daher** ist es kalt (Sachgrund oder Ursache). Der Vater will das Kind bessern; **darum** bestraft er es (Beweggrund). Du bist ein Mensch; **folglich** mußt du sterben (Erkenntnißgrund).

B. **Unterordnende** Bindewörter (subordinate conjunctions) verbinden Nebensätze mit Hauptsätzen. Fast alle unterordnenden Bindewörter sind eigentlich zweigliedrig, d. h. sie bestehen aus einem

---

* Siehe die Beispiele in der Satzlehre.

hinweisenden und einem beziehenden Worte, von denen jenes im Hauptsatze, dieses im Nebensatze steht. Die hinweisenden Wörter werden aber oft ausgelassen.

Beispiele.

Hinweisend.	Beziehend.	Beziehend.	Hinweisend.
Darum	— weil	weil	— so
so	— daß	wenn	— so
da	— wo	wer, was	— der, das
dann	— wann	wie	— so.

Er kam (darum) nicht in die Schule, weil er krank war. Man erkennt den Menschen an seinen Werken (so), wie den Baum an seinen Früchten. Thue (das), was recht ist! Wofür mich Einer kauft, das muß ich sein.

Uebersicht der unterordnenden Bindewörter.

1) Das Wort „daß" leitet Nebensätze ein, welche die Stelle der Hauptwörter vertreten.
   Beispiele. Der Verkäufer erwartet, daß man ihn bezahlt = Bezahlung. Es ist bekannt, daß er redlich ist = Seine Redlichkeit ist bekannt.

2) Bindewörter der Art und Weise: so — wie, gleichwie, so — daß, so — als, so — als daß, so — als ob, so — als wenn, zu — als daß, je — je, je — desto.
   Beispiele. Gottes Gesetze sind so alt, wie die Welt. Wie die Alten sungen, so zwitschern die Jungen (Vergleichungssatz). Es donnerte so schrecklich, daß wir alle erschracken. Je lieber das Kind, desto schärfer die Ruthe. Je mehr man einen Schlüssel braucht, desto blanker wird er. Die Lüge ist wie ein Schneeball, je länger man ihn wälzet, desto größer wird er (Verhältnißsatz).

3) Begründende Bindewörter: weil, daß, damit, auf daß, dem, denn.
   Beispiele. Gott sandte Jesus, (Zweck) damit er die Menschheit erlöse. Epaminondas liebte die Armuth, weil er sie für eine Schutzwehr gegen die Ueppigkeit hielt. Freude soll jedes Auge verklären, denn die Königin ziehet ein.

4) Bedingende: wenn — so, wofern — so, sofern — (als), in soweit — (als), falls (im Falle daß), wenn anders.
   Beispiel. Die Erde ist ein Himmel, wenn man Friede sucht, recht thut und wenig wünscht.

5) Einräumende: obgleich, obschon, obwohl, ob auch, wenn gleich, wenn schon, wenn auch, wiewohl, wie auch, ungeachtet.
   Beispiel. Obgleich England reich an Fabriken ist, so hat es doch viele Arme und große Schulden.

6) Zeitbestimmende: dann — wann, als, da, seit, seitdem, nachdem, indem, während, indessen, sobald, ehe, bevor, bis.
   Beispiel. Man erntete die Früchte, als sie reif waren.

7) Ortbestimmende: da — wo, daher — woher, dahin — wohin.
   Beispiel. Die Weintrauben gedeihen nur (da), wo das Klima gemäßigt ist.

8) Fragende: ob, wer, was, wo, wie, wann, welcher, welche, welches, wovon, wodurch, woraus, woher, wohin.

Beispiel. Weißt du, wann, wo und von wem die Dampfschiffe erfunden worden sind?

Aufgabe 1. Lese die Abhandlung über das Bindewort nochmals durch, und schreibe sämmtliche Beispiele ab.

Aufgabe 2. Schreibe 12 Sätze nieder und gebrauche verschiedene von diesen Bindewörtern.

Aufgabe 3. Suche im 3ten Lesebuch, S. 127, die Bindewörter aus.

Mehr Aufgaben hierüber kann ich euch nur geben, wenn ihr die Satzlehre gelernt habt.

Elfter Abschnitt.
Die Empfindungswörter oder Ausrufewörter (interjections).

Ach, wie schön ist das! Ach, die Noth ist eine harte Schule! Hu, es ist zum Erfrieren kalt! He (heda), komm' näher! O, eine edle Himmelsgabe ist das Licht des Auges! Einen Nachen seh' ich schwanken, aber — ach, der Fährmann fehlt. Pfui, schäme dich! Heisa, ich bin auch dabei! Juchhe, wie freu' ich mich!

Die Empfindungswörter und Empfindungslaute sind Aeußerungen der Freude, des Schmerzes, der Verwunderung, des Abscheues, des Begehrens u. s. w. Dazu gehören: o! ach! ei! ha! hu! he! au! hm! st! sch! scht! br! pfui! wohlan! frisch auf! vorwärts! sachte! Sie drücken keine Begriffe und keine Beziehungen der Begriffe aus, und nehmen nicht, wie andere Sprachtheile, eine feste Stelle im Satz ein.

Schlußfragen über die Wortlehre.

1) Welche Wortarten sind Hauptwortarten, welche Nebenwortarten? Welche Begriffswörter, welche Formwörter?

2) Welche Wortarten dienen zur näheren Bestimmung des Hauptwortes? welche zur näheren Bestimmung des Zeitwortes? Durch welche Wörter können Eigenschaftswörter, Zahlwörter und selbst Umstandswörter näher bestimmt werden?

3) Welche Wortarten drücken die gegenseitige Beziehung einzeler Dinge, und welche eine Beziehung der Sätze auf einander aus?

4) Welche Wortarten können abgeändert werden?

5) Wie viel Arten der Wortbiegung gibt es?

6) Wodurch unterscheidet sich die Biegung der Hauptwörter, Fürwörter, Eigenschaftswörter, Zahlwörter von der Biegung der Zeitwörter?

7) Was versteht man unter Steigerung? Bei welchen Wortarten findet sie statt?

8) Woraus ersieht man, daß ein Eigenschaftswort, oder ein Mittelwort als Umstandswort in einem Satze steht?

Aufgabe 1. Gebt an, zu welcher Wortart jedes der auf S. 130 und 131, No. 132 des Witter'schen 3ten Lesebuchs vorkommenden Wörter gehört. Tabelle! —

Aufgabe 2. Bildet Sätze, in denen alle Wortarten vorkommen!

Beispiel. O, gebt heute der armen und kranken Frau aus eurer Sparbüchse einen Dollar.

Dritter Theil.
Die Satzlehre. (Syntax.)

Erster Abschnitt.
Der einfache Satz (simple sentence).

§ 1. Begriff.

Beispiele. Die Sonne scheint. Der Mond ist aufgegangen. Das Gold glänzt. Das Lesen ist nützlich. Der Hund ist ein Thier. Der Baum ist eine Pflanze. Das Feuer brennt. Die Rose blüht.

Ein Gedanke (mag er ein Urtheil, eine Empfindung oder einen Wunsch in sich schließen) in Worten ausgedrückt, heißt Satz. Er entsteht, wenn zwei oder mehrere Vorstellungen (Begriffe) so auf einander bezogen werden, daß von einem Gegenstand Etwas ausgesagt wird. Sage ich z. B. „Die Rose blüht," so beziehe ich die Vorstellung „des Blühens" auf jene der „Rose" und spreche ein Urtheil aus, indem ich aussage, in welchem Zustande die Rose sich befindet.

Frage. Warum sind Wortverbindungen, wie: der treue Hund, die Liebe des Vaters, das Blatt am Baume, die Begierde nach Geld, Wolle spinnen, schlecht handeln, schön singen keine Sätze? Weil in ihnen die einzelnen Vorstellungen nicht aussagend auf einander bezogen werden (weil kein Urtheil ausgesprochen wird).

§ 2. Glieder des einfachen Satzes.

In dem Satze: „Die Sonne scheint," ist die Sonne der Satzgegenstand (das Subject, subject) und scheint das Aussagewort (das Prädicat, predicate or verb). Die Verbindung des Subjects mit dem Prädicate geschieht a) durch die Biegung: Die Uhr schlägt; b) durch Formwörter: Der Mensch ist sterblich. Ein solches Hülfszeitwort wie „ist" heißt dann das Satzband (copula). Man kann von einem Subjecte aussagen:
1. Was es ist: Mein Nachbar ist ein Schreiner.
2. Wie es ist: Die Rose ist roth.
3. Was es thut oder was an ihm geschieht: Der Knabe schreibt. Das Kind wird bestraft.

Zwischen Subject und Prädicat muß Einstimmung stattfinden; als Hauptwort in Zahl-, Fall- und Geschlechtsform; als Zeitwort in Person und Zahl (das Eigenschaftswort bleibt unverändert); z. B. Die Männer kämpften; sie ist die Freundin; die Menschen sind frei. Das Kind ist gut. Was man unter Person, Zahl, Geschlecht, Aussageweise versteht, habt ihr schon beim Zeitworte gelernt.

Aufgabe 1. Schreibe 12 Sätze nieder, in welchen das Prädicat aussagt, was die Person oder Sache thut, und bezeichne das Subject mit 1 und das Prädicat mit 2: Das Mädchen^1 singt^2.

Aufgabe 2. Schreibe 12 Sätze mit der Satzaussage wie das Subject ist. Bezeichne Subject und Prädicat wie oben.

Aufgabe 3. Desgleichen 12 Sätze: was es ist.

Aufgabe 4. Drei Sätze in der ersten Person: ich schreibe. 3 desgleichen in der zweiten Person: du denkst. 3 desgl. von den drei Geschlechtern der dritten Person: er, sie, es (läuft).

Aufgabe 5. Schreibe dieselben Sätze in der Mehrheit nieder.

Aufgabe 6. Bringe 6 Sätze in der Möglichkeits- und 6 in der Nothwendigkeitsform.

Zweiter Abschnitt.

Der erweiterte Satz (sentences with modifiers).

§ 1. Die Erweiterung des Subjectes durch die Beifügung.

a. Ein gutes Kind gehorcht. Trockenes Holz brennt.
b. Drei Kinder wurden belohnt. Zwölf Monate sind ein Jahr.
c. Meine Seele ist unsterblich. Dein Haus brennt.
d. Das Fleisch der Gans ist wohlschmeckend. Der Fleiß des Schülers ist lobenswerth.
e. Kaiser Napoleon wurde entthront. Der Dichter Schiller ist berühmt.
f. Das Haus neben der Kirche ist abgebrannt. Mein Garten auf dem Hügel ist fruchtbar.
g. Der Wunsch zu leben ist allgemein. Die Sucht zu gefallen ist verderblich.

Das Subject des Satzes wird durch folgende Beifügungen erweitert:

1. Durch ein Eigenschaftswort,......... wie in obigem Beispiele a.
2. Durch ein Zahlwort,......... = = = b.
3. Durch ein Fürwort,......... = = = c.
4. Durch ein Hauptwort im 2ten Falle, = = = = d.
5. Durch eine Apposition od. Hauptwort im gleichen Fall, wie in e.
6. Durch ein Hauptwort mit einem Verhältnißworte, = = f.
7. Durch die nichtbestimmende Art,......... = = g.

Aufgabe 1. Erweitere folgende Sätze:

a. Durch ein Eigenschaftswort: — Witterung ist angenehm; — Kohle rauchen; — Heu brennt.
b. Durch ein Zahlwort: — Soldaten wurden erschossen; — Stunden sind ein Tag; — Schüler sind abwesend.
c. Durch ein Fürwort: — Vater ist krank; — Buch ist beschmutzt; — Geld ist ausgegeben.
d. Durch ein Hauptwort im 2ten Falle: Mähne — — struppig; Huf — — gespalten; Körper — — schlank.

e. Durch ein Hauptwort im 1sten Falle: — — Moses war geduldig; — der Große schrieb eine deutsche Sprachlehre; Pipin — — war sehr klein.

f. Durch ein Hauptwort mit einem Verhältnißwort: Ein Weg durch — — ist kühl; eine Lampe ohne — brennt nicht; die Ruhe nach — — ist angenehm.

g. Durch die nichtbestimmende Art mit zu: Die Kunst — — verstehen Wenige; der Wunsch — — ist thöricht; die Hoffnung — — belebt den Kranken; die Gewohnheit — — ist verderblich.

Aufgabe 2. Bilde 12 ähnliche Sätze.

Auch das Hauptwort des Prädicats (des Aussageworts) kann durch die Beifügung erweitert werden:

1) Durch ein Eigenschafts=, Für= und Zahlwort; z. B. Mein Vater war ein heiterer, thätiger und wackerer Mann; er hatte vier Pferde und sechs Kühe; seine Mutter verlor vier Kinder.

2) Durch ein Hauptwort im 2ten Falle: Bescheidenheit ist die Zierde des Jünglings. Der Wille ist eine Kraft der Seele. Der Schlaf ist ein Bruder des Todes.

3) Durch die nichtbestimmende Art mit zu oder einem Verhältnißwort mit einem Hauptworte; z. B. Der Verstand ist die Kraft zu denken. Die Vernunft ist das Vermögen zu schließen. Der Boden ist ein Raum oberhalb des Hauses. Der Stall ist ein kleines Gebäude hinter dem Hause.

Aufgabe 3. Bilde 12 Sätze, in welchen das Hauptwort des Prädicats nach den Regeln 1, 2, 3 erweitert wird.

§ 2. **Erweiterung des Prädicats durch die Ergänzung (object).**

Du bleibst immer — mein Freund (wer?); der Arme bedarf — der Hülfe (wessen?); dieses Buch gefällt — meiner Mutter (wem?); der Lehrer unterrichtet — den Schüler (wen?). Er ist froh — des Lebens; sie ist ihrem Bruder gram; der Graben ist 6 Fuß tief.

Ihr habt schon bei der Fallregierung der Zeit= und Eigenschaftswörter gelernt, daß viele von ihnen als Prädicat gebraucht, der Verständlichkeit und Vollständigkeit wegen noch ein Hauptwort — bei einigen auch im ersten Falle — im Wessen=, Wem= und Wenfall fordern, was Ergänzung des Prädicats genannt wird, weil dadurch der Satz vollständig wird. Eine Ergänzung im Wemfalle heißt eine Personergänzung und im Wessen= und Wemfalle eine Sachergänzung. Ihr wißt auch, daß zuweilen eine doppelte Ergänzung nothwendig ist; z. B. im 4ten und 2ten Falle: Dieser Mann beschuldigte seinen Nachbaren des Diebstahls=; im 4ten und 3ten Falle: Mein Vater befahl seinem Diener den Brief fortzutragen; 4ter und 4ter Fall: Er schalt seinen Freund einen Narren; im 4ten Falle und mit einem Verhältnißworte: Er zog das Kind aus dem Wasser.

Aufgabe 1. Bilde aus folgenden Worten 10 Sätze mit einer Ergänzung im 1sten Falle: sein, werden, bleiben, heißen, scheinen; genannt, getauft, geheißen, gescholten, geschimpft; z. B. Er wird ein Spieler genannt.

Aufgabe 2. Bilde aus folgenden Wörtern Sätze mit Ergänzungen im 2ten, 3ten und 4ten Falle: entbehren, ermangeln; gedenken, lachen; entfliehen, entbehren, gefallen, gehorchen, glücken; schreiben, lesen, unterrichten, lehren, essen, bauen, genießen.

Aufgabe 3. Desgleichen im 4ten und 2ten Falle: berauben, entlassen, überführen, beschuldigen; im 4ten und 3ten Falle: anzeigen, auftragen, anvertrauen, entreißen, leihen; im 4ten und 4ten Falle: heißen, schelten, schimpfen, lehren; im 4ten Fall mit einem Verhältnißwort: vergelten, erretten, gewöhnen, verarbeiten, befreien.

Aufgabe 4. Bilde Sätze aus folgenden Eigenschaftswörtern mit einer Ergänzung im 2ten Falle: überdrüssig, verdächtig, kundig, habhaft, würdig; im 3ten Falle: angenehm, bequem, willkommen, nothwendig, treu, werth; im 4ten Falle: schwer, breit, dick, hoch, lang, tief, weit.

Aufgabe 5. Ebenso mit Eigenschaftswörtern, welche den 2ten, 3ten und 4ten Fall regieren; siehe dieselben.

---

§ 3. Umstände (adverb).

1) Die Wurzel steckt in der Erde. Das Wachs kommt von den Bienen. Der Rhein fließt durch den Bodensee. Die Dünste steigen in die Höhe.

2) Die Sonne leuchtet bei Tag. Ich komme morgen wieder. Das Kameel kann zehn Tage Durst ertragen. Manche Thiere gehen Nachts auf Raub aus.

3) Ein gutes Kind gehorcht geschwind. Der Fromme erträgt die Leiden mit Geduld. Er reist zu Pferde. Das Wild wird mit Schroten erschossen. Der Wind bläst heftig.

4) Die Dünste steigen wegen ihrer Leichtigkeit in die Höhe. Der Ehrgeizige lernt der Ehre halber. Beurtheile den Meister nach seinem Werke. Man erkennt den Baum an seinen Früchten. Ich sammle Geld für die Armen. Wir kaufen Bücher zum Lesen.

Umstand ist die nähere Bestimmung eines Satzes rücksichtlich: 1) Des Ortes oder Raumes auf die Frage: wo? wohin? woher? z. B. Hier ist es angenehm. 2) Der Zeit: wann? wie lange? z. B. Gestern noch auf stolzen Rossen, heute durch die Brust geschossen, morgen in das kühle Grab. 3) Der Weise (wie? so, also); z. B. Und athmete lange und athmete tief. Und der Ritter in schnellem Lauf. 4) Des Grundes, wozu gehört: a) Der Stoff und der Sachgrund (von, vor, durch, aus, vermöge, wegen; z. B. Das Haus ist von Stein gebaut. Das Papier wird aus Lumpen gemacht. b) Der Beweggrund (aus, wegen, halben, um — willen, kraft); z. B. Aus Gottesfurcht unterläßt er das Böse. c) Der Erkenntnißgrund (aus, an, nach, zufolge, laut); z. B. Die Wärme dehnt, zufolge eines Naturgesetzes, die Luft aus. d) Der Zweck (zu, für), welcher immer eine Sache ist; z. B. Die Regierung kaufte Röcke für (die Bekleidung) die Soldaten. Er reist zur Belehrung.

Das Prädicat kann auch durch mehrfache Umstände zugleich näher bestimmt werden; z. B. Der Krieg war von jeher ein Unglück für Land und Leute, in Dörfern und Städten, wegen seiner Verheerungen und Zerstörungen. Die Glieder des erweiterten Satzes sind also:

1) Das Subject, 2) das Prädicat, 3) die Beifügung, 4) die Ergänzung, 5) der Umstand; die ersten zwei sind Hauptglieder, die andern drei Nebenglieder. Die Beifügung bezieht sich immer auf ein Hauptwort, die Ergänzung auf bezügliche Zeit= oder Eigenschaftswörter, und die Umstände auf irgend ein Zeit= oder Eigenschaftswort. Die letztern können sein: Umstands=, Eigenschafts=, Verhältniß= oder Hauptwörter mit oder ohne Verhältnißwort.

Aufgabe 1. Schreibe 6 Sätze mit dem Umstande des Ortes und ebensoviele mit dem Umstande der Zeit.

Aufgabe 2. 6 Sätze mit dem Umstande der Weise und 6 mit dem Umstande des Grundes.

Aufgabe 3. 3 Sätze mit dem Sachgrunde, 3 mit dem Bewegungsgrunde, 3 mit dem Erkenntnißgrunde und 3 mit dem Zwecke. Schreibe auch drei Sätze, in welchen die Umstände des Ortes, der Zeit, der Weise und des Grundes enthalten sind; z. B. Der fleißige Sohn unsers Lehrers schreibt morgen in seinem Zimmer seinem Vetter in der Stadt einen schönen Brief, um ihm zu seinem Geburtstage zu gratuliren.

Dritter Abschnitt.

Der zusammengezogene Satz (a complex sentence).

§ 1. Arten der zusammengezogenen Sätze.

Anstatt zu sagen: Die Sonne ist ein Himmelskörper und der Mond ist ein Himmelskörper, sage ich: Die Sonne und der Mond sind Himmelskörper. Die Rose ist schön, die Rose ist wohlriechend = die Rose ist schön und wohlriechend.

Haben mehrere Subjecte ein gemeinschaftliches Prädicat, oder mehrere Prädicate ein gemeinschaftliches Subject, so werden sie, um schleppende Wiederholungen zu vermeiden, zusammengezogen, und so entsteht ein zusammengezogener Satz. Diese werden eingetheilt in:

1) Zusammenstellende, z. B. Der Mann muß hinaus ins feindliche Leben, muß wirken und streben und pflanzen und schaffen. Die Sonne leuchtet und erwärmt. Sonne, Mond und Sterne leuchten.

2) Entgegenstellende, z. B. Das Unglück ist entweder ein Probir= oder ein Leichenstein der Freundschaft. David, nicht Saul, schlug die Philister. Die Luft ist flüssig, aber nicht tropfbar.

3) Begründende: Starke Getränke sind schädlich, darum meide sie. Die Zeit vergeht schnell, deßhalb benütze sie. Diese Birne ist nicht reif, folglich auch nicht genießbar. Du lernst Nichts, daher weißt du auch Nichts.

Aufgabe 1. Bilde 12 Sätze mit zusammenstellenden Bindewörtern, 6 mit mehreren Subjecten und einem Prädicate, und 6 mit einem Subjecte und mehreren Prädicaten. (Siehe diese Bindewörter.)

Aufgabe 2. Zwölf auf dieselbe Weise mit entgegenstellenden Bindewörtern.

Aufgabe 3. Zwölf in ähnlicher Weise mit begründenden Bindewörtern. (Die Sätze können aus der Geschichte, dem Naturreiche und dem Pflanzenreiche oder theilweise aus dem Lesebuche genommen werden. Es sollen auch theils bejahende, theils verneinende Sätze sein.

Aufgabe 4. Ziehe folgende Sätze auf verschiedene Weise zusammen: Der Mensch bedarf der Nahrung; das Thier bedarf der Nahrung. — Die Seidenraupen werden gepflegt; die gewöhnlichen Raupen werden vertilgt. Dieses Buch hat mich belehrt; dieses Buch hat mich unterhalten. — Kenntnisse können nicht ererbt; Kenntnisse können nicht erkauft werden. — Gold und Silber sind edle Metalle; Eisen und Blei sind unedle Metalle. — In der Schule wird gelesen; in der Schule wird gerechnet. — Das Tannenholz ist harzig; alles Nadelholz ist harzig.

Vierter Abschnitt.
Der zusammengesetzte Satz.

§ 1. Arten desselben.

1) Der Mensch pflanzt und säet; Gott gibt das Gedeihen. Zögernd kommt die Zukunft hergezogen; pfeilschnell ist das Jetzt verflogen; ewig still steht die Vergangenheit. — Keiner sei gleich dem Andern; doch gleich sei Jeder dem Höchsten. Der Vogel fliegt, und der Fisch schwimmt.

2) Man muß Freunde und Bekannte grüßen, weil es Sitte ist. Wie sich Verdienst und Glück verketten, das fällt den Thoren niemals ein. Der Rechtschaffene spricht, wie er denkt. Wir sollten stets daran denken, daß wir sterblich sind. Suche das Glück nicht, wo es nicht zu finden ist.

Ein zusammengesetzter Satz entsteht aus der Verbindung zweier oder mehrerer Sätze, wovon jeder sein eigenes Subject und Prädicat hat. Man theilt sie ein in:

1) Beigeordnete (coordinate) Sätze, s. 1;
2) untergeordnete (subordinate) Sätze, s. 2.

---

§ 2.
Beigeordnete Sätze werden auch Satzverbindung genannt, und unterscheiden sich dadurch von den untergeordneten Sätzen, daß a) jeder Satz einen vollständigen Gedanken ausdrückt und daher jeder ein Hauptsatz ist; z. B. die Feder ist zu weich; sie taugt nicht zum Schreiben; b) daß die einzelnen Sätze entweder ganz ohne Bindewort neben einander stehen, oder durch die drei Arten der Bindewörter verbunden werden. Ein Hauptkennzeichen ist, daß bei Hauptsätzen das Satzband nie am Ende steht.

Hauptsatz: die Feder ist zu weich.
Nebensatz: weil die Feder zu weich ist rc.

1) Ohne Bindewort:
Der Mensch denkt; Gott lenkt. Das Alter ehre; die Jugend belehre.

2) **Mit zusammenstellenden Bindewörtern:**
Der Habicht ist ein Raubvogel, und die Lerche ein Singvogel. Lerne nur das Glück ergreifen, denn das Glück ist ewig da.

3) **Mit entgegenstellenden Bindewörtern:**
Die Leiden dieser Welt sind nicht immer eine Züchtigung; sondern sie sollen uns gar oft im Guten befestigen. Die Hausthiere müssen fleißig gepflegt werden; sonst können sie nicht gedeihen.

4) **Mit begründenden Bindewörtern:**
Weil die Witterung so feucht ist, deßhalb kommen so viele Krankheiten zum Vorschein. Meide die Schmeichler; denn sie verderben die Menschen. Dieser Baum hat nicht geblüht, folglich kann er keine Früchte tragen. (Sach-, Beweg- und Erkenntnißgrund.)

Aufgabe 1. Schreibe 12 beigeordnete Sätze ohne Bindewort. Du darfst Sprichwörter und Bibelsprüche dazu anwenden.

Aufgabe 2. Schreibe 6 zusammengesetzte Sätze mit zusammenstellenden, 6 mit entgegenstellenden und 6 mit begründenden Bindewörtern.

Aufgabe 3. Bilde Satzverbindungen aus folgenden Wörtern: Der Löwe, die Biene, der Ochs Zugthier, der Esel Lastthier, der Hund Wächter, die Gänse Braten, die Vögel schädliche Insekten, Pferde Krieg; z. B. Der Löwe ist zwar nicht sehr groß; aber er besitzt ungeheure Stärke. Die Biene ist zwar ein kleines Thier; allein sie kann große Schmerzen verursachen.

§ 3. Die untergeordneten (subordinate) Sätze oder das Satzgefüge.

Wie in einem einfach erweiterten Satze Subject und Prädicat durch Wörter, welche eine **Beifügung, Ergänzung** oder einen **Umstand** angeben, näher bestimmt werden können: so kann solches in einem Satzgefüge durch **ganze Sätze** geschehen, welche man **Nebensätze** heißt. Man theilt sie ein in:

1) **Hauptwort-** oder **Subjectivsätze**;
2) **Eigenschaftssätze** (adjective modifier);
3) **Umstandssätze** (adverbial modifier);
4) **Verkürzte Nebensätze** (abridged sentences).

§ 4. Der **Hauptwortsatz** wird so genannt, weil statt des Hauptwortes ein Nebensatz steht. Dazu gehören:

a) Der **Subjectivsatz** (wer, was, daß, ob); z. B. anstatt ich sage: Das Dasein Gottes ist erweislich, kann ich auch sagen: Es ist erweislich, daß ein Gott da ist. Das Glänzende ist für den Augenblick geboren = was glänzt ist für den ꝛc. Das Sterben ist gewiß; es ist gewiß, daß wir sterben. Wer nicht hören will (der Nichthörende), muß fühlen. Was ich irrte (mein Irren), was ich strebte (mein Streben), was ich litt (mein Leiden), was ich lebte (mein ganzes Leben), sind hier Blumen nur im Strauß.

b) Der **Ergänzungssatz** für eine Ergänzung im 4ten und 2ten Falle, oder auch mit einem Verhältnißworte, mit: daß, wie, was, ob, woher, wo, wohin; z. B. Wen man liebt (eine geliebte Person), den achtet man; der Faule verdient, daß er gestraft werde (Strafe); was Alte lustig gesungen (das Gesungene), das zwitschern munter die Jungen. Behaupte, wo du stehst (deinen Platz); das Sittengesetz lehrt uns, daß wir unsere Feinde lieben sollen (Feindesliebe). Ich weiß nicht, wo (den Ort) er ist. Weißt du, wohin er geht, wann (die Zeit seines ꝛc.) er kommt? Was wahr ist (die Wahrheit) muß ich sagen.

c) Der **Anführungssatz** (quotation), wenn ich eines Andern Rede entweder wörtlich (direkt) anführe, z. B. Schiller sagt: Das Leben ist der Güter Höchstes nicht. Gott sprach: Es werde Licht! Das Sprichwort sagt: Thue recht und scheue Niemand. Oder indirekt als Hauptwortsatz, z. B. Schiller sagt, daß das Leben nicht das höchste Gut sei. Gott sagte, daß es Licht werden sollte. Das Sprichwort sagt, das wir recht thun und Niemand scheuen sollen.

d) **Schaltsätze** (apposition) sind eingeschaltete Erklärungssätze, welche wegfallen können, ohne dem Sinne des Satzes zu schaden; z. B. Die Thaten Friedrichs, des großen Königs, weichen keiner Heldenthat des Alterthums. Gott wird Jedem, dem Guten und dem Bösen, nach seinen Werken vergelten.

Anmerkung. Merket noch, daß der Nebensatz, wenn er seinem Hauptsatze vorangeht, **Vordersatz**, und wenn er ihm nachsteht, **Nachsatz** (Hintersatz) heißt: z. B. Daß Tag und Nacht abwechseln, ist kein Zufall. Es ist kein Zufall, daß Tag und Nacht abwechseln.

Aufgabe 1. Suche zu folgenden Hauptsätzen passende Subjektivsätze (daß, ob, wer, was): Es ist ein Fehler, daß —. Es ist unanständig —. Es ärgert mich —. Es ist unwahrscheinlich —. Es ist nicht anzunehmen —. Es ist vorauszusehen —. Ist es Zufall —? Würde es dir angenehm sein —? Noch ist es unentschieden —. Kaum ist es glaublich —. Es ist zweifelhaft —. Muß es dem Lehrer nicht freuen —? Im Morgenlande ist es Sitte —.

Aufgabe 2. Verwandle obige Sätze in einfache; z. B. Es ist ein Fehler, daß du so unüberlegt handelst = Deine Unbedachtsamkeit ist ein Fehler.

Aufgabe 3. Vollende folgende Sätze:
Es ist zweifelhaft, ob —. Es kümmert die Mutter, wenn —. Es betrübt die Schwester, daß —. Es ist kein Zweifel, daß —. Es ist möglich, daß —. Ich möchte wissen, ob —. Gute Schüler werden sich stets erinnern, daß —. Daß ein Gott sei —. Es ist Aberglaube, daß —. Daß die Erde eine runde Gestalt hat —.

Aufgabe 4. Suche im 3ten Lesebuche: 3 Anführungs-, 3 Schalt-, 3 Vorder- und 3 Nachsätze.

---

§ 5. Der **Eigenschafts- oder Beifügesatz** (adjective sentence).

Ein **gesunder Mensch** kann arbeiten. Ein Mensch, **welcher gesund ist**, kann arbeiten. Die **gebleichte** Leinwand ist weiß = Leinwand, **die gebleicht ist**, ist weiß. Kennst du das Land der Citronen? = Kennst du das Land, wo die Citronen blühen?

Die Eigenschaftsätze sind Nebensätze, welche, wie ihr aus obigen Beispielen seht, an der Stelle eines Eigenschafts- oder Mittelworts, die eine Beifügung ausdrücken, stehen (welcher, —e, —es; wo, wann, wie, da, als,) [daß, ob]. Die Fürwörter müssen sich nach dem Hauptworte richten, auf welches sie sich beziehen. Bezieht sich der Beifügesatz auf Ort und Zeit, so gebraucht man: wo, woher, wohin, wann, da, wie 2c. Bei Hervorhebung einer Person oder eines Dinges gebraucht man: derjenige, dasjenige 2c. Derjenige Mensch, welcher feige ist, verdient Verachtung. Steht der Nebensatz eines Adjektivsatzes zwischen dem Hauptsatze, so heißt er **Zwischensatz**; z. B. Das Kind, welches sehr fleißig ist, ist beliebt.

Aufgabe 1. Verwandelt folgende Sätze in **Adjektivsätze**:

Die Früchte eines i m m e r i m S c h a t t e n s t e h e n d e n Baumes werden nicht schmackhaft. Der Saft der g e w ü r z h a f t r i e c h e n d e n Zitrone ist säuerlich. Das sich m e i s t e n s a u f B ä u m e n a u f h a l t e n d e Eichhorn nährt sich von Eicheln, Nüssen 2c. Eine gute Handlung o h n e g u t e A b s i c h t hat keinen Werth. Die i m Z i m m e r g e z o g e n e Blume kann die kalten Nächte nicht ertragen. Ein v o n G e b u r t a n v e r z ä r t e l t e s Kind kann kein rauhes Lüftchen ertragen. Der u n s t e r b l i c h e Geist des Menschen ist zur Vervollkommnung bestimmt.

Aufgabe 2. Bilde 6 ähnliche Sätze und 6 Zwischensätze.

§ 6. Die **Umstandssätze** (Adverbialsätze, adverbial sentences) sind Nebensätze, welche einen Umstand des **Raumes**, der **Zeit**, der **Weise** und des **Grundes** angeben.

a) Des **Raumes** (Ortes) (wo, wohin, woher): Wo du nicht gesäet hast, da kannst du auch nicht ernten. Wo Gottesfurcht ist, bleibt Unrecht fern. Wo gute Menschen sind, dahin gehe. Weißt du, woher die Südfrüchte kommen?

b) Der **Zeit**, auf die Frage: wann? wie lange? mit den Bindewörtern: als, da, wenn, wann, indem, während, nachdem, seitdem, ehe, bevor, bis, während, indessen, so, sobald 2c.

Beispiele. Als die Sonne aufging, stand ich auf. Warte, bis ich wieder komme. Wenn man alt ist, muß man mehr Ruhe haben, als da man jung war. Wann der Herbst kommt, ziehen die Tauben südlich. Während meines Aufenthaltes bei dir, fühlte ich mich glücklich. Während des Unterrichts soll man nicht plaudern. Ehe du dich niederlegst, bedenke, ob du auch besser geworden bist.

c) Der **Art und Weise**, welche eine Aehnlichkeit, Wirkung und Vergleichung angeben, verbunden mit dem Hauptsatze durch: daß, so, daß, so wie, als ob, je — als wenn (besonders auf die Frage: wie?); z. B. Sprich so, daß man dich versteht (wie?). Er trinkt so viel, (als) er kann. Der Zufriedene ist so glücklich, als ob er alle Schätze der Erde besäße. Wie man lebt, so stirbt man. Mancher schreibt (so), daß es kein Mensch lesen kann. Es ging in sausendem Galopp, (wie?) daß Roß und Reiter schnoben und Kies und Funken stoben. Man macht sich das Leben schwerer, je weniger man es Andern erleichtert. So wie die Anmuth der Ausdruck einer schönen Seele ist, so ist Würde der Ausdruck einer erhabenen Gesinnung.

d) **Umstandswörter des Grundes** geben in Beziehung auf ihren Hauptsatz eine Ursache, einen Grund, Zweck oder Folgerung an.

Z. B. **Sachgrund** (Ursache [deßwegen—weil]): Die Dünste steigen in die Höhe, weil sie leichter sind, als die Luft. Der Strauß kann nicht fliegen, weil seine Flügel zu klein sind.

Beweg- und Erkenntnißgrund (daß, da):
Spare in der Jugend, damit du im Alter Etwas hast. Napoleon ließ die englischen Waaren verbrennen, weil er den englischen Handel vernichten wollte. England möchte Nordamerika vernichten, weil es eifersüchtig auf seinen wachsenden Wohlstand ist. Kinder können dadurch ihre Dankbarkeit beweisen, daß sie ihren Eltern gehorsam sind. Daran erkennt man die rechte Liebe, daß sie gern verzeiht. Du sollst deinen Lehrer lieben, da er für deine Geistesbildung sorgt.

Bedingung (wenn, so, wofern, falls, — daß) und **Einräumung** oder **Zugeben** (obschon, obgleich, obwohl, wenn schon, wenn auch):
Der Wurm krümmt sich, wenn er getreten wird. Wofern du ungehorsam bist, wirst du gestraft werden. Thue nichts Böses, so widerfährt dir nichts Böses. — Obgleich die Insekten Schaden anrichten, so sind sie doch nicht ohne Nutzen. Obschon bei Nacht die Sonne nicht scheint, so ist es doch, wenn der Mond und die Sterne scheinen, nicht finster. Ungeachtet er faul ist, so ist er doch nicht unwissend.

Der entfernte Beweggrund oder Zweck, z. B.:
Man ißt, damit man lebt. Man düngt den Acker, damit er Frucht trägt. Der Lehrer straft den bösen Schüler, damit er sich beßere. Man soll in der Jugend irgend ein Geschäft erlernen, damit man sich im Alter nähren kann.

Anmerkung. Wenn sich der Nebensatz nicht auf ein im Hauptsatze stehendes hinweisendes Bindewort bezieht, so ist es kein Umstands-, sondern ein Subjektiv-, Ergänzungs- oder anderer Nebensatz; z. B. Ich weiß nicht, wo sich mein Bruder aufhält — ist ein Ergänzungssatz für: Ich weiß nicht den Aufenthalt meines ꝛc. Es ist mir unbekannt, wo sich mein Bruder aufhält — Subjektivsatz für: Der Aufenthalt meines Bruders ist ꝛc.

Aufgabe 1. Bilde aus folgenden Sätzen Umstandssätze des Grundes: Das Meerwasser ist seines salzigen, ekelhaften und bittern Geschmackes wegen weder zum Trinken noch zum Kochen brauchbar. Vermöge unsers freien Willens können wir das Gute thun und das Böse unterlassen. Den Vogel erkennt man an seinen Federn. Deine Nachrichten sind immer erfreulich. — Suche zu folgenden Sätzen passende Nebensätze: — so ziehen die Zugvögel fort. — so wird es gewiß bald regnen. — so wird er nie Etwas wissen. — so wird ihm Niemand mehr glauben.

Aufgabe 2. Bilde 3 Sätze mit dem Umstande des Grundes, 3 der Bedingung, 3 der Einräumung und 3 des Zweckes.

Aufgabe 3. Vollende folgende Sätze: Der Landmann säet —. Der Knabe geht in —. Wenn ihr Gott liebt —. Wenn du deinen Nächsten liebst —. Falls du Geld brauchst —. Wenn du immer die Wahrheit sprichst —. Der Fischer wirft sein Netz aus —. — um seinen Körper abzuhärten. — damit du nicht von der Bahn der Tugend weichst. — so ist er ein Heuchler.

---

§ 7. Verkürzte Sätze (abridged sentences).

Wie man die Hauptsätze zusammenziehen kann, so lassen sich auch die Nebensätze verkürzen, d. h. auf einen bloßen Satztheil zurückführen; z. B. Allzuhoch gespannt (wenn sie allzuhoch gespannt wird), springt die Saite.

Sie werden verkürzt:
1) Zur Nennform, z. B. David spielte auf der Harfe, um den König Saul zu erheitern (daß er den ꝛc.). Das Vermögen, Etwas zu wollen und nicht zu wollen (daß man Etwas wolle ꝛc.), nennt man Begehrungsvermögen. Sich selbst zu beherrschen (daß man sich ꝛc.), ist die schwerste Kunst.
2) Mittelwort- oder Participialsätze, z. B. Der Elephant, alle andre Thiere an Verstand übertreffend, ist das größte Landthier. Der Verwundete, vor Schmerz laut schreiend, wurde verbunden. Ich selbst, bewaffnet mit Geschoß, besteige mein arabisch Roß.
3) Zum Haupt-, Eigenschafts- und Umstandsworte, z. B. David schonte Saul, seinen Feind. Der Regenbogen, eine glänzende Naturerscheinung, hat sieben Farben. Alle Menschen, groß und klein, spinnen sich ein Gewebe fein. Der Staat muß untergehen, früh oder spät, wo Minderheit siegt und Unverstand entscheidet.

Namentlich werden diese Abkürzungen in Sprüchwörtern angewandt; z. B. Junge Faulenzer, alte Bettler. Frisch begonnen, halb gewonnen! Jung gewohnt, alt gethan. Junges Blut, spar' dein Gut.

Aufgabe. Bilde von diesen drei Arten 12 abgekürzte Sätze.

---

§ 8. Der Gliedersatz oder die Periode.

Wenn mehrere Sätze, von denen jeder ein Ganzes bilden kann, so mit einander verbunden werden, daß sie zusammen durch Hebung und Senkung des Tones wieder ein einziges, vollkommenes Ganzes ausmachen und der Sinn gewöhnlich erst mit dem letzten Worte verständlich ist, so nennt man das eine Periode (steigende). (Ist aber der Hauptgedanke anfangs, so nennt man sie eine fallende Periode.) Es gibt zwei- und mehrgliederige, beiordnende und unterordnende Perioden.

I. a) Beiordnende zweigliedrige Periode (Satzverbindung) (Zwischensätze und untergeordnete Sätze des Vorder- und Nachsatzes vermehren nicht die Zahl der Glieder); z. B.

Manches blutige Treffen wird um Nichts gefochten, weil einen Sieg der junge Feldherr braucht; || aber ein Vortheil des bewährten Feldherrn ist, daß er nicht nöthig hat zu schlagen, um der Welt zu zeigen, er verstehe zu siegen. — Aus sich selbst mag bisweilen auch ein junger Mensch schon frühzeitig einen Gedanken entwickeln; || aber eine Höllenpein und eine zwecklose Quälerei ist es, wenn ein Anderer dies fordert.

b) Dreigliedrige Periode: Jetzt erst gewannen die deutschen Städte ein schöneres Ansehen; || man sorgte für Reinlichkeit, Bequemlichkeit und Anstand; || die schönsten öffentlichen Gebäude erhoben sich in jenen Zeiten. ||

c) Viergliedrige Periode: Ein Jeder sucht im Arm des Freundes Ruhe; || dort kann die Brust in Klagen sich ergießen: || allein ein

Schwur drückt mir die Lippen zu, ‖ und nur ein Gott vermag sie aufzuschließen. ‖ (Zwei Vorder= und zwei Nachsätze.)

II. Die unterordnende Periode (Satzgefüge);
a) Zweigliedrig: Wenn ein Kind einsieht, daß es seine Eltern nicht betrüben darf, daß es thun muß, was ihnen Freude macht: ‖ so ist es sicher, daß es sie wahrhaft liebt. ‖
b) Dreigliedrig: Hätte er früher bedacht, wie beschwerlich eine so große Seereise sei; ‖ hätte er sich bewegen lassen in der Heimath sein Glück zu suchen: ‖ so würde er jetzt nicht in einem fremden Lande unter lauter Unbekannten seinen trostlosen Zustand beweinen.
c) Viergliedrig: Wenn die Blätter fallen in des Jahres Kreise; ‖ wenn zum Grabe wallen entnervte Greise; ‖ da gehorcht die Natur ruhig nur ihrem alten Gesetze, ihrem ewigen Brauch; ‖ da ist Nichts, was den Menschen entsetze. (Zwei Vorder= und zwei Nachsätze.)

Aufgabe. Suche im Lesebuche a) zwei=, drei=, vier= und fünfgliedrige beigeordnete Perioden und b) zwei=, drei=, vier= und fünfgliedrige untergeordnete Perioden; erkläre und nenne jeden einzelnen Satz bei seinem rechten Namen.

§ 9. Die **Wortfolge** ist entweder die gerade (natürliche) oder die versetzte (künstliche, inversion).
I. In der geraden Wortfolge steht erst das Subject, dann das Satzband und zuletzt das Ausgesagte; z. B. Der Mensch ist vernünftig. Der Schüler lernt. Bei Erweiterungen des Satzes geht das Bestimmende dem Bestimmten voran, und zwar a): Das Eigenschafts=, Zahl= und Fürwort steht vor dem Subjecte: Gute Kinder gehorchen. Zehn Soldaten sind gefangen. Dein Haus ist neu. b) Erweiterungen durch ein Hauptwort im Werfall oder Wessenfall stehen nach dem Subjecte; z. B. Alexander, der Welteroberer, starb frühzeitig. Die Producte des Geistes sind verschiedenartig. Die Liebe zur Wahrheit ist eine Tugend. c) Ergänzungen des Zeitwortes stehen nach demselben: Die Sonne erleuchtet und erwärmt die Erde. Jeder sollte streben das Gute zu thun. d) Der 3te steht vor dem 4ten Falle: Der Kranke beschreibt dem Arzte die Krankheit. Die Kälte verwandelt das Wasser in Eis. e) Die Umstände stehen vor der Ergänzung: Ich bringe dir morgen das Buch. f) Der Umstand der Zeit vor dem Umstande des Ortes: Ich fand gestern in deinem Zimmer mein Buch. g) Umstände der Zeit und des Ortes vor dem Umstande des Grundes: Die Knaben wurden frühzeitig in Sparta zum Kriege abgehärtet;—und h) die Umstände der Weise stehen gewöhnlich zuletzt, z. B. Der wachsame Hund des Metzgers bellt des Abends vor dem Hause wegen des Bettlers mit Heftigkeit.

II. Zur versetzten Wortfolge (inversion) gehören a) der Fragesatz: Wann lebte Napoleon? Bist du da gewesen? Wird er kommen? b) Der Befehlssatz: Sei fleißig! Gehorche! Geh'! c) Der Wunschsatz: Käme er doch heute! Möchtest du wieder genesen! Gott gebe, daß er sich bessere! d) Zur besondern Hervorhebung eines Wortes: Ernst ist das Leben; heiter die Kunst. Golden ist die Zeit der Jugend. Essen will der Hungrige und trinken der Durstige.

Aufgabe 1. Schreibe 6 Sätze in der geraden Wortfolge mit verschiedenen Beifügungen, und 6 mit verschiedenen Ergänzungen.

Aufgabe 2. Schreibe 3 Frage=, 3 Wunsch= und 3 Befehlssätze. Ferner 6 Sätze, in welchen zur besondern Hervorhebung mit einem andern Wort als dem Satzgegenstande begonnen wird.

§ 10. Die Betonung (accent, inflection).
(Siehe Witter's 3. Lesebuch, Einleitung.)

Wir unterscheiden drei Arten der Betonung (Hebung oder Senkung der Stimme):

1) Der **Silbenton** oder **Accent**. In jedem zwei= oder mehrsilbigen Worte muß **eine** Silbe mehr oder weniger hervorgehoben werden, welche **betont** oder **hochtonig** ist, die andern sind entweder **nebentonig** oder **tonlos**. Dieser Ton wird nur auf die **bedeutsamste** Silbe, die **Stammsilbe**, gelegt; z. B. das Gebet; gebet gern! lieben, tragen, endlich. (Ausnahme: Antwort, die Endung ei, als: Spielerei 2c.) Bei zusammengesetzten Wörtern hat das Bestimmungswort den Ton; z. B. Fensterglas, Hausgarten, Gartenhaus. Die Grundwörter in diesen Zusammensetzungen sind **nebentonig**. **Tonlos** sind die Biegungs= und die meisten Ableitungssilben; z. B. Bäume, entkommen, golden, Räthsel.

2) Der **Wortton** hebt in einem Satze das bedeutsamste und wichtigste Wort durch größern Nachdruck der Stimme hervor, welches gewöhnlich zur **Unterscheidung des Gegenstandes**, zur **Begründung des Urtheils** oder zur **Aufstellung eines Gegensatzes** geschieht. Dieser Ton kann, je nach der Bedeutung, die man einem Worte beilegen will, wechseln; z. B. Mein Freund ist krank; mein **Freund** ist krank; mein Freund ist **krank**. Die Formwörter sind meistens tonlos; den Nebenton erhalten: die Für=, Verhältniß=, Binde= und Hülfszeitwörter.

3) Der **Satzton** besteht in der Hebung und Senkung der Stimme in größern Sätzen und Perioden (falling and rising inflection), und zeichnet den Hauptsatz vom Neben= und Zwischensatze, den Vor= vom Nachsatze aus. (Siehe die Periode.)

Noch merke man hinsichtlich des Ausdruckes: Die **Erzählung** muß man mit fester, gemäßigter, — die **Schilderung** mit lebhafter, — die **Betrachtung** mit ruhiger, gemessener, — den **Befehl** mit gehobener, und den **Ausruf** mit kurz abgeschnittener Stimme vortragen.

Fünfter Abschnitt.
Von der Zeichensetzung (punctuation).

§ 1. Zur Bezeichnung der größeren oder kleineren Ruhepunkte in Sätzen und Perioden, zur Beförderung der Verständlichkeit der Schrift und richtigen Auffassung des Sinnes gebraucht man gewisse Satz= und Tonzeichen, welche heißen:

. Der **Punkt** oder **Schlußpunkt** (period),
: der **Doppelpunkt** oder das **Kolon** (colon),
; der **Strichpunkt** oder das **Semikolon** (semicolon),

, der Beistrich oder das Komma (comma),
— der Gedankenstrich oder Pausenstrich (dash),
? das Fragezeichen (note of interrogation),
! das Ausrufungszeichen (note of exclamation),
() oder [ ] Einschaltungszeichen oder die Klammer oder die Pa=
renthese (marks of parenthesis).

Außerdem sind noch folgende Schreibzeichen im Gebrauche:

' Das Auslassungszeichen oder der Apostroph (apostrophe),
= oder - das Bindezeichen oder Trennungszeichen (hyphen),
„" das Anführungszeichen (marks of quotation),
§ das Abschnittszeichen oder der Paragraph (paragraph).

§ 2. Der **Punkt** steht:
a) Am Ende jedes vollständigen Satzes; z. B. Aller Anfang ist schwer. Uebung macht den Meister.
b) Bei Abbreviaturen oder Abkürzungen; z. B. Kap. (Kapitel), Joh. Ferd. (Johann Ferdinand).
c) Nach Ordnungszahlen; z. B. 6. (sechste), 9. (neunte).

§ 3. Der **Doppelpunkt** (Kolon) wird gesetzt:
a) Bei **wörtlicher Anführung** eines Ausspruchs oder Gedankens; z. B. Gott sprach: Es werde Licht! Salomo sagt: Gottesfurcht ist Weisheit. Das Sprichwort sagt: Thue recht und scheue Niemand.
b) **Bei Hinweisung auf etwas Folgendes**; z. B. Mancherlei hast du versäumt: Statt zu handeln, hast geträumt; statt zu denken, hast geschwiegen; solltest wandern, bleibest liegen.
c) **Wenn man Personen oder Dinge aufzählt, oder einen Satz, Spruch oder Vers anführt**; z. B. Folgende Männer haben sich um die deutsche Sprache verdient gemacht: Adelung, Campe, Eberhard, Heyse, Grimm, Becker ꝛc. Laubhölzer sind: die Eiche, der Ahorn, die Linde, Buche, Esche ꝛc.
d) Zwischen dem Vorder= und Nachsatze einer mehrgliedrigen Periode; z. B. Wenn ein Mensch auch alle Wissenschaften inne hätte; wenn er in allen Künsten Meister wäre; wenn ihm auch alle Kräfte der Erde zu Gebote ständen: so müßte er dennoch zur Einsicht kommen, daß all sein Wissen und Können nur Stückwerk sei.
e) Zuweilen auch nach Unterlassung von: „das heißt"; z. B. In dem Menschen wohnt eine Löwen= und Tigernatur (d. h.): beide entwickeln sich häufig im Unglücke.

§ 4. Der **Strichpunkt** oder das Semikolon trennt:
a) Beigeordnete Sätze, welche ohne Verbindung neben einander stehen; z. B. Ernst ist das Leben; heiter die Kunst. Eigentlich weiß man nur, wenn man wenig weiß; mit dem Wissen wächst der Zweifel.
b) Vor den Bindewörtern: denn, aber, nur, hingegen, allein, wiewohl ꝛc., um einen Nachsatz von dem Vordersatz zu trennen; z. B. Was recht oder unrecht sei, sagt dem Menschen die Stimme des Gewissens; allein nicht alle Menschen folgen dieser Stimme.
c) In Perioden, um zwei oder mehrere Vorder= oder Nachsätze zu trennen; z. B. Als ich furchtsam und verzagt mich mit schwerem Gram

geplagt; als ich manche lange Nacht mich mit Wachen hingebracht: tratest du, mein Gott, ins Spiel, setztest meiner Noth ein Ziel.

§ 5. Der **Beistrich** oder das **Komma** wird gebraucht:

a) Um Wörter einer Klasse, welche ohne „und" noch „oder" auf einander folgen, zu trennen; z. B. Die drei Reiche der Naturkörper sind: Thierreich, Pflanzenreich, Mineralreich. Es gibt weiße, schwarze, braune, gelbe und kupferfarbige Menschen.

b) Nach einem Anredewort und vor und nach einem eingeschobenen Satze; z. B. Freund, komme morgen. Morgen, mein Freund, wirst du kommen.

c) Vor allen beziehenden Für= und mit „wo" zusammengesetzten Umstandswörtern; z. B. Der Mensch ist verächtlich, welcher aus Gewinnsucht Freundschaft sucht. Das war's, was ihm fehlte. Du weißt, worauf es ankommt.

d) Vor Bindewörtern, welche kurze Nebensätze mit ihrem Hauptsatze verbinden, als: so, daß, als, da, denn, weil, wenn, wie, wofern, damit, nachdem, indem, ob, obgleich, zumal ꝛc.; z. B. Es ist fast als gewiß anzunehmen, daß die Sterne bewohnte Welten sind. Wenn der Frühling kommt, so schmilzt der Schnee.

Anmerkung. Vor „und" steht kein Komma, wenn es nur zwei einzelne Wörter verbindet; z. B. Könige und Bettler sind im Tode gleich. Die Sonne erleuchtet und erwärmt; ferner wenn es zwei oder mehrere Sätze verbindet, die nur ein Subject haben; z. B. Das Gewitter reinigt die Luft und gibt der Erde Fruchtbarkeit.

e) Wenn aber die verschiedenen Prädicate eines Subjectes in verschiedenen Zeiten gebraucht werden, so muß ein Komma vor „und" stehen; z. B. Ich habe dich stets geehrt, und werde dich auch in Zukunft ehren.

Vor „oder" steht kein Komma, wenn es erklärend oder zwei Begriffe sondernd ist; z. B. Das Thier hat Instinct oder Naturtrieb. Soll ich heute oder morgen kommen?

f) Das Komma trennt überhaupt kleinere Sätze; z. B. Ein Schüler, der unruhig ist, andere stört, seine Aufgaben flüchtig arbeitet, ist für den Lehrer eine Plage.

§ 6. Der **Gedankenstrich** wird gesetzt:

a) Um auf einen folgenden Gedanken aufmerksam zu machen; z. B. Denket mein! sprach er, und — verschied.

b) Nach einer abgebrochenen Rede, um aus gewissen Gründen das Fehlende dem Leser zu überlassen; z. B. Ihr Kinder, seid ruhig, oder —. Er spricht wohl von Wohlthätigkeit; aber —

c) Zum Zeichen, daß zu ergänzende Wörter ausgelassen sind; z. B. Lies den Vers: Ueb' immer Treu und Redlichkeit ——.

d) Anstatt „bis"; z. B. 10—12 Jahre, 70—75 Fuß.

e) Um das Langsame und Gedehnte in der Aufeinanderfolge der Gedanken zu bezeichnen; z. B. Gott! — der Schreck — der — große — Schreck! Ich — bin — ganz — betäubt! ——

§ 7. Das **Fragezeichen** steht nach jeder selbstständigen Frage; z. B. Wer bist du? Woher kommst du? Aber: Er fragte mich, wer ich sei und woher ich komme.

§ 8. Das Ausrufungszeichen steht:

1) Nach den Empfindungslauten, wenn sie für sich allein eine Gemüthsbewegung ausdrücken. Ach! die Gattin ist's.

Bilden jedoch diese Laute mit dem nachfolgenden Ausdrucke der Gefühlserregung ein Tonganzes, so steht das Ausrufungszeichen erst am Ende des Satzes. O wie schön ist diese Welt!

2) Nach dem eigentlichen Ausrufe, so wie nach jedem von Gemüthsbewegung begleiteten Ausdrucke der Freude, des Schmerzes, Wunsches, Befehls, Verbots: Aus meinen Augen! Solchen Spott mit mir zu treiben! Wie herrlich! Sie bewegt sich, schwebt! Wäre es doch schon morgen!

3) Nach Anreden, wenn sie mit Gemüthsbewegung oder Nachdruck gesprochen werden, oder wenn sie am Ende eines Satzes stehen. Verräther! da hast du deinen Lohn. Du hast mich betrogen, Nichtswürdiger!

Ebenso nach Anreden in Briefen und andern Schreiben; z. B. Liebe Eltern!

§ 9. Das Einschlußzeichen oder die Parenthese () [ ] — — wird gebraucht um Wörter oder Sätze der Erklärung halber einzuschalten; z. B. Der Dichter (Hölty) singt so schön! Kaiser Karl V.—wer kennt ihn nicht—sagte ⁊c.

§ 10. Der Apostroph (') ist das Zeichen für ein weggefallenes „e"; z. B. Wen hab' ich sonst, als dich allein!

§ 11. Das Trennungszeichen oder der Bindestrich; z. B. Bil=der, Schü=ler, oder Haus=vogel, Schüler=Verzeichniß.

§ 12. Das Anführungszeichen:

a) Zur Anführung der wörtlichen Rede; z. B. „Das Herz" sagt Cronegk, „macht unsern Werth, nicht Purpur oder Kronen."

b) Um die Aufmerksamkeit auf ein Wort zu richten; z. B. Das Umstandswort „wieder" muß man wohl unterscheiden von dem Vorworte „wider".

Aufgabe 1. Leset in Witter's 2tem Lesebuch, S. 50, No. 116, und erkläret am nächsten Tage Namen und Ursache aller Satzzeichen.

Aufgabe 2. Ebenso S. 62, No. 131.

Aufgabe 3. Der Lehrer schreibe Stücke ohne Zeichensetzung an die Tafel und lasse sie richtig abschreiben.

Z. B. Es schrieb ein Mann an eine Wand
Zehn Finger hab' ich an jeder Hand
Fünf und zwanzig an Händen und Füßen
Wers richtig lesen will wird Zeichen setzen müssen.

Zur Arbeit nicht, zum Müßiggang, sind wir bestimmt auf Erden. Zur Arbeit, nicht zum Müßiggang sind wir bestimmt auf Erden. Daß ich die Summe von Ihnen geliehen habe, gestehe ich nicht; mit Unrecht fordern Sie die Bezahlung.

Durch Auslassung, oder unrichtigen Gebrauch der Satzzeichen, kann leicht Zweideutigkeit oder Unsinn entstehen.

Inhalt (Index).

Seite

Einleitung. Von der deutschen Sprache überhaupt. Von der Sprachlehre...... 5

Erster Theil. Laut-, Silben- und Rechtschreibungslehre (Orthography).

Erster Abschnitt. Von den Buchstaben... 6
Zweiter Abschnitt. Große Anfangsbuchstaben.................................. 7
Dritter Abschnitt. Von dem Gebrauche einzelner Buchstaben........... 12
Vierter Abschnitt. Von dem Gebrauche des Apostroph's.................. 25
Fünfter Abschnitt. Wie die Dehnung der Helllaute bezeichnet wird..... 26
Sechster Abschnitt. Die Bezeichnung geschärfter Helllaute............... 30
Siebenter Abschnitt. Von den Silben u. den abgeleiteten Wörtern mit Vorsilben 37
Achter Abschnitt. Abgeleitete Wörter mit Nachsilben......................... 37
Neunter Abschnitt. Von der Trennung der Wörter in Silben............... 41
   Anhang. Von der Abkürzung der Wörter....................................... 42
   Gleich- und ähnlichlautende Wörter... 44

Zweiter Theil. Die Wortlehre (Etymology).

Erster Abschnitt. Die Wortbildung.. 59
Zweiter Abschnitt. Die Wortarten... 62
Dritter Abschnitt. Der Artikel.. 63
Vierter Abschnitt. Das Hauptwort... 65
Fünfter Abschnitt. Das Eigenschaftswort.. 73
Sechster Abschnitt. Das Zustands- oder Zeitwort.............................. 83
Siebenter Abschnitt. Das Fürwort..110
Achter Abschnitt. Das Verhältnißwort oder Vorwort..........................116
Neunter Abschnitt. Das Umstandswort..121
Zehnter Abschnitt. Das Bindewort...124
Elfter Abschnitt. Die Empfindungswörter oder Ausrufewörter..........127

Dritter Theil. Die Satzlehre (Syntax).

Erster Abschnitt. Der einfache Satz...128
Zweiter Abschnitt. Der erweiterte Satz..129
Dritter Abschnitt. Der zusammengezogene Satz.............................132
Vierter Abschnitt. Der zusammengesetzte Satz...............................133
Fünfter Abschnitt. Von der Zeichensetzung....................................140